编委会

主 任 关爱和 刘增杰

委 员（以姓氏笔画为序）

马小泉 白春超
关爱和 任　光
刘增杰 刘进才
刘　涛 刘小敏
朱秀梅 张云鹏
张先飞 李国平
李　敏 沈红芳
杨萌芽 杨站军
孟庆澍 侯运华
胡全章 郝魁峰
高恒文 袁喜生
解志熙 靳宇峰

总校阅 任　光

任访秋文集 ⑦

鲁迅研究

河南大学出版社
·郑州·

图书在版编目(CIP)数据

任访秋文集. 鲁迅研究/任访秋著. —郑州:河南大学出版社,2013.7(2018.6重印)
ISBN 978-7-5649-1284-0

Ⅰ.①任… Ⅱ.①任… Ⅲ.①任访秋(1909~2000)—文集 ②鲁迅研究 Ⅳ.①I217.2

中国版本图书馆 CIP 数据核字(2013)第 158559 号

责任编辑　龙玉明　赵海霞
责任校对　吴红霞
封面设计　翟淼淼

出　版	河南大学出版社
	地址:郑州市郑东新区商务外环中华大厦 2401 号　邮编:450046
	电话:0371—86059701(营销部)　网址:www.hupress.com
排　版	河南新华印刷集团有限公司
印　刷	河南瑞之光印刷股份有限公司
版　次	2013 年 7 月第 1 版　印次　2018 年 6 月第 3 次印刷
开　本	710mm×1000mm　1/16　印张　21.25
字　数	286 千字　插页　2
定　价	80.00 元

(本书如有印装质量问题,请与河南大学出版社营销部联系调换)

1929年摄于北平,任访秋此时就已开始关注并研究鲁迅

1949年河南大学由70余位教授组成了马列主义研究班,这是部分学员合影

1980年携研究生游学时,摄于上海鲁迅墓前

1980年摄于鲁迅故居书斋中

凡 例

一、《任访秋文集》收入作者1920年代末以来的作品，包括专著、论文、序跋、回忆性散文、日记以及部分未刊稿。文集大致按内容分为七编，分别是古代文学研究、近代文学研究、现代文学研究、鲁迅研究、未刊著作三种、集外集和日记。

二、已经发表和出版的作品，以初次发表的报刊和初版本为依据收录，首次出版的日记及未刊稿，均按原件收录，除明显错误外，原则上不做任何改动。每编之首加《出版说明》对该编著作的发表情况、版本沿革等问题作必要交代。

三、文集各卷所收著作，除个别技术处理外，根据不同情况，分别按内容性质或出版时间先后排序；未经结集的文章，以发表或写作时间先后排序。

四、原文中读之疑似不通，或疑有误而不知所误为何者，一仍其旧，不作改动，加注释说明；原文偶有印刷缺漏，不妄自以意添增，加注释说明；个别字迹不可辨识的，用□标识。

五、编制《任访秋先生生平著作系年》、《任访秋先生著作分类目录》作为附编置于末卷。

出 版 说 明

　　本编收录了作者有关鲁迅研究的《鲁迅散论》和《鲁迅散论续集》两部论著。作者早在1929年就曾关注过周氏兄弟并发表有关文章,1932年又在北京亲聆鲁迅先生的演讲,当时即被论者目为拥鲁派;1949年之后由于长期讲授现代文学史课程,又陆续发表了一批鲁迅研究的文章。1982年为纪念鲁迅先生百年诞辰,陕西人民出版社推出"鲁迅研究丛书"。作者应约编选了写于50年代初和七八十年代的15篇文章集为《鲁迅散论》,同时列入丛书的还有王瑶、许钦文、李何林、许杰、钟敬文、夏征农等人的著作。后经作者生前手定目录,又集有19篇文章,拟以《鲁迅散论续集》名之,但未正式刊行,此次出版一并收入。另外,本书所引鲁迅原文均由整理者据人民文学出版社2005年版《鲁迅全集》核对改过,特此说明。

目　录

鲁　迅　散　论

鲁迅与晚清几个作者
　　——严复、梁启超、章太炎 …………………………（3）
试论晚清第二次文学运动 …………………………………（17）
试论晚清以来中国知识分子的几次分化
　　——兼论鲁迅对分化的认识和态度 ……………………（31）
鲁迅参加旧民主主义革命对他的思想与创作的影响 ………（41）
中国文学划时代的作品
　　——论鲁迅五四时期小说伟大的历史意义 ……………（50）
"革命文学"论争述评 ………………………………………（61）
鲁迅论庄子 …………………………………………………（71）
鲁迅论章太炎 ………………………………………………（81）
鲁迅论钱玄同 ………………………………………………（92）
论鲁迅对敌斗争的战略与战术 ……………………………（107）
略谈鲁迅杂文的艺术特色 …………………………………（122）
不许借批儒评法歪曲鲁迅
　　——斥石望江《研究法家要古为今用》 ………………（133）
从《过客》中看鲁迅先生思想的发展 ……………………（143）
《希望》浅析 ………………………………………………（153）

一篇具有浓厚诗意的儿童文学作品
　　——《从百草园到三味书屋》……………………（157）
后记………………………………………………………（161）

鲁迅散论续集

我所见的鲁迅和岂明两先生………………………………（167）
鲁迅先生在创作上是怎样把现实主义与浪漫主义统一起来的
　　——为鲁迅先生逝世15周年纪念而作……………（172）
伟大的文学家、思想家和革命家——鲁迅先生的一生
　　——为纪念鲁迅先生逝世20周年…………………（176）
鲁迅是怎样走上文学道路的………………………………（182）
《野草》的思想与艺术……………………………………（190）
学习鲁迅的治学精神
　　——鲁迅诞辰100周年纪念…………………………（214）
读鲁迅《汉文学史纲要》
　　——鲁迅先生100周年诞辰纪念……………………（221）
《鲁迅与河南》序…………………………………………（228）
继承并发扬鲁迅现实主义精神的优良传统………………（231）
鲁迅评论人物浅谈…………………………………………（238）
鲁迅与胡适…………………………………………………（246）
鲁迅反孔思想的发展………………………………………（260）
鲁迅与蔡元培………………………………………………（273）
论鲁迅几篇纪念性杂文……………………………………（285）
论鲁迅反程朱派理学思想
　　——为鲁迅先生逝世50周年纪念而作……………（293）
鲁迅论中西文化……………………………………………（303）
《鲁迅思想发展论略》序…………………………………（312）
鲁迅与周作人………………………………………………（316）
鲁迅与龚自珍………………………………………………（325）

鲁迅散论

鲁迅与晚清几个作者

——严复、梁启超、章太炎

鲁迅是我国新文学的奠基人,毛泽东同志说他是"中国文化革命的主将,他不但是伟大的文学家,而且是伟大的思想家,和伟大的革命家"。鲁迅之所以如此伟大,其根源为何?他的世界观以及他在革命同文学方面的方向道路是怎样形成的?这确实是研究鲁迅者,所不应忽视的。就我个人近年来对晚清几个作者的研究,并结合鲁迅在思想上同他们的关系,觉得对鲁迅影响最大的是严复、梁启超和章太炎三人。这三个中尤以章太炎为最。我之所以这样排列,是从鲁迅阅读他们的著作的先后时间来分的,下边试加以论述。

一、严 复

严复(1853~1921),福建闽侯人,是我国最早派赴英国学习海军的留学生。他是光绪二年(1876)出国,光绪五年(1879)回国。由于他回国后在政治上不受重用,一直被投闲置散。加上当时甲午之役我国败于日本之后,订立了《马关条约》,赔款割地,一时举国沸腾。洋务派喧嚣多年的"富国强兵"的一套搞法,通过这次战争考验,宣布了彻底破产。于是应运而生的,是以康梁为首的变法维新运动。

严复是一个具有高度爱国主义思想的知识分子,他不仅对西方资本主义文明有较深刻的理解,并且对中国学术也有较系统的钻研。这时便以他对中西文化的理解进行对比,探讨西方之所以强、中国之所以弱的原因,从而提出了自己对中国今后救亡图存的方略,并用进化论的观点说明国际间的"生存竞争"与"弱肉强食"的客观规律。如果国人不急起直追,舍旧谋新,将来必不免于亡国而成为印度、波兰之续。于是,他在报纸上发表了一系列震动一世的文章,这就是《论世变之亟》、《原强》、《救亡决论》、《辟韩》等。蔡元培曾概括地评论他这个时期的思想是"尊民叛君、尊今叛古"(《最近五十年来之中国哲学》)。

严复在这个时期还译了英人赫胥黎的《天演论》,并且在章节后边,就书中理论,结合世界形势与中国现实,发为危言深论,令全国人洞悉"物竞天择"、"优胜劣败"、"适者生存"的道理;知中国自立于世界之林,与列强竞争,彼优者常胜,而吾劣者常败,如不发愤图强,将难免于亡国之祸,这在当时中国思想界,确如一声春雷,不仅推动了维新运动的发展,而且影响了一代青年知识分子。

继《天演论》之后,严复又翻译了西方资产阶级的学术名著,如英人亚丹斯密的《原富》、穆勒约翰的《自由论》及《名学》、斯宾塞的《群学肄言》、甄克思的《社会通诠》、法人孟德斯鸠的《法意》,等等。

在《原富》与《法意》的译文中,和译《天演论》一样,往往联系中国社会的政治、经济、学术以及风俗习惯等实际,进行批判,因而也对读者产生了极大的影响。

正由于严复掌握了西方资产阶级的思想武器,对统治了中国几千年的封建文化制度进行了批判,并要求政府和人民迅速地舍旧谋新、改弦更张,因而在中国思想界产生了极大的发聋振聩的作用,所以毛泽东同志把他放进清末向西方寻求真理的先进人士的行列。

鲁迅和严复处在同一个时代,但年龄却比严复小二十多岁,当鲁迅在北京教育部工作时,严复也在北京袁世凯部下任职。他们虽然并不相识,但鲁迅思想上,确受严复影响很大。

首先,鲁迅在青年时代最早接受的西方思想,并对其世界观影响最大的就是达尔文的"进化论"。而这正是读了严复译的《天演论》的结果。后来,鲁迅在日本留学时,对达尔文的"进化论"作了更进一步的钻研,并且发表了《人之历史》及《科学史教篇》等论文,从而树立了他在前期以"进化论"为主导的世界观。

"进化论"思想,在晚清思想界的影响极大,除了顽固派以外,一般主张改革的进步人士,不论是早期的维新派和后来的革命派,很少不受其影响的。即如维新派的康有为、梁启超,革命派的孙中山、章太炎等。鲁迅接受"进化论"之后,即以此为武器,来批判中国的封建文化,而对中国传统的儒道思想中保守主义与复古主义进行了抨击。他在1907年发表的《摩罗诗力说》中,即对老庄、孔子进行了批判,并且指出:"而不幸进化如飞矢,非堕落不止,非著物不止,祈逆飞而归弦,为理势所无有。"这是在晚清的时候;到了"五四"前后,鲁迅更是以进化论为武器对当时种种的黑暗现实——从封建的文化到腐朽的政治,以及不合理的风俗习惯,进行了一系列地揭露与抨击。

其次,严复在戊戌前发表具有强烈的反对封建传统思想与政治制度的时论,而提出向西方学习。学习的对象,主要是民主与科学。他在《救亡决论》和《论世变之亟》中,提出"自由"、"格致"(即科学)为救国之本。这在当时虽然并不能彻底解决问题,但对解放人们的思想来说,还是产生了不可估量的作用的。鲁迅当时深受其影响,到了20世纪20年代,当北洋军阀段祺瑞政府又在提倡复古读经的时候,鲁迅一次在答《京报副刊》问的时候,提出"我以为要少——或者竟不——看中国书,多看外国书",应该说这种思想,是在严复向西方学习的基础上,作了进一步的发展。

第三,严复在介绍的西方学术名著如《天演论》、《原富》和《法意》中往往附以按语,根据西方的理论与措施,对照中国的现实,提出自己尖锐的批判,语言是极其沉痛而愤激的。这种短文,是有思想、有情感的政论性的杂文。用瞿秋白的话说,是"战斗的阜利通"。鲁迅的杂文应该说也是受到严复这类作品的影响的。直到1918年,鲁迅在《新青年》发表的《随感录》中,还提到严复所译《法意》的《按语》中谈到在街道上看见中国儿童辗转于车轮马足之间,所产生的对他们将来的忧虑。鲁迅说他到北京后,这种情况并未改变,因而也产生这样的忧虑。接着说:"一面又佩服严又陵究竟是'做'过赫胥黎《天演论》的,的确与众不同:是一个十九世纪末中国感觉锐敏的人。"(《热风》)

第四,严复对西方学术名著的翻译是非常审慎和认真的。他译《天演论》时,为自己定下"信、达、雅"这三个标准。他说他在确立名词上,是"一名之立,旬月踯躅"。《天演论》的翻译是意译,但他并不认为这是翻译的正规,他在《译例言》中说:"译文取明深义,故词句之间,时有所颠倒附益,不斤斤于字比句次,而意义则不倍本文。题曰达旨,不云笔译,取便发挥,实非正法。什法师有云:'学我者病,来者方多,幸勿以是书为口实也。'"

所以严复以后所译各书,就不再采取这个译法。鲁迅在给瞿秋白讨论翻译的信中,曾对严译有着较全面的评述。首先,他说明了严复最初所以要用古文来译《天演论》的原因道:"那时的留学生没有现在这么阔气,社会上大抵以为西洋人只会做机器——尤其是自鸣钟——留学生只会讲鬼子话,所以算不了'士'人的,因此他便来铿锵一下子,铿锵得吴汝纶也肯给他作序,这一序,别的生意也就源源而来了,于是有《名学》,有《法意》,有《原富》等等。但他后来的译本,看得'信'比'达雅'都重一些。"

又说:"他的翻译,实在是汉唐译经历史的缩图。中国之译佛经,汉末质直,他没有取法。六朝真是'达'而'雅'了,他的《天演论》的模范就在此。唐则以'信'为主,粗粗一看,简直是不能懂的,这就仿佛他后来的译书。"可见鲁迅对严译是如何的熟悉,并对他的译书方法与佛经的翻译进行比较,所以能得到这样肯定的结论。瞿秋白在给鲁迅的信中,把严译与赵(景深)译相提并论,一概予以否定。鲁迅就马上指出:"严赵两大师,实有虎狗之差,不能相提并论的。"所以鲁迅在翻译外国文学上的认真审慎精神,应该说是受到严复的深刻影响的。

20世纪30年代,鲁迅在评论刘半农时,曾提到晚清的几位名人,拿他们的晚年情况,来与他相比说:"广东举人多得很,为什么康有为独独那么有名呢,因为他是公车上书的头儿,戊戌政变的主角,趋时;留英学生也不希罕,严复的姓名还没有消失,就在他先前认真的译过好几部鬼子书,趋时;清末,治朴学不止太炎先生一个人,而他的声名,远在孙诒让之上者,其实是为了他提倡种族革命,趋时,而且还'造反'。后来'时'也'趋'了过来,他们就成为活的纯正的先贤。但是,晦气也夹屁股跟到,康有为永定为复辟的祖师,袁皇帝要严复劝进,孙传芳大帅也来请太炎先生投壶了。原是拉车前进的好身手,腿肚大,臂膊也粗,这回还是请他拉,拉还是拉,然而是拉车屁股向后,这里只好用古文,'呜呼哀哉,尚飨'了。"(《花边文学·趋时和复古》)这对他们思想的停滞不前,因而被反动派利用,表示了深深的惋惜!

二、梁启超

梁启超(1873~1928),字卓如,号任公,广东新会人。他是康有为的高足弟子,很早就追随康氏,致力于维新变法运动。1896年,在上海与汪康年、黄遵宪等办《时务报》,专任撰述,发表了《变法通议》、《西学书目表》等,宣传维新变法。不久,应陈宝箴之聘,主持湖南时务学堂讲席。

1898年,在维新运动中曾被载湉召见,命办大学堂译书局事务。由于清廷顽固派对维新派进行镇压,六人死难,梁启超遂乘日本大岛兵舰赴日,从此开始流亡生活。同年10月即创办《清议报》,1902年创办《新民丛报》及《新小说》杂志。1905年大倡君主立宪,反对以孙中山为首的同盟会所倡导的推翻清王朝建立资产阶级民主共和国的主张,同《民报》进行论战,终因违反时代潮流,遂以失败而告终。辛亥革命后,他混迹于军阀官僚间,曾任袁世凯政府的司法总长和段祺瑞内阁的财政总长。1918年,欧战告终,赴欧游历,著《欧游心影录》。1926年,讲学于清华研究院,1929年1月19日卒于北平。遗著有《饮冰室合集》。

梁启超是晚清提倡文学改良运动的代表人物,在诗歌方面,他曾在《饮冰室诗话》中,提倡"诗界革命"。他盛赞黄遵宪的诗作,认为是"独辟境界,卓然自立于二十世纪诗界中,群推为大家,公论不容诬也"。同时,他又特别表扬他的《出军歌》四首,说它"其精神之雄壮活泼,沈浑深远,不必论。而文藻亦两千年所未有也。诗界革命之能事,至斯而极矣"。

在散文方面,他的作品是当时解放了的散文的典范。他曾评论自己的散文说:"启超夙不喜桐城派古文,幼年为文,学晚汉魏晋,颇尚矜练。至是自解放,务为平易畅达,时杂以俚语,韵语,及外国语法。纵笔所至,不检束,学者竞效之,号为新文体。"(《清代学术概论》二十五)

特别是在小说戏曲方面,过去具有正统派文学观的人,是鄙视小说和戏曲的,直到晚清仍然如此。梁启超因受到西方文学论的影响,尤其是他要从事政治上的改良运动,在启发群众的思想、提高群众的觉悟上,认为小说的作用是非常大的。所以他在办《清议报》时,即发表了《译印政治小说序》,后来,又发表了《小说与群治之关系》,刊行于1902年发行的《新小说》杂志中,同时他又带头写小说和戏曲,如《新中国未来记》、《新罗马传奇》、《劫灰梦传奇》等。

梁启超非常强调小说的作用,抬高小说的价值,他认为小说有四种力,即熏、浸、刺、提,因而它能卢牟(牢笼)一世,亭毒(化育)群伦。宗教主之所以能立教门,政治家所以组织政党,莫不赖之。此外他还认为于日本维新之道有大功者,则小说亦其一端(《传播文明之利器》)。正因为如此,他推崇小说"为文学之最上乘"。

根据以上各点,可以说梁启超是晚清文学改良运动的代表人物。

鲁迅到南京读书时,正是戊戌变法那一年,他当时就接触到了梁启超们所办的《时务报》,并读到了严复译的《天演论》,使他的思想发生了巨大的变化,这从他的本家长辈批评他的话,就很可以说明。鲁迅在《朝花夕拾·琐记》中曾这样写道:"'你这孩子有点不对了,拿这篇文章去看去,抄下来去看去。'一位本家的老辈严肃地对我说,而且递过一张报纸来。接到看时,'臣许应骙跪奏……',那文章现在是一句也记不得了,总之是参康有为变法的;也不记得可曾抄了没有。"很显然,这时的康梁变法运动可能已经失败,但鲁迅当时的思想已受到他们的影响,并且可能表现在平时的言论上。所以才引起本家长辈对他的教训,并让他抄读顽固派官僚弹劾康有为的奏章的。

鲁迅于1902年3月赴日本留学,就在这一年,梁启超在日本创办《新民丛报》和《新小说》。鲁迅当时就订阅了这些报刊。

在文学观上,尤其是对小说的看法上,鲁迅受梁启超的影响是很清楚的。据周作人《鲁迅在东京时的文学修养》中说:"(末了是)梁任公所编刊的《新小说》。《清议报》与《新民丛报》的确都读过也很受影响,但是《新小说》的影响总是只有更大不会更小。梁任公的《论小说与群治之关系》当初读了很有影响,虽然对于小说的性质与种类后来意见稍稍改变,大抵由科学或政治的小说,渐渐转到更纯粹的文艺作品上去了。不过这只是不看重文学之直接的教训作用,本意还没有什么变更,即仍主张以文学来感化社会,振兴民族精神,用后来的熟语来说,可以说是属于为人生的艺术这一派的。"(知堂:《鲁迅在东京时的文学修养》)

周作人又说:"癸卯(1903)年3月,鲁迅寄给我一包书,内中便有《清议报汇编》八大册,《新民丛报》及《新小说》各三册,至于《饮冰室自由书》和《中国魂》则在国内也已借看到了。不过民族革命运动逐渐发展,《新广东》、《革命军》公然流传,康梁一派立宪变法一派随之失势,但是对于我们《新小说》的影响,还是存在,因为对抗的同盟会在这一方面没有什么工作,乃是一个缺陷。《新小说》上登过嚣俄(雨果)的照片,就引起鲁迅的注意,搜集日译的中篇小说《怀旧》(讲非洲人起义的故事)来看,又给我买来美国出版的八大本英译雨果选集。其次有影响的作家,是焦尔士威奴(今译儒勒凡尔纳),他的《十五小豪杰》和《海底旅行》,是杂志中最叫座的作品,当时鲁迅决心来翻译《月界旅行》也正是为此。"(《鲁迅与清末文坛》见《鲁迅的青年

时代》)

由周作人这两段话看来,鲁迅受《新小说》的影响是多么大了。同时也可以看出鲁迅文学观的发展情况。首先,由于梁启超的关于小说的两篇论文,阐述小说的巨人作用,并提高小说在文学中的地位,这就引起了鲁迅对小说的重视。其次,由于《新小说》中介绍了外国的一些政治小说为《十五小豪杰》、《经国美谈》及科学幻想小说《海底旅行》,这也促使了鲁迅从事于政治小说与科学小说的编译。前者如在《浙江潮》上发表的《斯巴达之魂》,后者如他译的《月界旅行》,并附有《辨言》,倡导科学小说,申述利用文艺形式介绍自然科学的好处。这部译著由东京进化社出版。后又译的法国儒勒凡尔纳的《地底旅行》(首二回载《浙江潮》第十期,全书后由南京启新书局出版)、《北极探险记》(稿已佚)。这种观点,后来又由于进一步接触到欧洲文学,看法上有了进一步的发展,认识到文学与国民精神的密切关系。到了1906年,决心离开仙台,弃医就文,要从事文学运动了。他这样做的动机正如《呐喊·自序》中所说的"因为从那一回以后(指在仙台医学专门学校课堂上看到日本人杀中国人的影片),我便觉得医学并非一件紧要事,凡是愚弱的国民,即使体格如何健全,如何茁壮,也只能做毫无意义的示众的材料和看客,病死多少是不必以为不幸的。所以我们的第一要著,是在改变他们的精神,而善于改变精神的是,我那时以为当然要推文艺,于是想提倡文艺运动了"。

文艺运动虽然失败了,但却介绍了东欧的小说,印行了《域外小说集》,同时在1907年发表了《破恶声论》、《文化偏至论》、《摩罗诗力说》,介绍了西方的具有反抗精神的作家如拜伦、雪莱、显克微支、裴多菲等。这种文艺思想,正如周作人所说的:"不过这只是不看重文学之直接的教训作用,本意还没有什么变更,即仍主张以文学来感化社会,振兴民族精神……是属于为人生的艺术一派的。"可知在文学观上鲁迅最初曾深受梁启超的影响,后来又逐渐有了进一步地发展。

三、章太炎

章炳麟(1867~1936)字枚叔,浙江余杭人,后因仰慕清初学者顾炎武的为人,改名绛,别号太炎。幼年从他外祖父朱左卿读书的时候,就听到了明末清初大学者王船山、顾炎武关于民族思想的言论,后来又读到《明季稗史》17种,因而这种思想就更加蓬勃发展起来。

1892年从德清俞樾问学,他一面治朴学,一面关心社会政治的发展情况。1895年,开始从事政治活动。由于他曾参加康梁等发起的"强学会"和参与梁汪等举办的《时务报》编辑工作,所以戊戌变法失败后,他也被株连,不得不逃往台湾。

太炎在戊戌前,政治主张也是改良主义。从他写的《变法箴言》和称清帝为"客帝",都可以说明。戊戌变法失败后,特别又经过庚子事变,使他深刻认识到清政府不过是帝国主义在中国的代理人,因而坚决地进行排满活动。不久,他去日本,因得与孙中山相识。1903年在上海爱国学社任教,为邹容《革命军》作序,昌言革命,并为文驳斥康有为在《与南北美诸华商书》中提倡保皇、攻击革命的谬论(《驳康有为论革命书》),发表于《苏报》,因而被捕入狱。

1906年在上海出狱后,即去日本。这时他参与领导的光复会已于前一年与孙中山领导的兴中会和黄兴领导的华兴会联合,改组为同盟会,发刊《民报》。他到日后,即主持该报的笔政,与当时主张改良主义、提倡保皇的康梁等人,进行了针锋相对的论争,持续了长达数年之久。最后革命派取得了胜利,粉碎了改良派的幻想,给辛亥革命的胜利打下了思想理论基础。

民国建立以后,袁世凯篡窃了革命胜利的果实,太炎因反对袁氏遂被幽禁。直到袁氏垮台,才恢复自由。晚年定居苏州,创立"章氏国学讲习所",成为一个闭门讲学的国学大师。1936年6月卒于苏州。著有《章氏丛书》及《续编》等。

鲁迅从章太炎问学,是在1908年,当时是在东京。太炎逝世后,鲁迅在纪念他的文章中曾追述他当时所以去听讲的动机,是因为佩服他是一个有学问的革命家(《关于太炎先生二三事》)。以后,他们分别了,但一直保持着师生的情谊。据景宋的回忆,鲁迅对太炎"是很尊重的,每逢提起,总严肃地称他'太炎先生'。当太炎反对袁世凯称帝的野心时,曾经被逮绝食,大家没法子不敢去相劝,还是公推先生(指鲁迅)亲自到监禁的所在,婉转陈词,才进食的"(《民元前的鲁迅先生》)。太炎逝世后,鲁迅当时身体已很不好,但是病中还立即写了《关于太炎先生二三事》,来纪念太炎,并对他进行了中肯的科学的评价,这都说明鲁迅对太炎是如何尊重和敬佩了。

鲁迅生平在思想学术上受太炎的影响,主要有以下几个方面:

(一)革命精神。鲁迅在评价太炎时,特别在这方面进行了非常具体的说明与发挥。他说:"我以为先生的业绩,留在革命史上的,实在比在学术史上还要大。"下边他从自己亲身感受上给以证明,写道:"回忆三十余年之前,木板的《訄书》已经出版了,我读不断,当然也看不懂,恐怕那时的青年,这样的多得很。我的知道中国有太炎先生,并非因为他的经学和小学,是为了他驳斥康有为和作邹容的《革命军》序,竟被监禁于上海的西牢。那时留学日本的浙籍学生,正办杂志《浙江潮》,其中即载有先生狱中所作诗,却并不难懂。这使我感动,也至今并没有忘记。……一九〇六年六月出狱,即日东渡,到了东京,不久就主持《民报》。我爱看这《民报》,但并非为了先生的文笔古奥,索解为难,或说佛法,谈'俱分进化',是为了他和主张保皇的梁启超斗争,和××(献策)的×××(吴敬恒)斗争,和以《红楼梦》为成佛之要道的×××(蓝公武)斗争,真是所向披靡,令人神旺。前去听讲,也在这个时候,但又并非因为他是学者,却为了他是有学问的革命家,所以直到现在,先生的音容笑貌还在目前,而所讲的《说文解字》,却一句也不记得了。"①接着鲁迅又用太炎的生平事实来抨击那班在太炎死后对之进行奚落的文侩道:"考其生平,以大勋章作扇坠,临总统府之门,大诟袁世凯的包藏祸心者,并世无第二人;七被追捕,三入牢狱,而革命之志,终不屈挠者,并世亦无第二人:这才是先哲的精神,后生的楷范。近有文侩,勾结小报,竟也作文奚落先生以自鸣得意,真可谓'小人不欲成人之美',而且'蚍蜉撼大树,可笑不自量'了!"所以鲁迅一生中坚持与北洋军阀以及蒋介石反动政府进行不屈不挠的斗争,这种硬骨头的革命精神,的确是受太炎的影响,而又进一步地加以发扬。

(二)鲁迅继承并发扬了太炎的反孔教精神。太炎是晚清资产阶级革命派的健将,所以他的反对孔孟之道的旗帜最鲜明,态度也最坚决。他在1903年发表的《驳康有为论革命书》中已揭露,清廷的尊孔,不过是用他作为工具,来实现其统治中国人民、愚弄中国人民的目的罢了。到了1906年,发表的《诸子学略说》,就更加大胆地把攻击的矛头直指孔丘。他引用《庄子·盗跖篇》《墨子·非儒篇》,揭露孔丘的虚伪狡诈、言行不一,为了权位和利禄,不惜奔走和钻营,干出许多龌龊肮脏见不得人的坏事与丑事,称他为"乡愿"为"巧伪人",并痛斥他那一套对后世产生的极端恶劣的影响。说:"用儒家之道德,故艰苦卓厉者绝无,而冒没奔竞者皆是。俗谚有云'书中自有千钟粟',此儒家必至之弊,贯于征辟、科举、学校之世,而无乎不遍者也。"这就有力地打击了当时康梁等人的尊孔保皇和清廷的尊孔读经的种种谬论。民国建立后,袁世凯阴谋帝制,和为复辟作舆论准备的康有为,主张以孔教为国教,确定每年祀孔,在学校设立读经科目。太炎又发表了《驳建立孔教议》,批判他们时至民国而犹欲尊孔丘为教主实在是一种狂妄的作法,并揭露他们是别有用心。

---

① 此节引文中原有几处标点符号与个别文字已据人民文学出版社2005年版的《鲁迅全集》重新核对,此后不再一一标明。——编者注。

鲁迅在反孔批儒方面是深受太炎影响的。他早年曾熟悉太炎关于这方面的论著，在五四时代成为打倒孔家店的闯将。《狂人日记》是五四前夕《新青年》所发动的思想革命的一声响亮号角。20世纪30年代当日本帝国主义和蒋介石不约而同地都大倡尊孔的时候，鲁迅又发表了重型炮弹一样的反孔杂文，如《现代中国的孔夫子》、《王道》、《不知肉味与不知水味》以及小说《出关》等，给中国反动派与日本帝国主义以迎头痛击，这就不能不说是"青出于蓝而胜于蓝了"。

（三）鲁迅在对中国古文学的评价上，所受太炎的影响。太炎对秦以后各时期的议论文，也是有其独到的见解的。他推重魏晋名理之文，认为它"守己有度，伐人有序、和理在中，孚尹旁达，可以为百世师矣"（《国故论衡》：《论式》）。同时，又拿它同汉人以及唐宋人的文章作比较，说"效唐宋之持论者，利其齿牙，效汉之持论者，多其记诵，斯已给矣，效魏晋之持论者，上不徒守文，下不可御人以口，必先预之以学"。

鲁迅也是喜欢魏晋文章的，而尤其推重嵇康和阮籍，他引刘勰的话"嵇康师心以遣论，阮籍使气以命诗"（《文心雕龙·才略》），说"师心"、"使气"便是魏末晋初文章的特色。又说："嵇康的论文比阮籍的更好，思想新颖，往往与旧说反对。"（《魏晋文人风度文章与药及酒之关系》）正因为如此，他曾校订过嵇康的集子。过去刘半农曾送给他一副对联，下联就是"魏晋文章"，一班朋友都认为很恰当。其次，太炎既不赞成六朝骈俪的文章，说是："玄言日微，故俪语华靡，不薄其本以之肇末，人自以为扬刘，家相誉以潘陆，何品藻之容易乎？"同时对唐宋也有所不满，他说："自唐以降……其持论不本名家，外方陷敌，内则亦以自偾。……持论者独刘柳论天为胜，其余并广居自恣之言也。宋又愈不及唐，济以哗溃。"（《论式》）至于他对晚清一般人所拜倒的严复同林纾，更是不客气地给以抨击。他说："下流所仰，乃在严复林纾之徒。复辞虽饬，气体比于制举，若将所谓曳行作姿者也。纾视复又弥下，辞无洮选，精采杂污，而更浸润唐人小说之风。夫欲物其体势，视若蔽尘，笑若龋齿，行若曲肩，自以为妍，而祇益其

丑也。"(《与人论文书》,见《章氏丛书》文录卷二)

"鲁迅早年接触西方的思想和文学,大半是通过严、林的介绍,因而最初在写作上都曾受到他们的影响。自从从太炎问学后,于是对林氏的笔调有点不满,而对严文"也嫌他有八股气了。以后写文喜用本字古义,《域外小说集》中大都如此"(周作人《关于鲁迅之二》)。说明他在这方面受太炎影响是极深的。

由于太炎对骈俪与唐宋古文不甚推重,特别对当时一般人所崇尚的严林文章评价不高,所以在五四文学革命时,他的弟子钱玄同,在抨击古文学时,提出了"选学妖孽"和"桐城谬种"的口号,对当时影响是巨大的。一直到了20世纪30年代,当鲁迅抨击施蛰存辈,提倡青年作者应从《庄子》和《文选》中寻字汇时,还提到这两个口号,说:"五四时代的所谓'桐城谬种'和'选学妖孽',是指做'载飞载鸣'的文章,和抱着《文选》寻字汇的人们的。而某一种人,确也是这一流。形容恰当,所以这名目的流传也较为永久。除此之外,恐怕也没有什么留在大家的记忆里了。"由此可知,鲁迅和他的同门在文艺观点上,所受太炎影响是如何深了。

鲁迅尽管在学术思想以及革命精神方面,深受太炎的影响。但他从人民的利益出发,用一分为二的观点,对太炎一生的业绩进行了分析,发扬其优良传统,而批判其错误倾向。即如对太炎晚年的脱离群众,走进书斋,在思想上又趋于保守,甚至从批孔走向尊孔,还有他反对白话,卫护文言,鲁迅在《关于太炎先生二三事》以及《名人与名言》、《趋时和复古》等文中都曾给以批评,这就给我们树立了对前代学者、思想家进行批判继承的典范。

综上所述,我们可以了解到以下几项历史发展的规律:

(一)历史的发展是有其继承性的,即如五四的文学革命运动,实际是继承了晚清的文学改良运动,而又作了进一步的发展。没有晚清以章太炎和其他革命派的批判孔教和梁启超提倡的文学改良运动,那么就很难设想会出现五四的文学革命运动,所以历史是不能割断的。讲现代文学史的,不讲晚清的文学改良运动,就很难对五四文学革命运动有着较全面的系统的理解。所以这一课,须要补上去。

(二)一个伟大的作家,他在学术思想以及世界观的形成上,一定对前人有所批判与继承。列宁曾写过《马克思主义的三个来源和三个组成部分》。他说:"哲学史和社会科学史,已经十分清楚地表明,在马克思主义里,绝没有与'宗派主义'相似的东西,它绝不是离开世界文明发展大道而产生的固步自封、僵化不变的学说,恰巧相反,马克思的全部天才,正在于他回答了人类先进思想已经提出的种种问题。他的学说的产生正是哲学、政治经济学和社会主义的最伟大代表的学说的直接继续。"(《列宁选集》第2卷页441)鲁迅之所以以成为伟大的文学家、伟大的思想家和伟大的革命家,正在于他善于批判继承前代和同时代的杰出学者、思想家同革命家的成就,而形成自己的世界观和学术思想体系。

(三)研究历史人物,必须要遵循历史唯物主义的观点,来对其平生业绩进行实事求是、全面的分析研究和评价,决不应采取形而上学的思想方法;说好就一切都好,说坏就一切都坏,这是非马克思主义的。鲁迅是不同意这种治学态度的。即如严复,他在1915年袁世凯进行帝制时,被迫列名筹安会。袁氏失败后,曾受到舆论的责难。但鲁迅于1918年在《新青年》上发表的《随感录》中,还称赞他:"究竟是'做'过赫胥黎《天演论》的,的确与众不同:是一个十九世纪末年中国感觉锐敏的人。"(《全集》卷一页311)20世纪30年代瞿秋白在给鲁迅的信中抨击了严复,但鲁迅却为他辨解。又如章太炎,由于他晚年曾经接受馈赠,参与投壶。周作人曾经作《谢本师》,对他深致非议,表示同他断绝师生关系。但鲁迅并不如此,他在纪念太炎文章中,认为这不过是"白璧之玷,并非晚节不终"。这都说明鲁迅对于评价人物是多么地本着实事求是的科学态度了。在这方面,鲁迅给我们树立了评价历史人物的光辉典范。

1980年元月30日

试论晚清第二次文学运动

一

假若把以梁启超为首的维新派在晚清提倡的文学改良运动称为第一次运动,那么鲁迅由仙台回到东京后,准备提倡的文学运动自然是第二次了。当然,这个计划作为运动来说,是流产了,但发起者是否出于一时的冲动,或者是出于不自量力、不切实际的瞎想呢?答案则是否定的。

鲁迅在国内读书时,对文学已有了深厚的修养,我们试一读他早年的作品,如《祭书神文》、《惜花四律》、《别诸弟》等诗,特别是在庚子二月写的第三首中的"我有一言应记取,文章得失不由天"的诗句,已充分道出了他在文学修养上的甘苦的体会。他到南京读书后,接触到了严复译的《天演论》。以后对严译的西方名著,都陆续进行了浏览,而林纾译的西方文学,也是他经常的读物。特别留日后,学习了日语和德语,由此打开了日本文学同欧洲文学的宝库。经过他对中西文化进行了参互比较,迅速地提高了他思想水平同认识能力。由于他站在人民的立场和掌握了进步的思想方法,又能根据中国当时的具体情况进行独立思考,所以对关系到国家民族的前途问题,都能别具慧眼,提出自己的独到看法。所以决非如一般空想者那样,说说算啦。相反的,则是有目的、有计划地要进行一次文学革新运动。

他们筹备办的刊物命名为《新生》,并且在理论上写出许多篇论文,在作品上,认真地选译了大量外国的名作。尽管刊物因为种种原因没有出来,但已写出的论文同译作,后来都陆续问世了。这些论文同译作,虽然由于当时文学界认识水平的不高,对之未能予以足够的重视,因而影响不大。但是从今天看来,在当时文坛上,不论是思想与文学,都已达到了最高的水平。而后来的五四文学革命运动,从历史发展来看,它实在是这个未能形成运动的运动的继续。

二

现在读鲁迅在留日时发表于《河南》杂志上的文章,须要从他当时计划自己办刊物,提倡文学运动上来考虑,要从他当时在思想与文学上揭示的方向道路来考虑,这样就能理解这几篇论文中间的相互关系。至于当时他所宣扬的个人信仰同主张,以及所抨击的社会上种种传统的旧观念,以及风靡一时的新风尚,主要的有以下各点:

(一)进化论思想。鲁迅于1907年发表于《河南》上的第一篇论文为《人之历史》。介绍了英人达尔文的生物进化论及其发展的历史。鲁迅在南京读书时,即已接触到严译的赫胥黎的《天演论》,并受到极深的影响。到日本后,曾对达尔文主义作过进一步地探讨。这篇文章就是他研究的成果,从而树立了他前期进化论的世界观。

我们知道,中国的先哲,不论是儒家同道家,都是"信而好古"的,认为古比今好,时常慨叹着"世风日下,人心不古",所以总是提倡复古主义,反对改革,反对一切新生事物。中国社会几千年来所以停滞不前,这种腐朽思想的束缚,不能不说是一个极其重要的原因。鲁迅在掌握了"进化论"的理论后,即用它作武器,来对儒、道两家的复古主义,开展了批判。

他在《摩罗诗力说》中就指出:

>吾中国爱智之士,独不与西方同,心神所注,辽远在于唐虞,或迳入古初,游于人兽杂居之世;谓其时万祸不作,人安其天,不

如斯世之恶浊阽危,无以生活。其说照之人类进化史实,事正背驰。……故作此念者,为无希望,为无上征,为无努力,较以西方思想,犹水火然;非自杀以从古人,将终其身更无可希冀经营,致人我于所仪之主的,束手浩叹,神质同鬻焉而已。

鲁迅写这篇《人之历史》,评述了进化论的发展史,其目的在对社会上的顽固派以及口头上讲进化而实际对之茫无所知的赶时髦的人们,进行一次启蒙教育。所以他说:

中国迩日,进化之语,几成常言,喜新者凭以丽其辞,而笃古者则病侪人类于猕猴,辄沮遏以全力。德哲学家保罗生(Fr. Paulsen)亦曰:"读黑格尔书者多,吾德之羞也。"夫德意志为学术渊薮,保罗生亦爱智之士,而犹有斯言,则中国抱残守阙之辈,耳新声而疾走,固无足异矣。

(二)提倡科学。继《人之历史》,鲁迅又发表了《科学史教篇》。中国在甲午战败后,一些有识之士,就提出要救亡图存,必须大力提倡"格致"同"民权"。严复同梁启超等都曾发表过这类文章。鲁迅赞同他们的观点,所以对西方的科学发展史,作了概括论述,指出西方科学之所以昌大,决非一朝一夕之功,而是源远流长的。他批判那些挂着维新志士的招牌,口口声声讲什么"兴业"和"振兵"可以救国,实际他们根本没有窥见西方文明的真谛,所讲的只不过是一些西方文明的皮毛同枝叶。他说:

夫欧人之来,最眩人者,固莫前举二事若,然此亦非本柢而特范叶耳。……特信进步有序,曼衍有源,虑举国惟枝叶之求,而无一二士寻其本,则有源者日长,逐末者仍立拨耳。

他并且指出欧洲法国之所以特强,没有别的原因,主要由于科学发达超越其他各国的缘故,因而总结出:

故科学者,神圣之光,照世界者也,可以遏末流而生感动。时泰,则为人性之光;时危,则由其灵感,生整理者如加尔诺,生强者强于拿坡仑之战将云。

这种对科学的推崇,可以说上承严又陵之论,而下开五四提倡

"赛因斯"之风。

从表面看,这两篇文章似乎与文学运动关系不大,实际不然。鲁迅所以要宣传进化论,目的在批判并消除中国几千年来深中于人心的复古主义与退撄思想。他主张进取、抗争同战斗。进化论的"生存竞争"、"优胜劣败"之说,主要在激励国人认识到国家民族的危亡,而兴起发愤图强的信念。至于宣扬科学,目的在教育人们认识到只有从事科学的探索,才可能在"兴业"、"振兵"上取得成效。同时只有科学思想,才能克服一切愚昧荒谬的迷信观念。这二者与文学运动,不仅不相背,而恰恰是相辅相成的。这和后来五四时期主张思想革命与文学革命同时进行,在精神上完全是一致的。

(三)掊物质而张灵明,任个人而排众数。自1840年鸦片战争后,中国人感到列强的入侵,在物质文明上,我们同西方比起来远远是落后了,因而提出"师夷之长技以制夷"的主张;而"富国强兵"的口号,一时甚嚣尘上。这正如鲁迅在《文化偏至论》中所说的:"有新国林起于西,以其殊异之方术来向,一施吹拂,块然踣傹,人心始自危,而轻才小慧之徒,于是竞言武事……谓钩爪锯牙,为国家首事。"鲁迅指出持这种论调的,多半是一些武人,他们以习兵事为生,不从根本上考虑救国的方略,而以个人所学来干天下,"虽兜牟深隐其面,威武若不可陵,而干禄之色,固灼然现于外矣"。

再一种就是提倡振兴实业和立宪国会的。鲁迅指出当时青年都是非常信奉这种主张的。但这些人没有不是从私人利益出发的。鲁迅对他们的心理,分析得非常透彻。这些人压根对国家民族的前途,没有设想过。

至于那些盛言立宪国会的,鲁迅认为当时所谓选举,不过是把"事权言议"交给那些奔走干进的政客,或是极其愚蠢,不过是饶有金资的富人,再不然就是善于垄断的市侩。因此他感慨地说:"呜乎!古之临民者一独夫也,由今之道,且顿变而为千万无赖之尤。民不堪命矣,与兴国究何与焉?"他这种推断,到辛亥革命后曹锟贿选的丑剧演出后,才证明了他这个话真是政治上的预言。

鲁迅最后提出他的看法道:"诚若为今立计,所当稽求既往,相度方来,掊物质而张灵明,任个人而排众数。人既发扬踔厉矣,则邦国亦以兴起,奚事抱枝拾叶,徒金铁国会立宪之云乎!?"

所谓"张灵明",实际是发展人们的个性。人们的个性都能得到发展了,这样才能建立起人国。他说:"是故将生存两间,角逐列国是务,其首在立人。人立而后凡事举。若其道术,乃尊个性而张精神。假不如是,槁丧且不俟夫一世。"但怎样才能尊个性,张精神,那就只有提倡文学运动。

(四)阐明文学的巨大作用。鲁迅在《摩罗诗力说》中对这个问题,有较详细的论述。首先,他认为文学的兴废盛衰,实关乎国家的存亡。他举十九世纪德国败于法国拿坡仑后,有作家爱伦德及开纳,以高度的爱国热忱,发为刚健的雄声,令读者展卷方诵,血脉已张,因而最后得出"败拿坡仑者,不为国家,不为皇帝,不为兵刃,国民而已。国民皆诗,亦皆诗人之具,而德卒以不亡"。鲁迅写到这里,立刻联系到国内那班以振兴武事为务的人们道:"此岂笃守功利,摈斥诗歌或抱异域之朽兵败甲,冀自卫其衣食家室者,意料之所能至哉。"

至于文学与人生的关系,他认为世界大文,无不能启人生之闷机,而直语其事实法则,为科学所不能言者。所谓闷机,即

> 人生之诚理是已。……昔爱诺尔特(M. Arnold)氏以诗为人生评骘,亦正此意。故人若读鄂谟(Homeros)以降大文,则不徒近诗,且自与人生会,历历见其优胜缺陷之所存,更力自就于圆满。此其效力,有教示意;既为教示,斯益人生;而其教复非常教,自觉勇猛发扬精进,彼实示之。凡苓落颓唐之邦,无不以不耳此教示始。

(五)标举欧洲摩罗派诗人的抗争精神,作为学习的鹄的。鲁迅在阐述文学的巨大作用之后,于是对西方那些敢于同社会上旧习俗、旧观念进行挑战,以及为祖国自由解放而战斗的摩罗派诗人加以论述。特别对这派的杰出作者拜伦作了非常详细的介绍与极其精辟的评价。在论到他的名作《海贼》中的主人公康拉德时,鲁迅认为康的

为人,实拜伦之变相。在论到拜伦另一部诗作《曼弗列特》时,说诗中主人公曼弗列特,认为已有善恶则褒贬赏罚,亦悉在己,神天魔龙,无以相凌,况其他乎!曼弗列特之强如是,拜伦亦如是。最后鲁迅论拜伦思想上的矛盾时,说他"既喜拿坡仑之毁世界,亦爱华盛顿之争自由。既心仪海贼之横行,亦孤援希腊之独立,压制反抗,兼一人矣。虽然,自由在是,人道亦在是"。

结末,鲁迅给拜伦以总的评价道:

> 故其平生,如狂涛如厉风,举一切伪饰陋习,悉与荡涤,瞻顾前后,素所不知;精神郁勃,莫可制抑,力战而毙,亦必自救其精神;不克厥敌,战则不止。而复率真行诚,无所讳掩,谓世之毁誉褒贬是非善恶,皆缘习俗而非诚,因悉措而不理也。

同时,他对拜伦在创作上的成就及其深远影响也无不给以赞许与肯定,说:"其力之曼衍于欧土,例不能别求之英诗人中;仅司各德所为说部,差足与相伦比而已。"由于他如此地赞扬拜伦,所以他一生中确切从拜伦精神中,吸取了不少先进的思想,这就是站在被压迫者的一边,为了他们的自由与解放而坚持战斗,所谓"不克厥敌,战则不止"。但有人曾称鲁迅为拜伦主义者,这是不恰当的。因为鲁迅对他有着比较全面的认识,所以对拜伦精神的继承,还是有着区别与选择的。

拜伦而外,英诗人中鲁迅对修黎也深加赞许。他说:"修黎抗伪俗弊习以成诗,而诗亦即受伪俗弊习之天阏,此十九期上叶精神界之战士,所为多抱正义而骈殒者也。"由于修黎之歌颂对旧习进行破坏的英雄,于是鲁迅认为旧习既破,何物斯存,则推改革之新精神而已。十九世纪机运之新,实赖有此。接着对修黎又大加称赞说:"况修黎者,神思之人,求索而无止期,猛进而不退转,浅人之所观察,殊莫可得其渊深。若能真识其人,将见品性之卓,出于人间,热诚勃然,无可诅遏。"

文章在论修黎之后,又转向东欧曾经受拜伦影响的,俄则有普式庚、莱而孟多夫,波兰则密克威支,匈牙利则裴彖飞。最后指出中国之所以衰危零落,原因由于长时期的闭关自守,不与外人比较,未能接受西方之所长,特别在思想同文学上,远远落后于西方。那么要想改变这种局势,就需要有"精神界之战士"出现。象英国的朋思、拜伦同修黎等,他们是精神界战土,实际也就是思想革命家同文学革命家。

(六)对中国文学的评价。鲁迅由于对欧洲文学的研讨,从浪漫诗人表现出的那种高尚品质与对旧社会旧习惯敢于斗争的大无畏精神,受到启发和鼓舞,于是回顾中国几千年来的文学,就感到黯然失色。他在论屈原时说:

惟灵均将逝,脑海波起,通于汩罗,返顾高丘,哀其无女,则抽写哀怨,郁为奇文,茫洋在前,顾忌皆去。怼世俗之浑浊,颂己身之修能,怀疑自邃古之初,直至百物之琐末,放言无惮,为前人所不敢言。然中亦多芳菲凄恻之音,而反抗挑战,则终其篇未能见,感动后世,为力非强。

可知他曾称赞屈原敢于"放言无惮,为前人所不敢言",但对他和黑暗现世未能反抗挑战,深感不足。至于屈原以后的作家,那就更不足道了。所以他说:

试稽自有文字以至今日,凡诗宗词客,能宣彼妙音,传其灵觉,以美善吾人之性情,崇大吾人之思理者,果几何人?上下求索,几无有矣。

至于造成这种情况的原因,他认为纯系儒家思想对文学束缚之故。他说:

如中国之诗,舜云"言志",而后贤立说,乃云"持人性情"。《三百》之旨,"无邪"所蔽。夫既言志矣,何持之云?强以无邪,即非人志。许自繇于鞭策羁縻之下,殆此事乎!然厥后文章,乃果辗转不逾此界,其颂祝主人,悦媚豪右之作,可无俟言。即或心应虫鸟,情感林泉,发为韵语,亦多拘于无形之囹圄,不能抒两间之真美。否则悲慨世事,感怀前贤,可有可无之作,聊行于世。倘其嗫嚅之中,偶涉眷爱,而儒服之士,即交口非之,况言之至反

> 常俗者乎!

这对中国文学的分析评价,真是非常中肯。同时也充分说明了,要想使文坛出现异彩,首先要解放思想,而解放思想就必须进行一场思想革命。

以上许多论点,直到五四时期有不少,鲁迅还是坚持着。他之反对孔教,对中国旧道德、旧习俗的批判,那种勇猛的战斗精神,都继承了摩罗派诗人的精神,所以才成为五四文化革命的旗手。同时,他在五四后那种不休止地上下求索,探求真理的精神,不也正是那种"求索而无止期,猛进而不退转"的修黎精神的体现吗?另外,在1925年鲁迅在应《京报副刊》征求"青年必读书"的答案中,提出的"要少——或者竟不——看中国书,多看外国书",这种主张,还是与他早期对中国文学的看法有关的。

当时参与这次文学运动的主要作家还有周作人。他当时一面与鲁迅合作,翻译欧洲的短篇小说,同时在《河南》上也发表了论文《文章之意义及其使命因及中国近时论文之失》。他当时的文学观和鲁迅基本上是一致的。他一面对西方文学加以赞许,一面认为中国文学由于受儒家思想的束缚与历代专制帝王的压制,因而遭到摧折。他说:

> 中国之思想,类皆拘囚蜷屈,莫得自展,而文运转移,又多从风会为转移。其能自作时世者,殆鲜见也。此其象为大否,拘拳臣伏垂数千载,中山萌蘖,既摧折于古之小儒,根叶所遗,暴君又重而践踏之。嗟乎,丰林之木,将坐此以终歼欤,未可知也。

接着对孔丘与儒家为祸于文学,进行了批判。说:

> 古诗风诗,原数三千余篇,本无愧于天地之至文。乃至删诗之时,而遂厄。孔子论诗蔽以"无邪",夫邪正之谓,本亦何常。此所谓正,唯一人为言,正厉王雄主之所喜,而下民之所呻楚者耳。删《诗》定《礼》,天阏国民思想之春华,阴以为帝王右助。推其后祸,犹秦火也。夫孔子为中国文章匠宗,而束缚人心至于如此,则后之苓落,又何待夫言说欤!

同时,他批判中国提倡维新者的实利主义观点的荒谬,说:"实利之祸中国,既千百年矣。巨浸稽天,民胡所宅?"因而主张用文学来纠时弊,提出"为今之计,窃欲以虚灵之物为上古之方舟焉"。周作人一方面介绍了西方学者的文学观点,并举西方名作加以印证。同时批判中国文人以文章为经世之业,上宗经典,用以弼教辅治的谬见。《文心》为中国论文之杰作,但仍然未能摆脱儒教的束缚,所以他慨叹道:"则虽彦和哲人,犹不免此。而下者何责焉!"

周作人在阐述了他对文学的看法之后,于是进而对当时出现于中国文坛评论文学的专著,如《中国文学概观》、《文学之美术观》与《中国文学史》等,进行了批判,而重点乃在最后一书。该书洋洋十万言,全用儒家观点论述中国文学的发展。其最荒谬的见解,主要在《宗经》,说什么"语文者说亦多矣,群言淆乱,衷诸圣,当必以周孔之语为归"。至于以道德品质作为评骘作家优劣的标准,则为"概观"。论汉魏六朝作者,谓:"班孟坚、扬子云、司马相如及曹、刘、潘、陆诸人,文不逮行,虽研《京》炼《都》,于社会究无裨益也。"还有鄙视白话小说,《文学史》中有《论元人文体为词曲小说所紊》章,说:"元人文格日卑,不足比隆唐宋者更有故焉,讲学者既用语录文体,而民间无学不识者流,更演为说部文体,变乱陈寿《三国志》,与正史相混,依托元稹《会真记》,遂成淫亵之词。"同时还论到当时翻译界,说:"近日无识文人乃译新小说以诲淫盗,有王者起必将戮其人而火其书乎!"作者在引了以上的谬论之后,即逐一加以驳斥,结末则转到对当时翻译界的批评。对林纾的《爱国二童子传序》,说他"手治文章,而心仪功利"。另外还有人把西方小说分为言情一类,于言情中又分为奇情、侠情、艳情诸类。对艳情一类,最为厉禁。其结果小说等于诲示,而伦理小说之声亦即以滋长。

文章最后总结数端:(一)文章的作用,认为文章为国民精神之所寄。精神而盛,文章固即以发皇;精神而衰,文章为足以补救。文章虽非实用,而却有远功。(二)中国文学因受儒家思想的束缚,把它看做专为帝王服务的工具,因而邻于衰亡。时至今日,虽有新流继起,而因宿障牵连,终归恶化。(三)批判当时提倡改革者,只重视工商,而忽视文学的肤浅之见。(四)提出文学改革,实为当务之急。改革的目的,即在从一人手中夺来,公诸百姓。

所以这篇文章与鲁迅的《摩罗诗力说》、《文化偏至论》,在当时实为主张解放思想,提倡文学改革的宣言书。

在作品上,当时他们都还没有从事创作,因而把全力倾注于对西方文学的介绍,尤其在短篇小说方面,他们印出了《域外小说集》两册。他们对林纾的翻译是不满的,因为林氏不懂外文,对所译的作品,又不加检选,在翻译时又不尊重原作,往往横加删削,并随意改变原来的体裁,所以它不能作为改革中国文学的典范。因此,他们在论文中,对林氏文学见解的荒谬及思想上的卑下,都进行过批判(两人对林译的《爱国二童子传序》都曾加以诋訾)。所以鲁迅在《域外小说集序言》中,陈述了他们译著的宗旨,同时也是对当时风行一时的林译小说的批判。

序文一开始说:"《域外小说集》为书,词致朴讷,不足方近世名人译本。"这句话看起来是谦虚,实际上是很自负的。也就是说不屑同那些名家们相比较。下边一转,"特收录至审慎",这就是对林氏不加选择的滥译的批评。接着"移译亦期弗失文情",这是对林译任意删改,不忠实原作的批评。下边"异域文术新宗,自此始入华土"。这是说西方真正先进的文学作品,现在才算介绍到中国。最后的一段话,是对读者的要求同期望,大意是能够不为常俗所囿的卓特之士,也就是对文学能够具有正确的认识,而有真知灼见的读者,那么读后,必然会犁然有当于心。根据作者所在的国度和所处的时代,通过作品,理解作者的思想,而了然于其主旨之所在,这虽是大海中一点点的泡沫,但真正的性解思维,实寓于此,中国的译界,从此也不再有迟暮之感了。

周作人在《知堂回想录》八十六中说:

> 短短一小篇序言,可是气象是多么的阔大,而且也看的出自负的意思来。这是一篇极其谦虚,也实在高傲的文字了。虽然

是不署名,这是鲁迅的笔墨。(《弱小民族文学》)

这个评论,是非常符合实际的。

这两册小说集,按国别来说,计所收集法美各1、俄7、波兰3、波息尼亚2、芬兰1。周作人回忆说:

> 这里俄国算不得弱小,但人民受着压迫,所以也就归在一起了,这实在应该说是凡在抵抗压迫,求自由解放的民族,才是。可是习惯这样称呼,直至"文学研究会"的时代,也还是这么说。(同上)

这两册译著,作品的思想以及创作方法与写作技巧,都给当时中国文学提供了足资参考的借鉴。至于译文的洗练、优美、摒弃一切古文的浮词滥语,在当时的翻译界,也应该说是无与伦比的。然而,"曲高和寡",真正能够欣赏它的只有20人。这就充分说明了当时一般人对西方文学理解的水平了。

至于鲁迅与周作人企图提倡的文学运动,在辛亥革命前夕,所以未能获得成功,现在分析起来,其原因是多方面的。

首先是政治形势。那时的革命派,正倾全力于搞武装暴动,来推翻清廷,可能有不少人把文学改革,看作不急之务,而未能加以注意。这和五四前夕,《新青年》杂志社发动的思想革命与文学革命的时代背景是完全不同的。五四前夕,一则中国的经济情况有着进一步的发展,阶级关系也显然有着新的变化。在政治上,国际上欧战的爆发、俄国的革命,而在国内帝制、复辟均已垮台,人们从中吸取了深刻的教训,认为在意识形态领域里彻底地反封建已是刻不容缓了,所以"打倒孔家店"成为当时最有吸引力的口号,因而从思想革命发展到文学革命。

至于这次文学运动虽然标出了"非物质而张灵明",阐发了文学的重大作用以及改革文学的必要性。但旗帜不鲜明,而打击的对象也不明确,其结果正如鲁迅所说的"如一箭之入大海",没有产生任何的回响。

至于失败的另一原因,即在对文学语言没有能够提出改革的方案。相反的,由于他们受到章太炎的影响,喜欢用本字,这就更增加了读者阅读的困难。《域外小说集》当时销路如此之差,文章不通俗,不能说不是个重要原因。另外,自己没有刊物,未能借以纠集一部分同志如《新青年》杂志社那样。原来准备的论文,借他人所办刊物来问世。势不能坚持投稿,继续发表自己在思想上、文学上改革的主张。由于为时短暂,恰如昙花一现。这样就对社会未能产生广泛而深远的影响,自是必然的。

鲁迅对这次计划的失败,精神上所受的刺激是极深的。他在《呐喊自序》中曾经叙述过事情的原委,末了感慨地说:

> 我感到未尝经验的无聊,是自此以后的事。我当初是不知其所以然的;后来想,凡有一人的主张,得了赞和,是促其前进的,得了反对,是促其奋斗的,独有叫喊于生人中,而生人并无反应,既非赞同,也无反对,如置身毫无边际的荒原,无可措手的了,这是怎样的悲哀呵,我于是以我所感到者为寂寞。
> …………
> 然而我虽然自有无端的悲哀,却也并不愤懑,因为这经验使我反省,看见自己了,就是我决不是一个振臂一呼应者云集的英雄。

三

这次鲁迅等提倡的文学运动与梁启超等人提倡的文学改良运动的关系如何呢?我认为它是前一运动的继续同发展。因为鲁迅等在年岁上,都晚于梁等。他们早年都曾受到《时务报》、《清议报》、《新民丛报》的影响,尤其是梁的《论小说与群治之关系》一文和所办的《新小说杂志》,对他们的影响更大。这一点,周作人在《鲁迅在东京时的文学修养》一文中,都曾有所论述。

但是梁任公等对西方文学的探索和理解上,就远远比不上鲁迅同周作人了。因为他们毕竟不是专力从事文学的。梁启超强调文学要为政治服务,但着眼点未免稍狭,而他的创作,则往往流于概念化。鲁迅等对文学的看法,比梁氏深刻全面得多了。他们把民族的兴亡与文学的盛衰密切的联系起来。而对西方摩罗派诗人,称之为"精神界之战士",而希望中国也能出现这样的战士。周作人称"文章为国民精神之所寄,精神而盛,文章固因而发皇;精神而衰,文章亦足以补救"。同时他们拿西方文学与中国过去文学相较,认为能毫无顾忌地发出真正的雄声的很少,原因即在受儒家思想束缚与专制帝王压制的缘故。所以提出要把为一人服务的文学,夺回以公之于众。他们痛诋儒道思想的流毒既深且广,这种观点已开了五四"打倒孔家店"的先河。

但他们在实践上,也有不及梁氏的缺点,即:(一)他们有理论,有翻译,但却缺创作。没有新创作作为示范,就很难转移一世的风气。(二)梁启超主张文章要通俗易懂,而且他断言将来中国文学,一定要有言文合一的一天。鲁迅等人的论文,喜用古词汇,所译小说全用文言,又喜用本字,这样决非一般浅学者所能了解,因而也就限制了他们文章的广泛传播。

鲁迅、周作人在晚清企图发动的文学运动,虽然失败了,但时隔不到十年,中国的思想革命和文学革命,再一次爆发了。由于他们对中外文学深厚的修养与深刻的理解,以及他们先进的世界观与文学观,在当时革命阵线中,实为无可与比的坚实人物。因此,以他们为核心,在《新青年》杂志社中形成了一个革命的集团,这就是钱玄同、刘半农和沈尹默,从而成为当时对敌人作战的主力军。即如在理论上,钱玄同提出的"桐城谬种,选学妖孽"的口号,周作人写的《人的文学》、《思想革命》、《平民文学》的论文,以及钱(玄同)刘(半农)两人合作写成的关于王敬轩的双簧信,在同顽固派的斗争上,都曾产生了摧陷廓清的作用。在创作上,鲁迅的小说则"显示了文学革命的实绩",标志着文学革命的胜利。在对旧社会的批判上,鲁迅继在晚清时所写的《破恶声论》的战斗精神,又写出了象匕首投枪一样的杂文,给当时的反动派以致命的打击。尤其是在革命阵营内部,同以胡适为首的改良派的斗争中,鲁迅实为当时的中流砥柱。

晚清鲁迅、周作人企图提倡的文学运动,其大致情况已如上述。可是从五四直到今天,从事鲁迅研究和近现代文学史研究的,对之还都未能给以足够的重视。我认为这是一个疏忽。我们今天应该把它提到一个极其重要的地位上来进行研究。不仅对先于它的维新派的文学改良运动和后于它的五四文学革命运动,会看出它的承先启后的作用,即对鲁迅的世界观与文学观的发展上,也将会有着进一步地理解。

1980 年 11 月 7 日初稿

试论晚清以来中国知识分子的几次分化

——兼论鲁迅对分化的认识和态度

中国近代史是一部波澜壮阔、曲折回旋而终于奔腾向前的革命史。在中国近代史上每一次大的政治运动或政治变革都与知识分子有着密切的关系。但在知识分子形成的集团中,往往随着政治形势的发展变化而发生着剧烈的分化。这种分化,最突出的有过几次:一、戊戌变法失败后;二、辛亥革命后;三、五四运动后;四、北伐革命后。下边依次加以论述。

一、1894~1895年,中日甲午战争中国失败后,《马关条约》的订立震动了全国。尤其是先进的知识分子深深感到亡国灭种之祸,已迫在眉睫。于是便有康有为的公车上书,继而是创立强学会并与其弟子等提倡变法维新。当时的德宗到1898年就宣布了定国是之诏。在厉行变法过程中,就和后党产生了尖锐的矛盾。到了9月,便发生了政变,变法维新遂成为昙花一现。

戊戌变法的失败,给当时一些先进的知识分子以深刻的血的教训,使他们认识到清廷的当权者,只知保持自己的政权和既得利益,至于国家、民族的前途,根本不在其考虑之列。尤其在庚子事变之后,清政府对外投降,对内镇压,成为帝国主义在中国的代理人的凶残面目,越发暴露无遗。于是革命浪潮遂汹涌澎湃地发展起来。

就在这时,原来赞成维新变法的知识分子集团发生了分化。其中最知名的如章太炎,他早年曾参加康有为组织的强学会,并在上海时务报社任编辑。庚子以后,遂倡言革命,与康梁的保皇派展开了针锋相对的斗争。他在1903年作了《驳康有为论革命书》,并为邹容的《革命军》作序而被捕入狱。1906年出狱后,东渡日本,主持《民报》,成为当时影响极大的旧民主主义革命的宣传家。

当时知识分子在政治主张上的转变与分化情况,从他的《致陶柳二子书》中,可以明显地看得出来,他说:

> 简阅传文,知二子昔日曾以"纪孔保皇"为职志。人生少壮,苦不相若,而同病者亦相怜也。鄙人自十四五时,览蒋氏《东华录》,已存逐满之志。丁酉入时务报馆,闻孙逸仙亦倡是说,窃幸吾道不孤,而尚不能不迷于对山(按对山为明康海字,太炎借以指康有为)妄语。《訄书》中《客帝》诸篇,即吾往岁之覆辙也。今将是书呈览,二子观之,当知生人知识程度,本不相远,初进化时,未有不经"纪孔保皇"二关者,以此互印何如?

这封信说明几个问题:(一)陶为陶亚魂,柳为柳人权,他们当时都是上海爱国学社的学员,最初都是"纪孔保皇"派,后来转向了革命。(二)太炎自述他自己政治倾向的转变过程,也是由"纪孔保皇"而转向革命的。(三)时代思潮与形势变化,对知识分子的巨大影响。在戊戌前,维新变法的改良主义是当时的时代思潮。一般进步的知识分子,没有不受其影响的。但到后来,清政府腐败、凶残本质的彻底暴露以及革命派的兴起与宣传,于是有不少持改良主义的,幡然觉悟,而投入革命营垒。这就是太炎信中所说的"生人知识程度,本不相远,初进化时,未有不经'纪孔保皇'二关者"。但经过政治上的大变动后,改良主义已彻底破产,而有些顽固分子仍要一意孤行地走下去,而有的则认清了形势的发展,于是改弦易辙,舍旧图新,就走上了革命的道路。这就是庚子后,知识分子在对待中国前进道路的问题上,分为革命与保皇两大派的原因。

二、1911年爆发的辛亥革命,推翻了统治中国两百多年的清王朝,并且结束了两千多年的封建帝制。但是民国建立后,大军阀大官僚袁世凯就篡窃了革命果实。一切腐朽的封建势力,都又卷土重来,这时原来的政治团体同盟会和隶属于同盟会的文学团体南社的成员,就发生了分化。正如鲁迅在《对于左翼作家联盟成立的意见》中说的:

> 在我们辛亥革命时,也有同样的例,那时有许多文人,例如属于"南社"的人们,开初大抵是很革命的,但他们抱着一种幻想,以为只要将满洲人赶出去,便一切都恢复了"汉官威仪",人们都穿大袖的衣服,峨冠博带,大步地在街上走。谁知赶走满清皇帝以后,民国成立,情形却不同,所以他们便失望,有些人甚至成为新的运动的反对者。

"南社"是柳亚子、陈去病、高天梅等人在1909年组织的一个革命文学团体,命名"南社",是取"操南音不忘其旧"的意思。其目的在以文学鼓吹革命,推翻清王朝。但到辛亥革命后,正如鲁迅所说的,客观形势并不如他们所预期的那样,自己的理想成了泡影,其结果这个团体就必然地走上分化的道路。一种是愤世嫉俗,消极颓废,潦倒以死。苏曼殊就是其中最突出的典型。他在武昌起义获得胜利之后,对革命的前途就抱着不切实际的幻想,当时他在海外,给南社同志柳亚子、马君武的信中说:"迩者振大汉之天声,想两公都在剑影刀光中,抵掌而谈,不慧远适异国,惟有神驰左右耳。"又在致柳亚子信中说:"'壮士横刀看草檄,美人挟瑟请赋诗',遥知亚子此时乐也。"(《曼殊大师诗文集》)然而革命果实一旦为袁世凯所篡窃,他便陷于苦闷消极之中,以至于用醇酒妇人来麻醉自己。柳亚子在《燕子龛遗诗序》中说:"和议既成,莽操尸位,党人无所发摅,则麇集海上,日夕歌呼北里,君亦翩然来,经过李赵,吾二人未尝不相与偕也。"这虽是写苏曼殊的,但也反映出当时南社一部分诗人的思想感情。而苏曼殊后来因看不到政治的前途便佯狂颓废,很快就死掉了。

其次是一些人叛变革命,与封建势力同流合污,甚至成为新的运动的反对者。最突出的例子是刘师培,他参加南社是比较早的,但叛变得也最早。柳亚子在《题南社写真时闻申叔已降虏矣》中,曾用

"杨子美新称绝学,士龙入洛正华年"来揭露他,并表示无限的惋惜。后来堕落为鸳鸯蝴蝶派与礼拜六派的,则有王钝根和徐枕亚。而在五四时期成为顽固的复古主义者的,则有黄节与黄侃。尤其是黄侃,他同刘师培创办《国故》,准备刊行《国粹丛编》,以与《新青年》相对抗。鲁迅与钱玄同信,曾对他们大加嘲讽,并以"侦心探龙"来称刘师培。他对这些反动者痛恶之深,真是洋溢于字里行间。另外南社社员曾参加曹锟贿选,抗日战争期间又有些投靠汪伪成为汉奸的,那就更加等而下之了。

至于同盟会会员,辛亥革命后,有的坚持了革命道路,和篡权窃国的袁世凯进行了坚决的斗争,在二次革命中遭到镇压,献出了自己的生命。没有牺牲的,有的对袁世凯进行面对面的斗争而遭到囚禁,有的远逃海外,作卷土重来的打算。同时也有的变节投敌,为袁世凯的帝制效命。前者如孙中山,其次为章太炎。至于李燮和、胡瑛、孙毓筠、刘师培都是同盟会中人,而参加了袁氏的筹安会。这就充分地说明了无论是文学团体或政治团体,在经历了一场大的政治事变以后,就必然要出现分化的现象。

三、五四运动后,《新青年》团体也出现了分化。鲁迅在《自选集序》中说:"后来《新青年》的团体散掉了,有的高升,有的退隐,有的前进,我又经验了一回同一战阵中的伙伴还是会这么变化。"所谓"高升",指的是当时以胡适为代表的资产阶级知识分子,走上了反动,与军阀官僚合流,投靠了帝国主义。所谓"退隐"指的是革命小资产阶级分子,以钱玄同等人为代表的,逐渐脱离了政治,走进了书斋。所谓前进,指的是以李大钊为代表的共产主义知识分子,后来组织了共产党,领导了中国新民主主义的革命。

在这次分化中,鲁迅却没有"高升",也没有"退隐",而是在继续前进,但他的前进又不同于李大钊、陈独秀参加了中国共产党,却是在进行着个人的"孤军奋战"。"寂寞新文苑,平安旧战场。两间余一卒,荷戟独彷徨!"(《题彷徨》)充分反映出他当时彷徨的心情。到了1924年,他又和《新青年》杂志社中的部分朋友,组织了"语丝社"，出版了《语丝》，这是继承了《新青年》杂志反封反帝的精神，并对依附于封建势力与帝国主义的自命为"正人君子"之流进行了揭露与斗争。它的战斗的方向，成为当时一般进步青年的旗帜。从政治上看，1925年的女师大事件，与震动全国的"三一八"惨案，语丝社以鲁迅为首，态度异常鲜明地站在具有正义感和爱国思想的青年学生一边，而与腐朽的北洋军阀段祺瑞政府和依附段氏的新官僚章士钊和买办文人陈西滢等进行了不懈地斗争。但到1927年北伐革命，接着是蒋介石发动了"四一二"反革命政变，在语丝社内又出现了一次分化，这就是鲁迅接受马克思主义，参加了中国共产党领导的新民主主义革命。而钱玄同、周作人等仍坚持资产阶级民主主义立场反对马克思主义，所以到了20世纪30年代，就同胡适等合流了。这也可以说中国进步的文艺团体的成员的又一次分化。

从以上中国知识分子在中国政治形势的发展和几次分化的事实中，我们如果加以仔细地分析与研讨，就会得到以下的几点启发与教育：

（一）社会不断地在前进，历史不停地在发展。从晚清到北伐革命中间，不到四十年，中国就发生了那样天翻地覆的大变化：最初是维新变法的改良运动，这一运动失败后，继之是革命运动的高潮的到来，终于仅仅十几年间，就推翻了清王朝，结束了两千多年的封建专制制度。

但是中国反帝反封建的革命任务并没有完成，于是又产生了一次新的文化革命运动，接着诞生了中国共产党，领导了新民主主义的革命。于是爆发了北伐革命，接着是国共分裂，国民党走向反革命，而共产党则继续领导人民进行革命斗争。这种变化是巨大的，一次一次的革命浪潮，恰如长江大海，不断地一浪接着一浪，直至入海而后已。这种历史的浪潮，是任何人都阻挡不住的，那些逆历史潮流而动的反动派，其结果没有不被冲垮，而陷于灭顶之灾的。

（二）各个历史时期的先进知识分子，在最初都曾以英勇的气概、豪迈的精神和先进的思想同反动派进行战斗，并且不同程度地遭到反动派的痛斥、诋毁和镇压。但他们没有屈服,而是坚持战斗下去。这样他们不但完成了历史赋予他们的使命,而且以他们所昭示的真理和个人的崇高品质教育了广大人民。尽管有不少活动是失败了,但这也一样地给后来者以极大的启发和教育,使后来者从失败中接受了宝贵的教训。即如戊戌变法,虽然失败了,但却教育了革命者,认清了清政府的真实面目,革命浪潮才随之而勃然兴起。

(三)时代总是不停地在前进,新的革命思潮总是要代替已经被证明为过时的思潮,但这种过时的思潮的最初提倡者,总是不肯承认这一点。他们往往把新的革命思潮的提倡者与追随者视为狂悖荒谬,而顽固地坚持自己的立场、观点,反对新的革命运动。即如提倡变法的康有为和严复,他们是敌视革命的,而原来的革命派如章太炎等,在五四以后,又成为中国共产党所领导的新民主主义革命的反对者。这样他们就丧失了最初作为"先驱者"的地位,掉转过来,成为时代前进的绊脚石。正如鲁迅在20世纪30年代论述上列诸人时所说的:

> 广东举人多得很,为什么康有为独独那样有名呢,因为他是公车上书的头儿,戊戌政变的主角,趋时;留英学生也不希罕,严复的姓名还没有消失,就在他先前认真的译过好几部鬼子书,趋时;清末,治朴学的不止太炎先生一个人,而他的声名,远在孙诒让之上者,其实是为了他提倡种族革命,趋时,而且还"造反"。后来"时"也"趋"了过来,他们就成为活的纯正的先贤。但是,晦气也夹屁股跟到,康有为永定为复辟的祖师,袁皇帝要严劝进,孙传芳大帅也来请太炎先生投壶了。原来是拉车前进的好身手,腿肚大,臂膊也粗,这回还是请他拉,拉还是拉,然而是拉车屁股向后,这里只好用古文,"呜呼哀哉,尚飨"了。(《花边文学·趋时和复古》)

各个时期新思潮的倡导者,绝大多数都避免不了这样的命运,康、严、章等人不过是其中的代表而已。

(四)但在提倡新的革命思潮者的当中,也有更其杰出的英雄人物。他们当初进行革命的目的,是要拯人民于倒悬,挽国家于危亡。这种目的不达,他们永不肯罢休。所谓"不克厥敌,战则不止"。他们善于总结过去成功与失败的教训,从而探索新的前进的道路。"吾令羲和弭节兮,望崦嵫而勿迫。路漫漫其修远兮?吾将上下而求索。"鲁迅所谓"求索而无止期,永进而不退转"(《摩罗诗力说》),正是这些人伟大精神的写照。孙中山、李大钊、鲁迅,他们正是这一时期中国的伟大革命家。他们都经历了旧民主主义的革命运动,特别是孙中山,是这一运动的领袖。但在辛亥革命后,他就提出了"革命尚未成功,同志仍须努力"的继续革命的口号。特别在苏联十月革命后,马列主义被介绍到中国,李大钊是马列主义最早的提倡者。孙中山在中国共产党成立后,就坚决地改组国民党,提出了联俄、联共、扶助农工的三大政策。虽然他于1925年就去世了,但他的措施却为北伐革命奠定了政治上的基础。

李大钊是马克思主义的首倡者,是中国共产党成立发起人之一。他为中国人民的解放,终于献出了宝贵的生命。至于鲁迅,在五四时期已成为文学革命与思想革命的旗手,在北伐革命中,由于国民党叛变革命,屠杀共产党与革命人民,在这血的教训中,接受了马克思主义,参加到中国共产党领导的新民主主义革命的行列。在20世纪30年代的反"围剿"斗争中,成为中国共产主义的巨人。

(五)至于在时代的前进中,为什么有许多人在革命的道路上走了一段以后,会停步了呢?为什么一个革命团体,最后分化了呢?鲁迅对此,曾有说明:

> 每一革命部队的突起,战士大抵不过是反抗现状这一种意思,大略相同,终极目的是极为歧异的。或者为社会,或者为小集团,或者为一个爱人,或者为自己,或者简直为了自杀。……因为终极目的的不同,在行进时,也时时有人退伍,有人落荒,有人颓唐,有人叛变,然而只要无碍于进行,则愈到后来,这队伍也就愈成为纯粹,精锐的队伍了。(《二心集·非革命的急进革命论者》)

这充分说明了历史上革命团体的建立及其后来所以会分化的客观规律。而每个参与革命者的"终极目的"不同,则是一个参加革命者以后对革命的态度的决定因素,这种"终极目的",我们要从晚清以来革命者的政治理想来说:1.君主立宪;2.排满,推翻清王朝,而代以汉人的统治;3.资产阶级的民主共和国;4.无产阶级领导的人民民主共和国。从19世纪末到20世纪20年代,所谓政治理想,不外以上四种。而每个投身政治运动者所抱的理想,也不外这四种。其中少数人能随着历史的发展,而改变原来的政治理想。但多数往往坚持自己原来的政治理想,因而在历史发展中,表现出落荒、颓唐、反动或叛变。

即如维新派康有为、严复等,他们的政治理想就是在中国建立一个君主立宪的国家,变法失败后,为了效忠载湉,希望慈禧死后,他能够亲政,继续辅佐他建立一个这样的国家。所以他们坚决反对革命,提倡保皇。辛亥革命后,康有为之阴谋复辟与严复之参加筹安会,都是毫不足怪的。

至于革命派章太炎,原来也参与了维新变法运动,但出于他幼年就种下了不满于异族统治的排满思想,加上他后来受到孙中山的影响,于是批判了过去"纪孔保皇"的错误思想(《与陶柳二子书》),毅然参加了革命的行列,后成为光复会的领导人,并曾主持过《民报》的编辑工作。所以他的政治理想已不限于排满,而是发展到要建立一个资产阶级的民主共和国。所以在辛亥革命后,袁氏当政,初期他还同袁合作,担任过东三省筹边使的职务。后来发现袁氏的帝制阴谋,即直然揭露袁"包藏祸心",终至于被捕。但他的理想,仅仅达到旧民主主义。当然中国共产党所领导的新民主主义革命,他是不理解的,因而也是反对的。但他比诸一般同盟会中那些只抱着推翻异族统治,连建立一个资产阶级民主共和国的理想都没有的会员要高明得多了。而这些同盟会会员,后来就甘心党于袁氏,谋得个人的功名利禄。章太炎在《中华民国开国前革命史序》中有一段话论到革命党人在辛亥革命后的变化道:

> 综观开国以来十余年中,赞帝制,背民国,延外患,参贿选,及诸背义卖友之事,革命党之不肖者,皆优为之,独复辟事不与,则事前训练之功,犹不可没,此余所愿举以告天下者也。(《章太炎政论选集》下册)

这说明晚清的革命党人,当参加革命时,无不抱有一个排满的思想,所以在辛亥革命后,没有参加复辟活动的。不过这也不是绝对的,因为张勋复辟为时甚暂,倘若为时稍久,掌握一定的政权,那也很难说。因为像刘师培能够投降,那些贪图个人私利的,又为何不能参加复辟呢?

至于五四后新青年团体以及北伐革命后语丝社的分化,都可以用鲁迅所说的"终极目的"来说明。

新青年杂志社散掉后,"有的高升,有的前进,有的退隐"。这里边前进的自然是接受了马克思主义的共产主义知识分子,他们已有了新的政治理想,所以要为这新的理想而继续奋斗。至于"退隐"与"高升"的,他们政治理想都不外是资产阶级民主共和国,不过是一种改良主义者,如胡适之流,总想依附于当时的当权者,作改良的打算。一种是不满意当时的黑暗政治,所以退回书斋,如刘半农、钱玄同等。但他们的政治理想与胡适并没有什么不同,不过是对现实政治的看法和所持态度有所不同罢了。

至于语丝社,最初在对现实的态度上有一个共同的倾向,这就是鲁迅所说的,"任意而谈,无所顾忌,要催促新的产生,对于有害于新的旧物则竭力加以排击。——但应该怎样的'新',却并无明白的表示。而一到觉得有些危机之际,也还是故意隐约其词"(《我和语丝的始终》)。

应该说当时语丝社的政治倾向,仍不外是希望有一个资产阶级民主主义的政府出现,对当时北洋军阀政府,是憎恶的。到了1927年北伐以后,鲁迅目睹了国民党反动派发动的"四一二"反革命政变,从而在思想上产生了一个飞跃,批判了自己一向所信奉的"进化论",而接受了马克思主义,置身于新民主主义革命行列,这样与语丝社其他成员，就截然不同了。由于周作人、钱玄同、刘半农等人，仍然停留在旧民主主义的思想范畴上，鲁迅从此便与他们分道扬镳。

　　由此可见，知识分子所组成的团体的分化，是决定于每个成员最初所抱的政治理想的。往往当自己的政治理想局部或全部得到实现后，于是便从此止步了。其中，只有具有以解放全人类为目的的马克思主义者，像鲁迅那样伟大的革命家，才是不断探索，永远前进，直到最后的一息。我们通过对晚清以来知识分子的分化的分析，使我们更加认识到鲁迅的伟大，他将永远是知识分子的导师和学习的典范。

1981 年 3 月

鲁迅参加旧民主主义革命对他的思想与创作的影响

一

鲁迅是1902年去日本留学的。在这以前,他在政治思想上是深受维新派改良主义影响的,并在世界观上,接受了"进化论"。到日本后,在他继续对这方面问题的研究基础上,进一步形成了他前期用来分析批判客观事物的主要理论武器。但另一方面,由于1900年八国联军入侵和翌年《辛丑条约》的签订,宣布了卖国投降的清王朝,已经成为列强统治中国的代理人。于是推翻清王朝,建立一个民主共和政体的革命思想,就应运而生,逐渐形成了高潮。

当时的日本东京,是中国具有革命思想的先进人士荟萃之地。就在鲁迅去日本这一年,革命家孙中山同章太炎曾在东京联合发起了一个"中夏亡国242年纪念会",并撰书告留学生,文字极为沉痛。鲁迅当时就很受影响。到了第二年,章太炎因为发表了《驳康有为论革命书》,痛斥了清政府,又由于为邹容的《革命军》作序,而被捕入狱。他在狱中写的《狱中赠邹容》、《狱中闻沈禹希见杀》等诗,都刊载在东京浙江留学生所办的《浙江潮》上,鲁迅读了深为感动。直到他在逝世前写纪念太炎的文章《关于太炎先生二三事》时还说:"这使我感动,也至今并没有忘记。"这样,在革命派排满思想的影响下,鲁迅逐渐认识到当时那班维新派的丑恶面目。据许寿裳的回忆,在东京时他和鲁迅常到主张革命的蒋智由那里去。可是有一次蒋氏谈到服装问题时,说满清的红缨帽有威仪,而指他自己的西式礼帽,则无威仪。鲁迅思想是非常敏感的,当他们辞出后,鲁迅在路上就对许讲:观云的思想变了,许同意他的看法。果然不久,蒋氏便同梁启超组织"政闻社",主张君主立宪了。

1906年,章太炎出狱,即日东渡,到东京后,不久就主编当时以孙中山为首的同盟会的机关报《民报》,并发表了许多具有强烈战斗性的文章。鲁迅回忆当时情况道:"我爱看这《民报》,但并非为了先生的文笔古奥,索解为难,或说佛法,谈'俱分进化',是为了他和主张保皇的梁启超斗争,和'××'的×××斗争,和'以《红楼梦》为成佛之要道'的×××斗争,真是所向披靡,令人神旺。"(《关于太炎先生二三事》)正是由于这种倾服的心情,所以到1908年太炎在东京开始讲学,他就去参加听讲,接着他又参加了由蔡元培、章太炎等人领导的革命组织"光复会"。这样,鲁迅就成为革命阵营中一名正式战士。

鲁迅参加"光复会",就他来说,是一件大事。许寿裳在《鲁迅年谱》中明确地记载了这件事。但由于周作人的否定,后来林辰对这件事还作了考证(《鲁迅事迹考》)。事实胜于雄辩,鲁迅若不是"光复会"会员,没有参加该组织所领导的革命活动,那么当光复后,王金发到了绍兴,何以会任他为绍兴师范校长;南京临时政府成立后,何以会受蔡元培的邀请,任教育部部员,教育部迁北京后,又历任社会教育司第一科科长,升任佥事。这一些都是常识中的事。周作人的说法,可不攻自破矣!

鲁迅未参加"光复会"前,在政治思想上已与革命派完全契合了。当他离开仙台后,就决计从事文学,并积极倡导文学运动。但后来因为种种原因刊物没有办成,然而他和周作人所准备的文章却在那时东京出版的革命刊物《河南》上发表了。鲁迅的《文化偏至论》,对拥护清王朝而反对革命的洋务派和维新派(当时已堕落成保皇派)的主张,进行了揭露和批判。称前者侈谈坚船利炮为强国之术的人为"轻才小慧之徒",他们所讲的不过是拾人之尘芥,来罗列于人前。由于他们以习兵事为生,所以不从根本上解决问题,只不过是以所学来干天下,从表面看来,他们是多么的了不起,实际上他们那种借以博得高官厚禄的私心,已是昭然若揭了。

至于后者,则大倡其振兴实业和立宪国会的主张。鲁迅认为从事前者已经是不可缕数,因为国若一日存,他们就可以假力图富强之名博志士之誉。即令不幸,国家亡了,自己广有金资,还大可以温饱。至于立宪国会也不过假是空名,遂其私欲,而将来目的达到后,充当人选的也不过是一些愚钝的富人,或者是善于垄断的市侩。接着他非常愤慨地讲,过去统治人民的是独夫,但按照这班人的主张搞下去,代替他的只能是千万个无赖之尤,人民已经受不了了,对振兴国家真是相去十万八千里。所以鲁迅从这些人假种种美名以达其个人私利的目的上,予以揭发批判,正是打中了对方的要害。这对当时的革命事业是有着很大的推动作用的。

鲁迅在另一篇发表于《河南》上的文章《摩罗诗力说》中,介绍了具有反抗精神和爱国主义思想的欧洲"摩罗派"诗人,像裴伦(今译拜伦)、修黎(今译雪莱)、普式庚(今译普希金)、裴多菲等。他们以自己那种充满着战斗激情的诗篇,去唤醒并激发国人们的爱国思想和敢于反抗、敢于斗争的精神。鲁迅称他们为"精神界的战士",而希望中国也能出现这样的战士。这在当时对解放人们思想、鼓舞革命斗志来说,的确是有力的作品。在当时革命派中介绍拜伦作品的有苏曼殊和马君武,但只是些零星篇章。至于对其身世、思想和作品内容作深刻论述的,则只有鲁迅这篇论文。我们今天试一细读,就会了解鲁迅思想是如何深刻地受到这些诗人的影响了。拜伦那种"不克厥敌,战则不止"的战斗精神,以及裴多菲那种为祖国的自由解放贡献出自己生命的高度爱国主义精神,鲁迅完全把它们继承了下来,而最后终于发展成了伟大的共产主义战士。

至于鲁迅当时所参加的具体政治活动,根据记载主要有以下三件事:

一是在东京的时期,当1907年徐锡麟因为刺杀恩铭被清政府杀害后,在东京的绍兴同乡开了一个悼念烈士、声讨满清政府的会,鲁迅参加了这个会,为了主张去电痛斥满清政府的无道,还曾和范爱农进行过辩论(《朝花夕拾·范爱农》)。可知当时他对这件事是如何地义愤填膺了。

二是1909年,鲁迅从日本回国,到浙江两级师范任教,校长为沈钧儒;后来沈因任浙江谘议局副局长而去职,继任的是一位道学先生夏震武。这位夏先生好摆臭架子,就职的第一天就和教员们发生了冲突,鲁迅于是伙同其他同事十余人一起搬出了学校,表示不同他合作,结果这位夏校长只得辞职。这是一次极有意义的斗争,说明那时已具有革命思想的知识分子,是决不甘心同那种满脑子封建思想,惯于以上凌下态度的顽固派共事的。从这里也说明了当时清王朝的那套封建专制的教育已经在解体了。

三是在绍兴迎接光复。1911年10月1日,武昌起义,很快各地起来响应,不久杭州也光复了。这时的鲁迅正在绍兴中学堂任教,当绍兴人民举行庆祝胜利大会时,鲁迅被推举为主席,他以满腔热忱和兴奋的心情,讲述了革命胜利的伟大意义,并倡议组织群众上街游行以扩大影响。不久反动派又进行造谣,说:杭州被击溃的清兵要渡钱塘江到绍兴来,一时间人心惶惶。鲁迅深知这是敌人利用人心的不安,有意来制造事端,于是马上召集学生,组织武装演说队来维持秩序,进行辟谣,从而稳定了人心。不久革命党人王金发率兵回到绍兴,就任了都督,新的政权才逐渐得到了巩固。

以上几件事,都说明鲁迅作为革命队伍中的成员,总是一遇机会就要来发挥自己的战斗作用的。他以自己的笔,来为革命效力。同时在关键时刻,又能挺身而出,表现出一个革命者不畏强敌的勇敢果决的精神。

二

辛亥革命虽然推翻了统治中国二百多年的清王朝,但作为资产阶级民主革命来说,并未完成它的任务。由于中国民族资产阶级的软弱性,它不能彻底打倒封建势力和帝国主义,正如鲁迅说的:"革命党也是一派新气——绅士们先前所深恶痛绝的新气,'文明'得可以;说是'咸与维新'了,我们是不打落水狗的……"(《论"费厄泼赖"应该缓行》)于是在几个旧乡绅组织的军政府中,铁路股东做了行政司长,钱店掌柜做了军械司长,又停了不久,清王朝的大军阀大官僚袁世凯篡窃了国柄,做了大总统。到了1913年他又镇压了二次革命,于是整个儿复旧了。这时革命党人被杀的杀、关的关,旧官僚旧军阀都又飞黄腾达,气焰嚣张,不可一世。正如鲁迅给景宋的信中说的:"说起民元的事来,那时确是光明得多,当时我也在南京教育部,觉得中国将来很有希望。自然,那时恶劣分子固然也有的,然而他总失败。一到二年二次革命失败之后,即渐渐坏下去,坏而又坏,遂成了现在的情形。"(《两地书·八》)范爱农是鲁迅的革命战友,光复后,他和鲁迅一起在绍兴中学工作。后来鲁迅离开那里,不久他便被解职,以后潦倒落拓,最后淹死在水里。鲁迅听到他死的消息,心中非常悲哀,写了悼念他的诗,其中的第二首对革命后形势复归恶化,感到无限沉痛,所谓"狐狸方去穴,桃偶已登场。故里寒云恶,炎天凛夜长"。把政治上的换汤不换药以及人民仍然是在黑云压城、漫漫长夜中生活,作了极其形象的描述。另外,鲁迅还在《野草·希望》中这样写道:"这以前,我的心也曾充满过血腥的歌声:血和铁,火焰和毒,恢复和报仇。而忽而这些都空虚了。但有时故意地填以没奈何自欺的希望。"也说明他对辛亥革命后的社会现实,感到幻灭的悲哀。

作为一个革命者的鲁迅,最初对革命抱着无限的希望。但到后来客观事实的证明,这种希望竟成了泡影,因而就产生了无限的苦闷。他在《自选集·自序》中,追述他当时的思想说:"见过辛亥革命,见过二次革命,见过袁世凯称帝、张勋复辟,看来看去,就看得怀疑起来,于是失望颓唐得很了。"这就是他在五四前,住在绍兴会馆里,借抄古碑以麻醉自己的原因。

一般借革命以营私的人,当革命胜利后,他们便乘机飞黄腾达起来,这时他们的目的已达,于是便心满意足,对于社会是否进步,人民是否解放,都不在话下了。所以在辛亥革命后,有不少革命党人蜕化变质,与封建反动势力合流了。但是抱着"我以我血荐轩辕"的鲁迅,当他目击到革命的失败以及社会的黑暗如故,人民仍然处于深重的苦难之中,他是不能不痛心疾首的。于是作为一个伟大思想家的鲁迅,便进一步剖析总结辛亥革命之所以失败的经验教训,并以此来教育广大的人民群众。

三

从辛亥革命失败到五四运动爆发的前夜这段时间,是鲁迅一方面感到失望苦闷,对民族前途有点悲观,而用"使我沉入于国民中,使我回到古代去"的方法,"来麻醉自己的灵魂"(《呐喊·自序》)。但另一方面,则更使他冷静地对往事,特别是辛亥革命这件大事的失败,进行回忆和分析,从中总结出经验教训来。这些都表现在后来他所写的小说和杂文中。这些闪烁着真理之光的刻画与论述,给读者以多么深刻的启发和教育啊!

首先,在小说《药》、《阿Q正传》中揭示出辛亥革命是如何地脱离人民大众的,它只是一小部分革命党人的活动,根本没有发动广大的人民群众,所以在受到封建思想流毒极深的人民群众的眼里,对革命者的行动是不理解的,因而站在反动统治者的立场上,给以嘲笑和诋訾。《药》中写革命者夏瑜被清政府杀害后,在华老栓的茶馆里,一般群众对夏瑜的议论,就很能说明这一点。其更令人沉痛的是无知愚昧的华老栓,竟然相信迷信的说法,用革命者的血所蘸的馒头给儿子治病,最后仍不免于死亡。

至于阿Q,他最初根本不了解什么是革命。当他从城里回到未庄后,还炫耀他在城里的许多见闻,其中最使他洋洋得意的,是看杀革命党。他对靠近他的那班听众说:"你们可看见过杀头么?""咳,好看。杀革命党。唉,好看好看……"阿Q就是这样一个麻木的,以好奇的心情欣赏杀人的看客,其实他对革命党却毫无所知。但到后来,他看到那些百里闻名的举人老爷,由于听说革命党快要进城了,就吓得赶忙乘船到乡下来逃难了,于是未免又有点神往了。于是就决定投降革命党了。他兴奋得情不自禁地在路上大声嚷道:"造反了!造反了!"这时阿Q对革命的理解虽然有点进步,但不过是一般的"造反",甚至同盗匪的抢劫混同起来。当换汤不换药的革命新秩序刚刚建立起来,阿Q竟以莫须有的罪名被枪杀了。相反的那班封建的地主绅士们却都安然无恙,甚至有的还飞黄腾达,据了要津。相形之下,这是一个多么巨大的讽刺啊!

其次,鲁迅在1929年时曾说:"革命被头挂退的事,是很少有的。革命者的完结,大概由于投机者的潜入,也就是内里蛀空。"(《铲共大观》)辛亥革命的失败,正是如此。《阿Q正传》中写革命到来的时候,假洋鬼子和秀才都纷纷参加了"自由党"。在这样的情况下,革命焉得不失败。鲁迅有着辛亥革命这样的经验教训,所以在1927年北伐革命时,他在广州曾预言,"只要青天白日旗插远去,恐怕'孤桐先生'也会来革命的。不成问题了,都革命了,浩浩荡荡"(《答有恒先生》)。这就是从辛亥革命后所得到的经验中推断出来的。

第三,对敌人不能讲什么"费厄"。鲁迅目睹辛亥革命时革命党人对敌人大讲其宽容,说什么"咸与维新"了,我们是不打落水狗的,结果任他们爬上岸来。到二次革命时,很多革命党人就遭到了这些人的杀害。鲁迅举出王金发释放章介眉的例子,确是令人惊心动魄的。因此他大声疾呼,必须"即以其人之道,还治其人之身"(《论"费厄泼赖"应该缓行》)。为了要着重提醒人们的注意,他在《写在〈坟〉后面》中还强调说:"最末的论'费厄泼赖'这一篇,也许可供参考罢,因为这虽然不是我的血所写,却是见了我的同辈和比我年幼的青年们的血而写的。"毛泽东同志说:"鲁迅是一个彻底的现实主义者,他丝毫不妥协,他具备了坚决的心。他在一篇文章里,主张打落水狗。他说,若果不打落水狗,它一旦跳起来,就要咬你,最低限度也要溅你一身的污泥。所以他主张打到底。他一点没有假慈悲的伪君子的色彩……我们要学习鲁迅的这种精神,把它运用到全中国去。"(《毛泽东在延安陕北公学纪念鲁迅逝世周年大会上的讲话》)

像以上这种极其宝贵的经验总结,如果鲁迅没有参加辛亥革命和以后的阶级斗争,如果对于当初革命的胜利不是出于由衷的欢欣,对新的制度,出于内心的热爱,那他对于它后来的失败,也就不会感到深沉的刺激和无限的悲愤了。同时也不可能从这失败中,分析总结出这样极其可贵的经验教训来。鲁迅是一个伟大的革命家同伟大的思想家,他在革命失败后,并不是灰心丧气、颓唐堕落,既不像他在《孤独者》中所写的魏连殳那样"躬行他先前所憎恶,所反对的一切,拒斥他先前所崇仰所主张的一切",又不像《在酒楼上》里边所写的吕纬甫那样,"敷敷衍衍,模模糊糊"地得过且过,对于将来绝不考虑。当他的朋友问他:"你以后豫备怎么办呢?"他的回答却是:"以后?——我不知道。你看我们那时豫想的事可有一件如意?我现在什么也不知道,连明天怎样也不知道,连后一分……"吕纬甫的精神状态,曹聚仁在《鲁迅评传》中认为就是那时鲁迅思想的自我表露。诚然,鲁迅在某一时期,也许产生过吕纬甫的这种思想,但当他写这篇小说时即已批判了这种思想。他正如自己所论述的西方魔罗派诗人拜仑那样,"不克厥敌,战则不止";又如修黎(今译雪莱)那样,"求索而无止期,猛进而不退转"(《摩罗诗力说》)。甚至当五四运动后,《新青年》团体散掉后,他还根据辛亥革命后的经验,感慨万分地说:"我又经验了一回同一战争中的伙伴还是会这么变化。"但他依然坚持了战斗,并进一步对真理进行探索。正如他在《彷徨》的题辞中所引用的《离骚》的诗句那样:"路漫漫其修远兮,吾将上下而求索。"最后,鲁迅终于找到了马克思主义,找到了中国共产党,在世界观上发生了一次质的飞跃。在20世纪30年代,参加了党所领导的"左联",

同帝国主义、同国内反动派的两种反革命"围剿"进行了殊死的斗争,并在这斗争中成为了伟大的共产主义巨人。

1976 年 12 月 16 日初稿,1981 年 5 月改定

中国文学划时代的作品
——论鲁迅五四时期小说伟大的历史意义

鲁迅是中国文学史上最伟大的作家。他之所以伟大,首先,在创作上给中国文学开辟了一个新的历史时代。这些作品在内容上所达到的思想高度,在艺术上极其卓越的成就,不仅给中国新文学树立了光辉的典范,而且给后起的广大作者在创作上也开辟了一条广阔的道路。60年来,从国内到国际的文坛上,都异口同声地公认鲁迅为我国新文学的奠基人。对这样评价,应该怎样去理解?我想乘今年纪念"五四"60周年的时机,谈谈我个人一点粗浅的看法。

我认为鲁迅在五四时代创作上最突出的表现是小说。而这些小说,对中国古文学来说,是一次伟大的革命;对中国新文学来说,是树立了一个光辉典范;至于对当时的文学革命来说,由于这些作品的出现,而奠定了胜利的基础。下边试就这三点加以论述。

一、鲁迅五四时期的小说,为什么是革命的丰碑?说明这个问题,就必须回顾一下晚清的小说。在戊戌变法后,由于梁启超提倡文学改良运动,后来在东京创办《新小说》杂志,发表《小说与群治之关系》,提出革新小说的主张。同时,林纾这时也已译了一些西方小说如《茶花女遗事》、《黑奴吁天录》等,一时间,上海出现了许多小说刊物,如《锈像小说》、《月月小说》、《小说月报》等;同时报纸上也发表一些小说作品。当时创作较多,对社会影响较大,并在文学史上占有一定地位的作家,则有李伯元、吴沃尧、曾孟朴、刘铁云等。

他们的作品,在一定程度上反映了晚清政治的腐败、官吏的贪污、外国传教士的强横、人民的痛苦。而对当时已经爆发的民族矛盾与阶级矛盾,也有着不同程度的描述。但是从这些作者对上述矛盾所持的态度与作者的世界观来看,都还未能脱去传统的儒家思想和佛、道两家封建迷信思想,有的甚至顽固地在宣扬封建道德。按说,在晚清,由于西方资产阶级民主与科学思想已初步传到中国,同时维新派以及后来的革命派,对之都曾大力宣传,可是这些作者,有的不仅不是用创作推进当时的运动,相反的则对之采取冷嘲热讽的态度,企图遏制并扼杀这种运动。至于对家庭中的父子问题、青年们的婚姻问题,仍然恪遵封建的老一套,比诸清初作者蒲松龄、吴敬梓、曹雪芹等,不仅未能跨越他们,反而大大地倒退了。下边试就上边几位作家的代表作品反映的思想内容,略作论述。

先就李伯元而论,他的代表作有《官场现形记》、《文明小史》、《庚子国变弹词》等,而最足表现他的世界观的,则是《文明小史》同《庚子国变弹词》等作品。过去论者,有的认为他的作品是反帝反封建的,也有人说他的创作是自觉的为改良主义运动服务的。实际这种看法,都是皮相之见。从李伯元在当时的政治倾向上看,不但说不上是革命派,就连改良派也不够格,只能说是洋务派。他在《文明小史》中,对康梁师弟进行丑化,对参加革命的青年给以嘲讽。相反的,对洋务派头子李鸿章,颂扬他为"擎天玉柱一元勋,两字合肥天下闻"(《庚子国变弹词》)。对洋务派大官僚张之洞,誉之为"识时务的大员,实心为国的督抚"。在《文明小史》中,不惜用两回的篇幅,把他捧得简直到了令人肉麻的地步。像这样分明的爱憎,还不足以说明他是"中学为体,西学为用"论的虔诚信奉者嘛!

至于吴沃尧,更是对儒家的纲常伦纪作了大力的宣扬。他在《恨海》第一回中说:"人之有情,系与生俱来。将来长大,没有一处用不着这个情字,但看他如何施展罢了。对于君国施展起来,便是忠;对于父母施展起来,便是孝;对于子女施展起来,便是慈;对于朋友施展起来,便是义。可见忠孝大节,无不是从情字生出来的。"所以他在这部小说中,塑造了一个孝子同义夫的典型陈仲蔼和一个节妇同孝女的典型陈棣华。正如鲁迅《中国小说史略》中所说的,"吴沃尧之所撰著《恨海》、《劫余灰》及演述译本之《电术奇谈》……至于本旨,则缘笔墨为生,故如周桂笙(《新庵笔记》)言,亦'因人、因地、因时各有变态,但其大要则恢复旧道德'(见《新庵译屑》评语)云"。

  至于刘鹗,思想就更违背潮流了。他在《老残游记》里,借书中人物玙姑与黄龙子二人的对话,痛诋义和拳同革命党人。玙姑说什么"天降奇灾,北拳南革,要将历代圣贤一笔抹煞。此也是自然之理,不足为奇的事"。黄龙子讲:"……北拳以有鬼神为作用,南革以无鬼神为作用。说有鬼神就可以装妖作怪,蛊惑乡愚,其志不过如此而已。若说无鬼神,其作用就很多了,第一条,说无鬼,就可以不敬祖宗,为他家庭革命的根源。说无神,则无阴谴,无天刑,一切违背天理的事,都可以做得,又可掀动破坏子弟的兴头。他却必须住在租界或外国,以骋他反背国法的手段。必须痛诋人说有鬼神的,以骋他反背天理的手段。必须说叛臣贼子是豪杰,忠臣良吏为奴性,以骋他反背人情的手段……南革诸君的议论,也有惊彩绝艳的处所,可知世道都被他搅坏了。"(第十一回)

  从这段对话里,充分暴露了作者的反动思想。他不仅是中国传统思想的卫护者,同时也是清王朝的拥护者。

  《孽海花》的作者曾孟朴,在政治上比上列三人进步多了。他是倾向革命的,对革命党人是赞颂的。但遗憾的是他还未脱掉佛家的轮回思想。即如第八回写金雯青初次见到傅彩云,发现她粉颈中一线红圈,问是染的吗?彩云说"是我胎里带来的"。继而又听说她年15岁,于是不觉两股热泪从眼眶中直流下来。这说明作者也相信彩云就是被金沟过去负心抛弃因而自杀的一个妓女转生的荒唐说法。另外,在同一回中,写金沟在一次筵席上行酒令时,脱口说出了"彩云易散玻璃薄"的古词句。作者显然有意把这作为在金沟死后,彩云终于离开金家的谶语而安排的。

据以上所述,充分说明晚清小说,在内容上充满着封建的儒家思想和佛、道的迷信思想。当时以康梁为首的维新派,曾经介绍西方的科学同民主思想,但影响还是极其有限的,甚至连康、梁等人,也并未摆脱掉封建儒家思想。至于革命派,像孙中山同章太炎,他们是敢于冲破封建传统思想的网罗的,而当时从事革命的革命党人,如陈天华等也曾企图用小说来唤醒国人,由于艺术水平较低,未能脱去章回小说的旧套,所以在创作界,也未能别开生面。

毛泽东同志说:"有比较,才能鉴别。有鉴别,有斗争,才能发展。"五四文化革命的英勇旗手鲁迅,在五四前夜所发表的第一篇小说《狂人日记》之所以能够成为震动当时思想界与文化界的一声春雷,这并不是偶然的。原因在于在思想上大胆地提出了几千年来孔孟之徒所宣扬、推行、卫护的封建礼教,是吃人的东西,是杀人不见血的软刀子。所以它是在文学创作上,吹响了彻底地反封建主义的第一声号角,标志着中国革命从旧民主主义向新民主主义转变的新时代已经到来。

接着他又发表了《孔乙己》,对封建科举制度以及封建传统教育对知识分子所造成的悲剧,给以彻底的揭露与批判。从历史上看,不论其思想深度与广泛的教育意义,比过去批判科举制度的小说如《聊斋志异》同《儒林外史》,不知要高出多少倍。至于连续发表的《药》,对辛亥革命前人民群众的不觉悟与封建迷信,革命者之不为群众所理解以及革命的缺乏群众的基础,作了极其沉痛的揭露。在《明天》中,对小人物单四嫂子的不幸遭遇,表现出无限的同情,而对社会的冷酷与市井无赖们,则予以无情的鞭笞。以上这些作品,从内容上完全是崭新的,是中国过去小说所很难比拟的。它完全体现了五四时代所标举的科学与民主的精神。从这两点来说,它又是前无古人的!

至于格式上,晚清小说就上列诸作而论,完全因袭了过去的章回体,在结构上像《官场现形记》完全模拟《儒林外史》。正如鲁迅所说:"头绪既繁,脚色复夥,其记事遂率与一人俱起,亦即与其人俱讫,若断若续,与《儒林外史》略同。然臆说颇多,难云实录,无《自序》所

谓'含蓄蕴酿'之实,殊不足望文木老人后尘。"(《中国小说史略》第二十八篇)

至于吴沃尧的《二十年目睹之怪现状》,在内容上也同《官场现形记》一样,杂集话柄,由于作者经历较多,比较起来方面也更广泛。但由于"描写失之张皇,时或伤于溢恶,言违真实,则感人之力顿微,终不过连篇话柄,仅足供闲散者谈笑之资而已"(鲁迅《中国小说史略》)。

在语言上,也往往摆脱不掉古文学中常用的陈词套语,即如《孽海花》第八回,写一班官僚文士同一群妓女在画船中吃酒的情景,说什么"正是钏动钗飞,花香鸟语,曲翻白纻,酒卷回波"。十二回中写德京缔尔园中的景色:"园中马路,四通八达,离楼杰阁,曲廊洞房,锦簇花团,云谲波诡,琪花瑶草,四时常开,咖馆酒楼,到处可坐。每日里钿车如水,裙屐如云,热闹异常。"这虽然可以给读者一种富丽堂皇,繁华热闹的印象,但总不免有点笼统模糊之感。

至于刻画人物,不是箭垛式的,就是公式化的。所有官僚妓女,市井无赖,只有共性,而无个性,根本谈不上典型,远不能望《红楼梦》、《儒林外史》的项背。可是文学革命初期鲁迅的小说,在当时完全是以前所未有的崭新格式而出现的。即如《狂人日记》,彻底打破了中国传统小说的旧套,借一个迫害狂病患者的日记,从表面语无伦次的语言中,透露出主人公——狂人系统思想发展的脉络。从似乎是昏话呓语中,表现了主人公抨击几千年来吃人的礼教以及宗法制度给广大人民群众造成的痛苦与不幸,并且发出了"救救孩子"的强烈呼声。

这种新颖的格式与深刻的内容的产生,并非偶然的,乃是作者接受了异国的新思潮,并对东欧文学进行了借鉴的结果。正如作者自己说的:"又因为那时的认为表现的深切,和格式的特别,颇激动了一部分青年读者的心。然而这激动,却是向来怠慢了绍介欧洲大陆文学的缘故。1834年顷,俄国的果戈里(N. Gogol)就已经写了《狂人日记》;1883年顷,尼采(Friedrich Wilhelm Nielzsche)也早借了苏鲁支

(Zarathustra)的嘴,说过:'你们已经走了从虫豸到人的路,在你们里面还有许多份是虫豸。你们做过猴子,到了现在,人还尤其猴子,无论比那一个猴子'的。而且《药》的收束,也分明留着安特莱夫(L. Andreev)式的阴冷。"这说明在他的小说中,形式与思想以及风格,所受西方文学的深刻影响。但他接着又说:"但后起的《狂人日记》,意在暴露家族制度和礼教的弊害,却比果戈里的忧愤深广,也不如尼采的超人的渺茫。"(《中国新文学大系》小说二集序)由此可知,鲁迅虽然向西方文学学习,但决非死搬硬套,而是取其有用部分,进一步有所发展同创造,因而产生了"青出于蓝而胜于蓝"的杰作。

鲁迅小说中所塑造的人物,更是吸取了中外伟大作家塑造人物的方法,通过人物的语言以及典型的生活细节与事件,创造出生动的形象,给读者以不可磨灭的印象。正如法国大作家罗曼·罗兰评论《阿Q正传》的话:"这部讽刺的作品是世界的。法国大革命时,也有阿Q。我永远忘记不了阿Q那副苦恼的面孔。"(许寿裳《亡友鲁迅印象记》)《阿Q正传》中的阿Q,已成为世界文学典型人物画廊中,与堂吉诃德、哈姆雷特等具有同样普遍意义,而为人们所传诵的人物形象。

在语言上,鲁迅小说一洗中国晚清小说那种陈词烂调,把人们的口头语言加以洗练,并用白描的写法来表现人物。即如《故乡》中的豆腐西施,像写意画一样,寥寥几笔,刻画出具有市民思想的旧式妇女。至于景物,鲁迅是不喜欢描写风月的,但在故事的发展中,往往略加点染,让读者如亲临其境,达到了"写景能豁人耳目"的地步。总之,在鲁迅小说中,展现在读者面前的,是一幅幅生动活泼,人物景色栩栩如生的画卷,而不是枯燥无味,令人不能卒读的叙事和说教。

至于在创作意图同对现实的态度上,鲁迅同晚清那班作者更有着云泥之别。像李伯元、吴沃尧、刘鹗,他们都是习惯于向后看,对新事物采取敌视的态度。对现实的黑暗,曾作了些揭露,但却认为是今不如昔,是"世道日非,人心不古"的表现,所以他们要力图恢复旧道德。至于鲁迅,则是站在广大被压迫的人民立场上,要求粉碎一切腐朽的事物,特别是束缚人民思想的封建迷信与封建道德。他希望让下一代,都能从黑暗的牢狱中解放出来,所谓"背着因袭的重担,肩着黑暗的闸门,放他们到宽阔光明的地方去"(《我们现在怎样做父亲》),这是多么伟大的胸怀。

综观以上所述,可知鲁迅在五四时期以其卓越的先进思想和对中外文学深湛的造诣,与个人天才的创造,为中国文学树立了划时代的革命丰碑,开辟了一个从所未有的历史的新时代。

第二个问题,鲁迅五四时期的小说,为什么给中国新文学奠定了坚实的基石?

伟大的文学创作,一定是时代精神的反映。"诗人是预言者。"鲁迅的小说是中国人民彻底地反帝反封建的新民主主义革命精神的体现,同时也为伟大的五四革命运动作了舆论的准备。毛泽东同志称鲁迅为"中国文化革命新军的英勇旗手"(《新民主主义论》)。而他在小说中所表现的革命思想,正是他之所以能成为"文化革命新军英勇旗手"的主要原因之一。他为新文坛的作者指出了一个正确而又远大的方向,就是彻底地、不妥协地反对封建主义同帝国主义。

由于鲁迅作品的影响,在五四后中国文坛上,出现了大量的反映社会上各种各样的阶级矛盾与民族矛盾的作品,有诗歌,有戏剧,也有小说。对于暴露反动势力,唤醒人民觉醒,从而进行反封建反帝的斗争,产生了不可估量的伟大作用。

在创作方法上,鲁迅的小说,是革命现实主义的典范。他之所以从事创作,是出于同情下层社会的不幸,憎恶上流社会的堕落,企图用文学来改造社会。他曾说:"说到'为什么'做小说罢,我仍抱着十多年前'启蒙主义',以为必须是'为人生',而且改良这人生。我深恶先前的称小说为'闲书',而且将'为艺术的艺术'看作不过是'消闲'的新式的别号。所以我的取材,多采自病态社会的不幸的人们中,意思是在揭示出病苦,引起疗救的注意。"(《我怎么做起小说来》)

正由于鲁迅的创作是"为人生"的,是要揭出"不幸人们的病苦引起疗救的注意",所以在创作方法上是现实主义的。他曾经大声疾呼地抨击中国过去那种脱离现实,全凭主观空想,掩盖社会矛盾而写出来的反现实主义的那种"大团圆"式的作品。他称这种作品为"瞒和骗的文艺"。而这种文艺产生的根源,即由于作者不敢正视现实的缘故。因而他曾对当时作者发出了这样的呼吁:"世界日日改变,我们的作家取下假面,真诚地深入地大胆地看取人生,并且写出他的血和泪的时候早到了。早就应该有一片崭新的文场,早就应该有几个凶猛的闯将。……没有冲破一切传统思想和手法的闯将,中国是不会有真的新文艺的。"(《论睁了眼看》)

所谓"传统的思想和手法"是对五四以前中国古文学那一套过时的东西而言的。冲破这个,并不是容易的,五四后还有些人仍不免在因袭那老一套。所以鲁迅要求当时的作家应当做冲破传统思想和手法的闯将。但如何才能冲破？这就需要向外国文学学习。鲁迅曾谈到他的创作所受外国作家的影响道:"记得当时最爱看的作者,是俄国的果戈理(N. Gogol)和波兰的显克维支(H. Sienkiewitz)。日本的,是夏目漱石和森鸥外。"又说他开始写《狂人日记》时,"大约所仰仗的全在先前看过的百来篇外国作品和一点医学上的知识,此外的准备一点也没有"(《我怎么做起小说来》)。他又说:"如要创作,第一须观察,第二是要看别人的作品,但不可专看一个人的作品,以防被他束缚住,必须博采众家,取其所长,这才后来能够独立。我所取法的,大抵是外国的作家。"(《致董永舒》,见《鲁迅书信集》卷上页398)

所以鲁迅的小说在创作方法与写作技巧上基本上渊源于外国文学,自然也并不排斥对中国古代作品的批判继承,即如《水浒传》、《儒林外史》、《红楼梦》等。而在外国作家中,则受俄国果戈里、波兰显克维支等人的现实主义创作方法的影响最深。正因为这样,他的作品才能深刻地刻画出半封建半殖民地的旧中国各个阶级以及各个阶层的人们的灵魂来。所以鲁迅的小说,不管是思想内容、创作方法以及艺术手法,无不给中国新文学的发展,开辟了一条广阔的道路。

毛泽东同志曾说:"鲁迅的方向,就是中国新文化的方向。"(《新民主主义论》)那么鲁迅的小说,对中国新文学来说,自然也不例外。

三、鲁迅五四时期的小说与当时文学革命的关系。

我们从中国文学史上看,历次文坛上对旧的文风的改革,凡是能取得胜利的,必须具备这两种条件:(一)在文艺批评上对旧的文风进行理论上的批判,同时对建设新的文风,进行理论上的指导。但单单这样还是不够的,因为这只能是属于舆论上的准备。(二)关键性的问题,是要有符合时代要求,体现时代精神的新作品的出现,这样才能使这一新的运动,取得决定性的胜利。

最显著的历史实例,是唐代的古文运动。在韩柳之前,从隋末已有李锷等人,在论文中对齐梁以来专重形式,而忽视内容,特别在形式上专注意辞采、声律以及对偶的纯粹形式主义的文风,进行了批判,但是在文坛上并未发生多大的影响。到了唐代中叶以前,对这种绮靡之风,继续有些作家如李华、独孤及等人表示反对,并给以有力的抨击。然而仍然未能转移文坛风气。直到韩愈、柳宗元,他们一面抨击当时骈文的绮靡之习,一面则刻苦地致力于古文的写作,终于拿出了具有高度艺术水平的散文作品,才使文坛上耳目为之一新,文风为之一变。

宋人苏轼在《韩文公庙碑》中说:"自汉以来,道丧文弊,异端并起,历唐贞观开元之盛,辅以房杜姚宋而不能救。独韩文公起布衣谈笑而麾之,天下靡然从公,复归于正。盖三百年于此矣,文起八代之衰,而道济天下之溺。"这自然不免有些夸张,但古文运动之所以到韩柳而能取得胜利,确实是不只由于理论比较合理,更重要的还在于他们的散文作品的成功。

再一个例证,是明代中叶以后,在文坛上的反对前后七子的复古运动,最早如搞古文的归有光以及稍后的徐文长,另外如汤显祖、袁宗道之流,都曾对前后七子所倡导的"文必秦汉,诗必盛唐"的模古拟古的倾向进行过抨击,但并未转移当时文坛的风气。直至袁中郎出,他组织了文学团体,一面从理论上对复古派创作倾向进行了从内容到形式的批判,另一方面,则又从创作上拿出了自己崭新的作品。这样,遂使人们耳目一新,文坛风气发生了巨大变化。明末钱谦益在《列朝诗集》中评论袁中郎道:"万历中年,王李之学盛行,黄茅白苇,弥望皆是,文长、义仍崭然有异,沉痼滋蔓,未克芟薙。中郎以通明之资,学禅于李龙湖,读书论诗,横说竖说,心眼明而胆力放,于是乃昌言排击,大放厥辞。……中郎之说出,王、李之云雾一扫,天下之文人才士,始知疏瀹心灵,搜剔慧性,以荡涤摹拟涂泽之病,其功伟矣。"(丁集中)

以上是文学革新获得成功的例证。另外,在晚清维新派曾经倡导"诗界革命"同散文改良。但是他们的成效并不显著,原因即在于他们在创作上并未能彻底摆脱古人的窠臼。即如黄遵宪的诗歌,在内容上的确也开辟过一些新的境界,但思想上未能冲破正统思想的樊篱,在形式上,也仍然在因袭前人,看不到有如何大胆的改革。梁任公的散文,在语言上的确曾纳入了一些新词汇,在形式上也打破了前人一些清规戒律,但还不敢从思想到形式作彻底的改革。因此,文坛风气,还未能使之产生巨大的变化。维新派在文学上的改良也同他们在政治上一样,其结果是失败了。

五四文学革命,是继晚清文学改良而掀起的一次新的革命运动。这次运动,在理论上自然比诸晚清有着巨大的不同,首先,指出要用白话代替文言,其次,对古文学作了彻底的批判。但这仅仅限于理论上的建树,并不能够转移文坛风气,因而必须拿出作品来。在这方面,鲁迅的小说,真是显示了"革命的实绩"。有了鲁迅这种划时代的崭新的作品出现,才给文学革命奠定了胜利的基础。日人佐藤春夫在《鲁迅传》里有段话讲得是很有道理的,他说:"文学革命的理论基础,是由于胡适和陈独秀以及其他如钱玄同刘半农等创立出来的。……但实际上能代表白话文之所以能够得到胜利的作品,同时这一运动能够在社会上得到绝对的胜利,这却可以说是鲁迅的功劳了。1918年4月,他底《狂人日记》发表于《新青年》上,就已足以使青年们兴奋的了。"某一青年后来在欢迎鲁迅到广州去的文章中这样的写着:"《狂人日记》最初在《新青年》上发表之时,本来不知文学为何物的我,读了异常的兴奋。一到朋友的地方去,总向他们说——中国文学创一新时代了,你们都应该读《狂人日记》呀!甚至于在路上走的时候,也想向路人发表我的意见。"(《鲁迅在广东》)

由此可见,鲁迅在五四前夕所发表的小说,对文学革命的胜利,所起的决定性的伟大作用,已经是有目共睹的了。

自从五四以后,论中国现代文学的,普遍地把鲁迅的创作,作为中国文学划时代的丰碑而称赞鲁迅为中国新文学的奠基人。毛泽东同志称鲁迅为"中国文化新军的最英勇的旗手"。这些评价都是非常正确的。今年为五四运动60周年纪念,我仅就个人对鲁迅在文化革命上的伟大贡献,简单地写出个人的一点粗浅体会,以就正于国内敬爱鲁迅的同志们。

1979年4月25日改定

"革命文学"论争述评

1928年,新文学阵营内展开了关于"革命文学"的论争,这是一个对以五四为开端的中国新文学的发展有着重大意义的论争。但是,如何分析和评价这次论争,学术界看法不尽相同。本文从这次论争的背景、经过、内容及其历史意义等诸方面,作一简要的评述。以期通过讨论,达到用马列主义、毛泽东思想正确估价关于"革命文学"论争的目的。

毛泽东同志说:"文化革命,是在观念形态上反映政治革命和经济革命,并为它们服务的。"(《新民主主义论》)1928年,创造社提出"革命文学"的口号,不仅是当时新的革命形势的客观要求,同时也是五四后中国新文学本身发展的必然结果。远在1923年,郭沫若在《我们文学的新运动》中,曾提出"我们反抗资本主义的毒龙"和"爆发出无产阶级精神"的口号。1925年,蒋光慈又提出"革命文学"的口号(《现代中国社会与革命文学》)。但是上述主张在当时都没有能够引起文艺界的注意而形成一种新的文学运动。其原因,固然由于他们对"革命文学"的内容阐发得还不够明确,但主要的则由于客观条件还不成熟的缘故。到了1928年,情况就不同了。这时国民党反动派叛变了革命,中国共产党领导了工农和小资产阶级继续进行新民主主义革命,因而在文艺上就非常需要用马克思主义武装起来的文艺工作者,来为当时的革命事业服务。其次,在国际上,苏联十月革命后,社会主义革命和建设已取得了巨大的胜利,而苏联无产阶级文艺理论以及创作有些已介绍到中国来,足资学习。第三,在国民党反动派屠刀下跑出来的作家到了上海,重新从事文学活动。正在这时,创造社重新改组,加入了一批从日本回来的生力军。有此种种原因,于是当这一口号一提出,很快就引起了各方面的反响,而论争也就从此开始。

创造社、太阳社与鲁迅关于"革命文学"的论争,是由创造社发端的。鲁迅后来说:"革命者为达目的,可用任何手段的话,我是以为不错的。所以即使因为我罪孽深重,革命文学的第一步必须拿我开刀,我也敢于咬着牙关忍受。"(《答杨邨人先生公开信的公开信》)事实上正是这样,开头是冯乃超,接着是成仿吾,稍后有李初梨等,他们接二连三在《文化批判》和《创造月刊》上发表文章,对鲁迅进行奚落、嘲讽与攻击。如称鲁迅为"老生","从幽暗的酒家楼头,醉眼陶然的望着窗外的人生"(冯乃超《艺术与社会生活》)。又说:"语丝派的标语是趣味,所矜持的是闲暇、闲暇、第三个闲暇,代表着有闲的资产阶级,或睡在鼓里的小资产阶级。"(成仿吾《从文学革命到革命文学》)李文中又重抄成仿吾在1927年写的挖苦鲁迅的文字,如说,"鲁迅先生坐在华盖之下,正在抄他的小说旧闻"(《完成我们的文学革命》)等等。除引用外,并说:"他这段文章比趣味文学还更有趣些。"(《怎样地建设革命文学》)

鲁迅在这一再挑战下,自然不能不出而应战,于是发表了《醉眼中的朦胧》,批判他们在创作上不敢正视现实,揭露现实的黑暗,特别是不敢触及到蒋介石屠杀革命人民的事实。同时还指出他们在理论同实践上往往陷于逻辑上的自相矛盾。最后对成仿吾给参加革命的作家,先开出了一张必然胜利的保票,用讽刺的口吻提出问题道:"倘若难于保障最后的胜利你去不去呢?"

创造社对此文大为恼火,于是对鲁迅发动了总攻击,接连发表了弱水的《谈中国现在的文学界》、李初梨的《请看我们中国的堂吉诃德的乱舞》、石厚生(成仿吾)的《毕竟是醉眼陶然罢了》,等等。内容很少理论上的争辩,多半是污蔑同嘲骂,如指鲁迅为"唐吉诃德"、"骑士",说他的文章"暴露了自己的朦胧与无知,暴露了知识阶级的厚颜,暴露了人道主义的丑恶"等。

鲁迅为此写了《我的态度气量和年纪》,对他们的战法进行了揭露,并申述自己的一向态度,结末以诙谐的口吻道:"今年偶然做了一篇文章,其中第一次指摘了他们文字里的矛盾和笑话而已。但是'态度'问题来了,'气量'问题也来了,连战士也以为尖酸刻薄。莫非必须我学革命文学家所指为'卑污'的托尔斯泰,毫无抵抗,或者上一呈文:小资产阶级或有产阶级臣鲁迅诚惶诚恐谨呈革命'印贴利更追亚'老爷麾下,这才不至于'的确不行'么?"

这一来,就招致了杜荃的《文艺战线上封建余孽》一文的发表,对鲁迅的诋訾达到了登峰造极的地步。称鲁迅为"封建余孽"、"法西斯蒂"、"二重反革命",主张"杀哟!杀哟!杀哟!杀尽一切可怕的青年而且赶快"。

同时太阳社的钱杏邨与创造社采取了同一步调,也对鲁迅发动了攻击,连续发表了《死去的阿Q时代》以及《死去的鲁迅》等。说他的小说没有反映五四时代的思潮,里边所写辛亥革命前后的农村与城市的生活,不过是"天宝宫女,在追述着当年皇朝的盛事而已"。又说:"他的创作时代背景,时代地位,把他和李伯元、刘铁云并论,则是相宜的。"

鲁迅后来在《三闲集序》中追述当时的情况道:"我当初还不过是'有闲即是有钱','封建余孽'或'没落者',后来竟被判为主张杀青年的棒喝主义者了。……其实呢,我自己省察,无论在小说中,在短评中,并无主张将青年来'杀,杀,杀'的痕迹,也没有怀着这样的心思。"这可说是对创造社的答辩。

创造社、太阳社,倡导无产阶级"革命文学"是顺应时代的潮流,符合革命新形势的需要,这个功绩是不能抹杀的。鲁迅后来也曾肯定这一点,他说:"只有提出这一个名目来,使大家注意了之功,是不可没的。"(《致曹靖华》1930年)至于在理论上宣传马克思主义阶级论,主张以文艺为武器,为革命事业服务,作家应该把握唯物辩证法等,应该说这些基本观点,都是无可非议的,问题在于他们把马克思主义作为教条来死搬硬套,未能正确地掌握唯物辩证法,常常从主观主义出发,因而往往陷于唯心主义同形而上学的泥沼中,即如对鲁迅的评价就涉及到不少问题。

首先,是对五四文化革命运动的理解,创造社同太阳社对之都是采取否定态度的。1. 认为这次运动是资产阶级反对封建阶级的运动,其领导力量无疑是资产阶级(李初梨《怎样地建设革命文学》,彭康《五四运动与今后的文化运动》)。2. 这次运动是完全失败的,运动的代表人物胡适,很快就退下阵来,走上复古的道路(成仿吾《从文学革命到革命文学》)。3. 这次运动对无产阶级毫无实效(彭康《五四运动与今后的文化运动》)。

这种认识,同毛泽东同志的看法恰恰成为鲜明的对比。毛泽东同志称这次文化革命"是彻底地不妥协地反帝国主义和彻底地不妥协地反封建主义","自有中国历史以来,还没有过这样伟大而彻底的文化革命"。至于领导力量,毛泽东同志指出是三种知识分子统一战线的革命运动,资产阶级知识分子又是当时的右翼,很明显,领导者当然是无产阶级知识分子。并且肯定,这次运动"是无产阶级世界革命的一部分"。至于伟大成就,认为"当时以反对旧道德提倡新道德,反对旧文学提倡新文学,为文化革命的两大旗帜,立下了伟大的功劳"。同时又说:"五四运动是在思想上和干部上准备了1921年共产党的成立,又准备了五卅运动和北伐战争。"(以上均引自《新民主主义论》)

从创造社的观点出发,五四文化革命既然毫无成就,而代表人物胡适后来又投降了封建主义,走向了反动,那么鲁迅呢?虽然参加了,但没有什么功绩,充其量不过是跟在资产阶级后边摇摇旗呐呐喊罢了。又何况后来又沉浸在"趣味文学"中,别人对他的批评还要进行嘲讽和反击,那不是"封建余孽"、"二重反革命"是什么?

而毛泽东同志用马克思主义的观点根据当时的历史事实,高度评价了五四文化革命的历史意义及其丰功伟绩。同时又根据鲁迅在这个时期以及以后十几年中为中国革命作出的巨大贡献,而指出,"鲁迅就是这个文化新军的最伟大和最英勇的旗手","鲁迅是中国文化革命的主将,他不但是伟大的文学家,而且是伟大的思想家和伟大的革命家"(《新民主主义论》)。对比一下,创造社、太阳社对鲁迅的评价的是与非,不是很清楚了吗?

其次,创造社对中国社会及近代史既没有仔细的研究和正确的理解,对鲁迅作品也没有认真仔细的分析和研究,仅凭个人的直感和意气,怀着宗派情绪,对他横加攻击和污蔑,这都是不符合马克思主义的。列宁说:"马克思主义的精髓和活的灵魂,对具体情况具体分析。"(《共产主义》,见《列宁全集》第三十一卷)毛泽东同志也说:"没有调查,就没有发言权。"(《〈农村调查〉的序言和跋》)我们知道,鲁迅在辛亥革命前曾参加旧民主主义革命,五四时期是一个反帝反封建最坚决、最勇敢、最彻底的战士。以后又同北洋军阀走狗文人"现代评论"派和"甲寅"派都进行了殊死的战斗,他虽是"语丝"社的成员,但同周作人、刘半农,当时已有着本质的区别。他对青年一向是爱护的,不论从他过去的言和行,能找到丝毫主张杀戮青年的证据吗?这种不加研究,无视客观事实而横加诬蔑,不正是唯心主义、形而上学的具体表现吗?

创造社同太阳社这种"左"的倾向在主观上是源于阶级立场和思想方法,但在客观上也有其外来的原因。首先是受当时瞿秋白"左"倾机会主义路线的影响。在1927年党的"八七会议"上,清算了陈独秀右倾投降主义路线,由瞿秋白代替了他的党内领导职务。当时由于对国民党屠杀政策的仇恨和对陈独秀投降主义的愤怒,因而加强了小资产阶级的急性病,于是"左"倾情绪就很快发展起来。到了11月党中央扩大会议,就形成了瞿秋白"左"倾盲动主义路线。瞿当时发表的《中国革命是什么样的革命?》一文,以及在政治局扩大会议上起草的《中国现状与共产党任务决议案》中,对当时革命形势的估计以及确定革命的方向道路和政策,都是与毛泽东同志的革命路线相对立的。毛泽东同志认为当时革命正处于低潮,而他则认为"不断高涨"。毛泽东同志主张革命要分两步走,他认为"由解决民权主义任务,急转直下到社会主义革命"。他反对毛泽东同志建立农村根据地,以农村包围城市,最后夺取城市的道路,反对毛泽东同志建立统一战线的道路,把民族资产阶级、小资产阶级,一律说成反革命,要一概打倒。

创造社"革命文学"口号的提出以及对五四以来一些作家的批判,特别是对鲁迅的围攻,显然是受到当时党的改组以及新的路线的影响,关于这一点,李初梨在《请看我们中国的 Don-Quixote 的乱舞》中很清楚地透露了这个消息。他把"革命文学"被奥伏赫变为普罗列塔利亚特文学,称之谓"文学上的方向转换"。认为这一转换,"不能实行于前年或去年上期,它必然应该实现于去年年底,或今年的新正。因为在去年的七、八、九月间,革命才入了它的第三阶段。在十月冬间,普罗列塔利亚特才把它的政治方向转换完结"。文中所指的"七、八、九月间,革命才入了它的第三阶段",是指1927年党的"八七会议",而"在十月冬间……才把它的政治方向转换完结",是指党在11月间召开的"临时政治局扩大会议"。所以创造社及时的根据新形势而开始进行文学上的革命,这是好的,但受到当时瞿秋白"左"的影响,也是毋庸讳言的。因此,当时他们对鲁迅进行攻击,对茅盾和其他五四以来的作家进行批判,也就毫不足怪了。至于在理论上,太阳社钱杏邨在《英兰的一生》以及在对鲁迅的攻击文字中,所提出的文学"要超越时代"的说法,也是来自瞿秋白对当时革命的主张(《中国革命是什么样的革命》)。

在国际方面,日本福本和夫的"左"倾教条主义和苏联"拉普"的文艺论都曾直接与间接地给当时创造社、太阳社以影响,这一些都是他们中有些成员后来所承认的。后来鲁迅论到创造社时,一面肯定"因为实在具有现实的基础,所以在新分子里是很有极坚实正确的人存在的"。同时也指出:"这次运动,是未经好好计划,很有些错误之处,例如:第一,他们对中国社会未曾加以细密的分析,便将在苏维埃政权之下才能运用的方法,来机械的运用了。再则他们,尤其是成仿吾先生,将革命理解为非常可怕的事,摆着一种极左倾的凶恶的面貌,好似革命一到,一切非革命者就都得死,令人对革命只抱着恐怖,其实革命并非教人死,而是教人活的,这种令人'知道点革命的厉害',只图自己说得畅快的态度。也还是中了才子+流氓的毒。"(《上海文艺之一瞥》)

鲁迅对创造社、太阳社对他的"围剿",最初觉得有趣,他说:"有几种刊物(如创造社出版的东西),近来亦大肆攻击了,我倒觉得有趣起来,想试试我究竟能够挨得多少刀箭。"(《鲁迅书信集》上第一八三,《致章廷谦》)继而又感到他们手段的不济,说:"第四阶级文学家对于我,大家拼命攻击。但我一点不痛,以其打不着致命伤也。以中国之大,而没有一个好手段者,可悲也夫。"(《鲁迅书信集》卷上第188页,《致章廷谦》)所以他对创造社、太阳社的反击,正如他所说的"给我十刀,我只还他一箭"。

鲁迅虽然在"革命文学"理论方面,直接与创造社、太阳社论辩的不多,但在另一些文章中,却有不少的论述。总起来说,他们双方的分歧,主要有以下三个方面:

一、文学与政治的关系问题。毛泽东同志说:"至于新文化,则是在观念形态上,反映新政治和新经济的东西,是替新政治新经济服务的。"(《新民主主义论》)这正是马克思主义的反映论。创造社提出文学要为当时无产阶级革命服务,宣传马克思主义,这完全是正确的。但由于受到苏联"拉普"错误理论的影响,不免夸大了文艺对政治的作用,搬运苏联波格达诺夫"普遍组织"的唯心主义理论,宣扬"文学的社会任务,在它的组织能力"(李初梨《怎样地建设革命文学》)。因此,鲁迅批评他们:"踏上了文学是宣传的梯子,而爬进唯心主义城堡里去了。"(《壁下译丛小引》)至于太阳社的钱杏邨,提出"伟大的创作,不但不离开时代,有时还要超越时代,创造时代,永远站在时代的前面"(《英兰的一生》),更是脱离实际的。

鲁迅是坚持文艺是现实生活的反映这一唯物论原则的。他说:

"文艺是时代的人生记录"(《文艺与革命》)。他认为历来是"政治先行,文艺后变"(《现今的文学概论》)。他"不相信文艺的旋转乾坤的力量"(《文艺与革命》)。他批判钱杏邨的"超越论"道:"超时代其实就是逃避,倘自己没有正视现实的勇气,又要挂革命的招牌,便自觉地或不自觉地必然又走入那一条路的。身在现实怎么离去?这是说自己用手提着耳朵,就可以离开地球者一样的欺人。"(《文艺与革命》)

至于用文艺作为革命宣传的工具,鲁迅也是赞同的。他说:"一切文艺是宣传,只要你一给人看,即使个人主义的作品一写出就有宣传的可能……那么用于革命作为工具的一种,自然也可以的。"接着又说:"但我以为一切文艺固是宣传,而一切宣传并非全是文艺,这正如一切花皆有色(我将白也算作色),而凡颜色未必都是花一样,革命之所以为口号,标语,布告,电报,教科书……之外,要用文艺者,就因为它是文艺。"(《文艺与革命》)这就把文艺和普通宣传品的区别,作了深刻的说明。同时,也批判了创造社、太阳社只强调宣传,而忽视文艺特点的错误倾向。

二、文学的艺术表现问题。创造社由于过分强调文艺的宣传作用,而忽视它的艺术表现,同时在创作内容上,不是从对工农大众现实阶级斗争生活的反映出发,而往往从个人的主观臆想出发,虚构出一些人物同故事,其结果在创作上不免流于公式化同概念化。即如冯乃超的《同在黑暗的路上走》,作者深知剧中人物的对话不像中国话,剧中的人物或许不像中国人,但他认为这并不是什么大问题,反而说:"戏曲的本质应该在人物的动作上面去求洗练的会话,深刻的事实,那些工作让给昨日的文学家去努力吧。"这就表现出他对深刻的事实与洗练的会话认为是无足轻重的东西。

鲁迅不否认文艺的宣传作用,但却反对把文艺和一般宣传品等同起来,他主张"当先求内容的充实和技巧的上达"。他批评了创造社的作家们"对于目前的暴力和黑暗不敢正视。作品虽然也有些发表了,但往往拙劣到连报章记事都不如;或则将剧本的动作辞句都推到演员的'昨日的文艺家'身上去。那么,剩下来的思想内容一定是很革命底了罢?我给你看两句冯乃超的剧本的结末的警句:——

'野雉:我再不怕黑暗了。

偷儿:我们反抗去!'"(《文艺与革命》)

在语言上,成仿吾提出"我们要使我们的媒质接近农工大众的用语,我们要以农工大众为我们的对象"(《从文学革命到革命文学》)。这个主张是对的,但事实如何呢?正如鲁迅说的:"新文学兴起以来,未忘积习而常用成语如我的和故意作怪而乱用谁也不懂的生语如创造社一流的文字,都使文艺与大众隔离。"(《叶永蓁〈小小十年〉小引》)

三、作家世界观的改造问题,创造社对作家世界观的改造,看得比较容易。他们认为只要在理论上掌握了辩证唯物论,克服自己小资产阶级根性,就能写出无产阶级作品。他们忽视在阶级斗争中进行锻炼,同时又轻视向工农大众学习。即如成仿吾认为知识分子到工农群众中去,主要是教育他们。他说:"以明了的意识努力你的工作,驱逐资产阶级意德沃罗基在大众中的流毒与影响,获得大众,不断地给他们以勇气,维持他们的自信,莫忘记了你是站在全战线的一个分野。"(同上)鲁迅后来针对他们脱离革命实际的缺点,批评他们说:"倘若不和实际的社会斗争接触,单关在玻璃窗里做文章,研究问题,那是无论怎样激烈,'左'都是容易办到的。然而一碰到实际,便即刻要撞碎了。"(《对于左翼作家联盟的意见》)在同一篇中,对"以为诗人或文学家高于一切人"的错误思想的批判,也是针对创造社、太阳社中某些人而发的。

除创造社、太阳社与鲁迅进行论争外,另外语丝社如侍桁、甘人之流,也曾借为鲁迅辩护之名,大肆宣扬一些资产阶级"文艺自由"的荒谬思想,实际他们并不了解鲁迅,而鲁迅的观点同他们也根本不同。至于新月社梁实秋,也借机攻击"革命文学",重弹"人性论"的老调,但立即遭到鲁迅与创造社的反击。由于这并非当时论争的主流,所以在这里就不多述了。

中国文坛上这次关于"革命文学"的激烈论争,是一次具有重大历史意义的论争,一方面显示出中国革命的发展,进入了一个新的阶段,再一方面也标志着中国新文学的发展,出现了一个新的历史时期。参加的流派如此之多,而参加的作家也很广泛。通过这次论争,大大推动了革命文学的深入发展,其意义是不可估量的。它主要的收获:1.分清了阶级阵线,谁是敌人,谁是自己人,谁是可以联合的友人,都比较清楚了。2.无产阶级文艺理论得到了初步的宣传与阐发。自然创造社同太阳社这方面的见解,还有不少缺点与错误,但文艺阶级性问题以及文艺应为无产阶级政治服务问题,都初步提出来了。尤其是鲁迅,对革命文学的创作问题,有着许多精辟的见解。3.由于论争,使人们都感到马克思主义文艺论有着深入钻研的必要,特别是鲁迅,不仅个人对之深入研究,并且介绍了苏联的有关名著,后来连同其他人译的,出版了《科学的艺术论丛书》,为无产阶级文学的进一发展,准备了理论基础。4.更其值得注意的,是由于这次的论争,为1930年"左联"的成立,作了必要的准备。

至于这次论争的缺点,在左联成立前,有关作家也都作了检讨,认为应该指摘的:1.小集团主义,乃至个人主义。2.批判不正确,即不能用科学的方法及态度。3.过于不注意真正的敌人,即反动的思想集团,以及普遍全国的遗老遗少。4.独将文学提高,而忘却文学助进政治运动的任务,成为为文学而文学运动。(《萌芽月刊》一卷三期记载)

"历史的经验值得注意"。对中国现代文学史上这次重大问题的研究,于今后文学的发展还是有着借鉴意义的。

鲁迅论庄子

郭沫若先生在1940年写过一篇《鲁迅与庄子》，内容说明鲁迅受《庄子》的影响，特别在写作上，早年文章中有许多词汇都是渊源于《庄子》的。关于鲁迅在思想上对《庄子》如何地进行批判继承，似乎还没有注意到。本文试图在这一方面，谈谈自己粗浅的看法。

鲁迅早年是熟读《庄子》，并且深受它的影响的。他在1926年发表的《写在〈坟〉后面》中这样说：

> 新近看见一种上海出版的期刊，也说起要做好白话文，须读好古文，而举例为证的人名中，其一却是我。这实在使我打了一个寒噤！别人我不论，若是自己，则曾经看过许多旧书，是的确的，为了教书，至今也还在看。因此，耳濡目染，影响到所做的白话上，常不免流露出他的字句，体格来。但自己却正苦于背了这古老的鬼魂，摆脱不开，时常感到一种使人气闷的沉重。就是思想上，也何尝不中些庄周韩非的毒，时而很随便，时而很峻急。孔孟的书我读得最早，最熟，而似乎和我不相干。

不过鲁迅虽受到庄周的影响，但当他接受了西方的"进化论"思想以后，他对庄子的思想就开始进行了批判。1907年他在日本所发表的《摩罗诗力说》中就已用"进化论"的观点来抨击老庄的向往古初的反动论点了。他说：

> 吾中国爱智之士，独不与西方同，心神所注，辽远在于唐虞，

或逕入古初,游于人兽杂居之世;谓其时万祸不作,人安其天,不如斯世之恶浊阽危,无以生活。其说照之人类进化史实,事正背驰。盖古民曼衍播迁,其为争抗劬劳,纵不厉于今,而视今必无所减;特历时既永,史乘无存,汗迹血腥,泯灭都尽,则追而思之,似其时为至足乐耳。倘使置身当时,与古民同其忧患,则颓唐侘傺,复远念盘古未生,斧凿未经之世,又事之所必有者已。故作此念者,为无希望,为无上征,为无努力,较以西方思理,犹水火然;非自杀以从古人,将终其身更无可希冀经营,致人我于所仪之主的,束手浩叹,神质同骥焉而已。

按庄子思想,对当时社会人与人互相倾轧,人民生活的痛苦,他是非常激愤的。但怎样来改革现实,他不是采取积极态度,而是采取消极态度。从个人来说,是要人逃避现实,作一个隐者。从整个社会来说,他认为"绝圣弃知,大盗乃止,擿玉毁珠,小盗不起。焚符破玺,而民朴鄙。掊斗折衡,而民不争"(《胠箧》)。而他所理想的社会,是古代的社会,是原始的社会。那时的社会是什么样的情况呢?他说:

故至德之世,其行慎慎,其视颠颠。当是时也,山无蹊隧,泽无舟梁,万物群生,连属其乡,禽兽成群,草木遂长。是故禽兽可系羁而游,鸟鹊之巢可攀援而窥。(《马蹄》)

又说:

子独不知至德之世乎——当是时也,民结绳而用之,甘其食,美其服,乐其俗,安其居,邻国相望,鸡犬之音相闻,民至老死不相往来。若此之时,则至治矣。(《胠箧》)

这样追怀往古,企图扭转历史车轮,倒退到原始时期,是事实上所不可能的。所以鲁迅在文中就驳斥他们道:

若诚能渐致人间,使归于禽虫卉木原生物,复由渐即于无情,则宇宙自大,有情已去,一切虚无,宁非至净。而不幸进化如飞矢,非堕落不止,非着物不止,祈逆飞而归弦,为理势所无有。(《鲁迅全集》卷1页199)

其结果"非自杀以从古人",就是"束手浩叹,神质同骥",没有别的道路可走。

鲁迅不仅批判了老庄这种复古主义的思想,并且进一步批判了受这种思想影响的一些隐士。他说:

> 且更为忖度其言,又将见古之思士,决不以华土为可乐,如今人所张皇;惟自知良懦无可为,乃独图脱屣尘埃,惝恍古国,任人群堕于虫兽,而己身以隐逸终。思士如是,社会善之,咸谓之高蹈之人,而自云我虫兽我虫兽也。

过去在我的思想中,总以为复古主义者主要是受了儒家思想的毒害。实际分析起来,这种复古主义的思想同样也有道家思想因素,并且还居于主要的因素。它实是儒道两思想的混合体。儒家孔孟的理想政治与理想社会是唐尧虞舜。因之,后来的儒者也都向往于唐虞盛世,把"尧舜其君其民",视为士大夫的最高理想。杜甫的"致君尧舜上,再使风俗淳"、苏轼的"有笔头千字,胸中万卷,致君尧舜,此事何难"都说明了这一点。至于道家所理想的,比儒家更原始,正如庄子《胠箧》篇中所歌颂的"容成氏,大庭氏"直到"伏羲氏,神农氏"。所以后来一些隐逸的诗人像渊明就指出"羲农去我久",而慨叹"举世少复真"。又说什么"余生三季后,慨然念黄虞"。所以不论是儒家和道家,他们这种追怀往古的思想,都给人一种印象,是社会永远地今不如昔,所谓"世道浇漓,人心不古",这样在知识分子中受这种思想支配的总是要趋于守旧,不敢对不合理的现实倡言革改。一旦有人这样,不是被认为离经叛道,就是被以为躁兢冒进,往往被群起而攻之。在一般人民群众中,也往往感到世态越来越坏,像鲁迅小说《风波》中的九斤老太那样以为是"一代不如一代"。所以鲁迅在辛亥革命前,一方面提倡那些"立意在反抗,指归在动作"的摩罗诗派的诗作,同时也批判了那种一味怀古、神志颓唐的出世思想。

到了五四时代,在中国爆发了一个以无产阶级思想领导的彻底的反帝反封建的新民主主义的革命运动。但是,代表反动势力的反动思想对新文化与新文学,则竭力地进行反击,因而形成了革命派与反动的复古派的激烈斗争,而鲁迅在当时就是站在革命的一边与反

动的复古主义进行最猛烈坚决斗争的一位战士。他在应《京报》副刊征求关于青年必读书时,这样讲:

> 我看中国书时,总觉得就沉静下去,与实人生离开,读外国书——但除了印度——时,往往就与人生接触,想做点事。
>
> 中国书虽有劝人入世的话,也多是僵尸的乐观;外国书即是颓唐和厌世的,但却是活人的颓唐和厌世。我以为要少——或者竟不——看中国书,多看外国书。(《鲁迅全集》卷3页9)

从这里可以看到鲁迅对于颓唐消极厌世悲观是怎样地深恶痛绝。而实际还是给老庄道家思想的最严厉的批判。

在《杂感》中他又说:

> 仰慕往古的,回往古去罢!想出世的,快出世罢!想上天的,快上天罢!灵魂要离开肉体的,赶快离开罢!现在的地上,应该是执着现在,执着地上的人们居住的。(《鲁迅全集》卷3页38)

毛泽东同志在《反对党八股》中曾指出五四运动时代的"许多领导人物,还没有马克思主义的批判精神。——对历史,对于外国事物,没有历史唯物主义的批判精神,所谓坏就是绝对的坏,一切皆坏,所谓好,就是绝对的好,一切皆好"(《毛泽东选集》788页)。鲁迅在当时对于古籍的看法,今天看来,是值得商榷的。但是就他彻底地反对复古主义的观点来说,在当时还是很有必要的。

庄子的思想,不仅在向往古初,给我们的影响是消极的,同时他对于是非的标准所持的相对观点也是反动的。《齐物论》中所讲的"彼亦一是非,此亦一是非",而这种是非之争,又是没有人可以判断其究竟谁是谁非的。所谓:

> 既使我与若辩矣,若胜我,我不若胜,若果是也,我果非也邪?我胜若,若不我胜。我果是也,而果非也邪?其或是邪,其或非也邪?其俱是也,其俱非也邪?我与若不能相知也,则人固受其黮暗,吾谁使正之?使同乎若者正之?既与若同矣,恶能正之!使同乎我者正之?既同乎我矣,恶能正之!使异乎我与若

> 者正之,既异乎我与若矣,恶能正之?使同乎我与若者正之?既同乎我与若矣,恶能正之?然则我与若与人俱不能相知也,而待彼也邪?

像这样相对论的观点,也就否定了现实中所存在的客观真理。所谓"彼亦一是非,此亦一是非",其结果是都对都不对,而最后是没有什么一定的是非。在20世纪30年代中国内战时期,国民党反动派倾全国之力,对人民革命力量进行军事的和文化的围剿,而党所领导的人民革命力量,针对着敌人进行着反围剿的斗争。这时扮演小骂大帮忙,像戏台上的二丑之类的"自由人"与"第三种人",如施蛰存辈提倡青年应该读《庄子》和《文选》,企图拿这些来磨平青年们的是非之心。而当时像《论语》、《人间世》……一类刊物,也都纷纷以超然的态度出现,持着"彼亦一是非,此亦一是非"的观点,来对待当时反动的统治者对革命者的屠杀。鲁迅这时已是马克思主义者、无产阶级的战士,他以他的锋利的笔,为了向这批人进行鞭挞与讽刺,于是就把他们所尊奉的祖师庄子来一个批判,这就是《故事新编》中的《起死》。

《起死》这篇作品的故事梗概,是一个死了500年的人,被庄子请求司命天尊,使他复活了。但当他复活之后,发现自己是赤身一条,连自己的衣服包裹伞都不见了。于是就向庄子要他的衣物,缠着庄子不放。庄子虽然一向是坚持无是非说的,在这个时候,由于他被那个复活的汉子当作了抢他衣物的强盗,也就不得不来辨明一下是非了。这就充分说明了一个人当他接触到实际的利害的时候,他自己所倡的高调,就不可能再坚持下去了。作品中写庄子又重复用他那套哲理来说服那个汉子,讲什么"衣服是可有可无的,也许是有衣服对,也许是没有衣服对。鸟有羽,兽有毛,然而王瓜茄子赤条条,此所谓彼亦一是非,此亦一是非"的时候,那个光着身的汉子马上发怒道:"放你妈的屁,不还我的东西,我先揍死你。"这时庄子非常的窘,招架着,又要请司命大天尊来还那汉子一个死。可是这次不灵了,于是汉子又揪着他,非剥掉他的道袍不可。他最后只得摸出警笛,来请巡士判明是非了。及至巡士来了以后,反而把庄子当成坏人,抓着他的衣领,要赏他以警棍的时候,这时认为人生无所谓是非的庄子,也不免焦躁愤怒起来。这时他就抛掉了他的哲学论调,对于是非之辨,也不能不认真起来。

在同一故事中,鲁迅不但批判了庄子的无是非观的荒谬,并且批判了他的"以死生为一条"的说法的虚妄,小说中写庄子和鬼魂的对话,说什么"活就是死,死就是活呀!奴才也就是主人公",同时他同司命天尊讲的一段话里,说什么:

其实那里有什么死生,我庄周曾经做梦变了蝴蝶,是一只飘飘荡荡的蝴蝶。醒来成了庄周,是一忙忙碌碌的庄周。究竟是庄周做梦变了蝴蝶呢,还是蝴蝶做梦变了庄周呢?可是现在,还没有弄明白。这样看来,又安知道这髑髅不是现在还活着,所谓活了转来之后倒是死掉了呢?请大神随随便便,通融一点罢。做人要圆滑,做神也不必迂腐的。

可是髑髅复生以后,成了活的人时,就纠缠着他,向他讨衣物,他要大神来,大神不来,他就没了办法,最后不得不吹起警笛,叫起巡士来,可知生和死,毕竟是截然不同的。

这样借庄子本人的现身说法,就狠狠地揭露了"无是非"、"一死生"说法的谬妄。同时鲁迅在《文人相轻》一文中,又指出当时文坛上所存在的无是非观论点的谬妄。当时有些人认为文坛上彼此的争论,这里边没有什么是非,只不过是从古以来文坛上的风习,文人相轻罢了。鲁迅抨击他们道:

我们如果到庄子里去找词汇,大概又可以遇到两句宝贝的教训,"彼亦一是非,此亦一是非",记着了来作危急之际的护身符,似乎也不失为漂亮。然而这是只可暂时口说,难以永远实行的。喜欢引用这种格言的人,那精神的相距之远,更甚于叭儿之与老聃,这里不必说它了。就是庄生自己,不也在《天下篇》里,历举了别人的缺失,以他的"无是非",轻了一切"有所是非"的言行吗?要不然,一部《庄子》,只要"今天天气冷哈哈……"七个字就完了。

下边接着就论到当时的文坛。

  但我们现在所处的并非汉魏之际,也不少恰如那时的文人,一定要"各以所长,相轻所短"。凡批评家的对于文人,或文人们的互相评论,各各"指其所短,扬其所长"固可,即"掩其所短,称其所长"亦无不可。然而那一面一定得有"所长",这一面一定得有明确的是非,有热烈的好恶。假使被今年所出的"文人相轻"这一个模模糊糊的恶名所吓昏,对于充风流的富儿,装古雅的恶少,销淫书的瘪三,无不"彼亦一是非,此亦一是非"一律拱手低眉,不敢说或不屑说,那么这是怎样的批评家或文人呢?——他先就非被"轻"不可的!(《鲁迅全集》卷6页237)

这两段话正可与《起死》中的主题互相发明。

  鲁迅以战斗的姿态、锋利的文字,批判了各个时期中那些假借庄子的理论,以实现个人的卑鄙目的的人们,他先从理论上驳斥了庄子某些论点的错误,接着并从现实中揭露了那些复古主义者与反动统治阶级的帮闲和帮凶们的嘴脸,在思想界,对于这种反动的倾向,起了巨大的摧陷廓清的作用。从这儿,也就说明了庄子思想的本身是具有极不健康的因素的。正因为如此,所以到后来才容易为人所利用,以致在思想界发生了不少的消极作用。

  至于鲁迅从《庄子》中是不是也受到一些具有积极方面因素的启发,吸取了它的比较正确合理的部分呢?我说是有的。在思想方面主要的是对中国几千年来传统的儒家思想以及家族制度的抨击,是与庄子思想有关的。在庄子中,有不少对统治者罪恶的揭发和对于为统治者服务的所谓"圣人"的抨击的文字。即如《胠箧》篇中的:

  故尝试论之,世俗所谓知者,有不为大盗积者乎?所谓圣者,有不为大盗守者乎!何以知其然邪?昔者齐国邻邑相望,鸡犬之音相闻,网罟之所布,耒耨之所刺,方二千余里。阖四境之内,所以立宗庙社稷,治邑屋州闾乡曲者,曷尝不法圣人哉。然而,田成子一旦杀齐君而盗其国,所盗者,岂独其国邪,并与其圣知之法而盗之。故田成子有乎盗贼之名,而身处尧舜之安,小国不敢非,大国不敢诛,十二世有齐国,则是不乃窃齐国,并与其圣知之法以守其盗贼之身乎?

《庚桑楚》篇中又说:

举贤,则民相轧,任知,则民相盗,之数物者,不足以厚民。民之于利甚勤,子有杀父,臣有杀君,正昼为盗,日中穴阫。吾语汝:大乱之本,必生于尧舜之间,其末存乎千世之后。千世之后,其必有人与人相食者也。

庄子对于当时的儒家以及对封建统治者的批判,给后来思想界以极大的影响,像魏晋时期的嵇康、明末的李贽,他们都在庄子思想的启发下,对传统的儒家思想表示了异议,而提出崭新的不同于孔子的看法。鲁迅曾称许嵇康,说:"嵇康的论文比阮籍的更好,思想新颖,往往与古时的旧说反对。——但引起许多人的注意,而且有生命危险的是《与山巨源绝交书》中的'非汤武而薄周孔'。司马懿因这篇文章,就将嵇康杀了。"(《鲁迅全集》卷3页394)又说:

刘勰说:"嵇康师心以遣论,阮籍使气以命诗。"这"师心"和"使气"便是魏末晋初的文章的特色。正始名士和竹林名士的精神灭后,敢于"师心"、"使气"的作家也没有了。

至于清末的章太炎,也是称道庄子,并推许魏晋名理之文的。同时他在早年从事革命时,也是反对儒家的,他在《诸子学略说》中,首先,把儒家与其他各家等同起来,这就是思想上的大革命。其次,他称孔子为"国愿",并引用庄子中《盗跖》篇的话,说他"缝衣浅带,矫言伪行,以迷惑天下之主"。又说:"田常弑君,实孔子为之主谋,沐浴请讨之事,明知哀公不听,特借此以自文,此为诈谖之尤矣。"同时又指出孔子为老子的弟子,以儒道之形式有异,不欲崇奉以为本师,后又逼迫老子,使老子不得不西出函谷,最后作《道德经》以发其覆。太炎称道庄子,说:"其气独高,不惮抨弹前哲。愤奔走游说之风,故作《让王》以正之,恶智力取功之事,故作《胠箧》以绝之。其术似与老子同,其说乃与老子绝异。"

鲁迅对老庄的看法,在一定程度上,也受到太炎的影响。特别是在反对传统的儒家思想上比诸太炎有着进一步的发展。而追溯渊源也同样是受到庄子思想的启发。所以在五四时代他首先发表了《狂人日记》,揭露了儒家所讲的什么"仁义道德"在本质上不过是"吃人",文中说:

> 凡事总须研究,才会明白。古来时常吃人,我也还记得,可是不甚清楚。我翻开历史一查,这历史没有年代,歪歪斜斜的每叶上都写着"仁义道德"几个字。我横竖睡不着,仔细看了半夜,才从字缝里看出字来,满本都写着两个字是"吃人"!(《鲁迅全集》卷1页12)

后来他在《灯下漫笔》中,非常沉痛地指出:

> 所谓中国文明者,其实不过是安排给阔人享用的人肉筵宴。所谓中国者,不过是安排这人肉筵宴的厨房。(《鲁迅全集》卷1页35)

但是鲁迅则号召青年们,决不要像复古家一样,"不满于现在,就神往于三百年前的太平盛世。……无须反顾,因为前面还有道路在"。又说:"扫荡这些食人者,掀掉这筵席,毁坏这厨房,则是现在青年的使命。"

所以同样不满现状,一个要求复古,希望历史开倒车,这就成为反动的。一个则要打破现在,创立一个崭新的时代,这就是革命的。鲁迅在对于传统思想的认识上,受到庄子的启发,但他又以"进化论"的观点,批判了庄子的复古思想,这就是吸取了庄子思想中某些合理的部分,批判了他的错误的反动部分,因而就显示出一种革命思想的光芒。

就以上所讲的归结起来,我们可以看到:

一、就庄子思想来说,它给后来的影响,有其消极的一面,但也有积极的方面的因素。而前者,是主要的。所谓消极一面,就是他不满意于现实,但却否定了现实的一切制度与文化,而企图回到往古原始社会。这当然是不可能的事,于是让人都成脱离现实的隐士,或者变成为形如槁木而心如死灰的活死人。所以到后来,它的流弊就非常的大。而所谓守旧复古的思想，一般说来固然受儒家思想影响是主要的，但同样也有道家思想的因素在作怪。这就是他们的向后看，不是向前看。鲁迅在这方面，用"进化论"的观点，批判了庄子这种向后看的反动思想，而特别强调"路是人走出来的"，"前面固有路在"，要人们不要反顾，创造新的时代，这就是鲁迅对庄子的批判，同时也是对社会上受到庄子思想的坏影响的人的批判。

二、庄子思想中积极的一面，是他对当时统治者、压迫者的痛恶以及对他们罪恶的揭发，同时对统治者的帮闲与帮凶们进行了无情的嘲笑与讽刺。这样给后来思想界的影响，也很大。汉以后一些反对束缚人心的儒家正统思想的也就是思想界的革命者，很多受庄子思想的启发。鲁迅在这方面也继承了这种革命思想的传统，因而能够打破传统思想的枷锁成为彻底地反封建反帝的中国文化新军的英勇的旗手。

三、鲁迅在对庄子思想上的批判继承，给我们树立了接受文化遗产的典范。他批判了庄子的落后的反动的部分，但同时也吸取了他的思想中的合理部分，这样就能够很好的"古为今用"，化腐朽为神奇，使古代的东西，为我们革命事业服务。

四、鲁迅之所以能够正确地吸取庄子思想中的合理部分，而批判其消极的部分，我觉得主要根源是由于鲁迅的立场所决定的。他早年是一个高度的爱国主义者，他考虑问题，是从整个国家民族的命运出发的。在这样情况下，他又接受了西方"进化论"思想，用它作为自己的指导思想，以西方社会的发展与我国社会发展进行了比较，从而在思想上对我国一向支配人心，阻碍社会前进的复古主义，进行了批判。到了1927年后，鲁迅又接受了马克思列宁主义，在工人阶级世界观的指导下，对当时思想界中一些借庄子思想作为掩护，大倡所谓"彼亦一是非，此亦一是非"，企图泯灭客观真理，混淆群众视听，来为国民党反动的血腥统治服务的文化走狗们，给以有力的抨击。由于他在党的领导下与左联同志的共同奋斗，所以在同国民党反动派进行反"文化围剿"的斗争中，取得了极其辉煌的胜利。

鲁迅论章太炎

一

鲁迅是我国新文学的奠基人,同时又是一位伟大的共产主义战士。章太炎是我国旧民主主义革命时期的革命家,而在晚清他又是一位反对孔孟之道的思想家,在我国近代学术思想史上占有重要的地位。太炎长于鲁迅 13 岁,鲁迅曾向太炎问学,并且后来参加了太炎曾经参与领导的光复会,所以他们之间的关系是师生又兼同志。

鲁迅向太炎问学,是在日本留学的时候。太炎在国内因在《苏报》上发表了攻击清政府的文章①,而被捕入狱。出狱后,即去日本主编当时革命派的机关报《民报》。后来该报被禁,就开始讲学。太炎逝世后,鲁迅曾在纪念太炎的文章中追述他去听讲的动机,是因佩服太炎是一个有学问的革命家②。以后他们虽然分别了,但仍保持着师生的情谊。据景宋的回忆,鲁迅对太炎"是很尊重的,每逢提起,总严肃地称他'太炎先生'。当太炎反对袁世凯称帝的野心时,曾经被逮绝食,大家没法子敢去相劝,还是公推先生(按:指鲁迅)亲自到

---

① 章太炎:《驳康有为论革命书》。
② 鲁迅:《关于太炎先生二三事》,见《且介亭杂文末编》。

监禁的所在,婉转陈词,才进食的"①。

同时当时有一班政客,受到太炎无顾忌地抨击,而称太炎为"章疯子",鲁迅后来在杂文中指出:这纯粹是讼师式的卑鄙手段,为太炎正义性的言论作辩护②。太炎晚年脱离群众,思想停滞,甚至接受馈赠,参与投壶,有一些人曾夸张其辞,大肆诋訾,鲁迅却认为这不过是"白圭之玷,并非晚节不终"③。

特别是在1933年,国民党要没收太炎的几间破屋时,鲁迅深为愤慨,给曹聚仁信中说:"古之师道,实在也太尊,我对此颇有反感。我以为师如荒谬,不妨叛之,但师如非罪而遭冤,却不可乘机下石,以图快敌人之意而自救。太炎先生曾教我小学,后来因为我主张白话,不敢再去见他了,后来他主张投壶,心窃非之,但当国民党要没收他的几间破屋,我实不能向当局作媚笑。以后如相见,仍当执礼甚恭(而太炎先生对于弟子,向来也绝无傲态,和蔼若朋友然),自以为师弟之道,如此已可矣。"④

1936年6月14日,太炎病故于苏州。鲁迅后来在病中,发表了纪念性的文章《关于太炎先生二三事》,对太炎作了极其正确而公允的评价。并对诋毁太炎的人进行了抨击,说:"近有文侩,勾结小报,竟也作文奚落先生以自鸣得意,真可谓'小人不欲成人之美',而且'蚍蜉撼大树,可笑不自量'了!"

据以上所述,已经很清楚的说明了鲁迅自1908年从太炎问学时起,到1936年太炎逝世时止,中间近30年间他们师弟间的关系是如何了。鲁迅对太炎虽是抱着敬意,但对他还是持批判的学习态度的。下边拟就革命精神与学术思想等方面略作分析说明。

---

① 景宋:《民元前的鲁迅先生》。
② 鲁迅:《补白》,见《华盖集》。
③ 鲁迅:《关于太炎先生二三事》,见《且介亭杂文末编》。
④ 鲁迅:《鲁迅书信集》卷上页380。

二

鲁迅论太炎是从政治观点上着眼的。他首先指出太炎的业绩留在革命史上的,实比学术史上的还要大①,这个评价是为当时一般人所看不到,也说不出的。

为什么是这样?鲁迅从他自己亲身感受中证明了这个论断。他说他早年之所以"知道中国有太炎先生,并非因为他的经学和小学,是为了他驳斥康有为和作邹容的《革命军序》,竟被监禁于上海西牢"。这就说明太炎当年不怕牺牲而敢于造反的革命精神,给当时像鲁迅这样的革命青年思想上的影响是多么深了。正由于鲁迅对革命家章太炎这种仰慕之情,所以他对太炎在《浙江潮》上所发表的狱中所作的诗,都能够熟读成诵,直到晚年还能记得。后来太炎出狱到日本主编《民报》时所发表的一系列与敌人论战的文章,也都为鲁迅所热爱,他说:"我爱看这《民报》,但并非为了先生的文笔古奥,索解为难,或说佛法,谈'俱分进化',是为了他和主张保皇的梁启超斗争,和'××'的×××斗争,和'以《红楼梦》为成佛之要道'的×××斗争,真是所向披靡,令人神旺。"②

鲁迅基于对革命者太炎的尊敬与仰慕,因而才去听他的课,所以文中说:"前去听讲也在这个时候,但又并非因为他是学者,却为了他是有学问的革命家。"③不过太炎到了晚年手定的《章氏丛书》内,却不收录这些攻战的文章,鲁迅对此感到非常遗憾,他说:"先生力排清虏,而服膺于几个清儒,殆将希踪古贤,故不欲以此等文字自秽其著述。——但由我看来,其实是吃亏,上当的。此种醇风,正使物能遁形,贻患千古。"④

---

①②③　鲁迅:《关于太炎先生二三事》,见《且介亭杂文末编》。
④　鲁迅:《因太炎先生而想起的二三事》,见《且介亭杂文末编》。

太炎大无畏地同敌人作斗争的革命精神,鲁迅曾给予高度赞扬,他说:"考其生平,以大勋章作扇坠,临总统府之门,大诟袁世凯的包藏祸心者,并世无第二人;七被追捕,三入牢狱,而革命之志,终不屈不挠者,并世亦无第二人:这才是先哲的精神,后生的楷范。"①我们就鲁迅生平来看,他不仅继承了太炎这种精神,并且在新的基础上有着进一步的发扬光大。

鲁迅在太炎死后,强调他前期的革命精神,目的是让青年们向他学习。但在太炎生前,鲁迅对他晚年思想的停滞,甚而至于倾向于复古,不仅不为他辩护,并且还给以批判,这自然也是让读者引以为戒。

当1934年刘半农逝世后,有不少反动文人大肆宣扬他在五四后倾向复古的表现,即如作烂古文,写打油诗,反对语言上的欧化等,而丝毫不提他在五四时的战绩,其目的正如鲁迅所说的"用他的神主来打'趋时'的人们"②。

鲁迅这时为了反击这些家伙们,在论刘半农时,还联系到近代的几位名人,即康有为、严复、章太炎。他说:"广东举人多得很,为什么康有为独独那么有名呢,因为他是公车上书的头儿,戊戌政变的主角,趋时;留英学生也不希罕,严复的姓名还没有消失,就在他先前认真的译过好几部鬼子书,趋时;清末,治朴学的不止太炎先生一个人,而他的声名,远在孙诒让之上者,其实是为了他提倡种族革命,趋时,而且还'造反'。"这里所说的"趋时",鲁迅说:"是普通所谓'趋时'中的一部分:'前驱'的意思。"这就说明以上几个人之所以为广大人们所称道,正是由于他们早年曾经顺应时代的潮流,作了改革或革命的前驱的缘故。鲁迅接着又说:"后来'时'也'趋'了过来,他们就成为活的纯正的先贤。但是,晦气也夹屁股跟到,康有为永定为复辟的祖师,袁皇帝要严复劝进,孙传芳大帅也来请太炎先生投壶了。原是

---

① 鲁迅:《关于太炎先生二三事》,见《且介亭杂文末编》。
② 鲁迅:《趋时和复古》,见《花边文学》。

拉车前进的好身手……拉还是拉,然而是拉车屁股向后,这里只好用古文,'呜呼哀哉,尚飨'了。"①

鲁迅在这里不仅批判了章太炎同其他几个搞复古倒退,结果被反动派所利用,而成为他们搞复辟的得力工具的人,同时还揭出一条历史的规律,一个革新者或革命者倘不在改造客观世界的过程中及时地改造自己的主观世界,其结果必然落后于时代,到这时就会被反动派所利用,这是值得每个人深思的。

至于太炎思想前后变化的原因,鲁迅对之也曾作过分析,他说:"太炎先生虽先前也以革命家现身,后来却退居于宁静的学者,用自己所手造的和别人所帮造的墙,和时代隔绝了。……既离民众,渐入颓唐,后来的参与投壶,接收馈赠,遂每为论者所不满。"②这就充分说明了一个革命者如果一旦脱离了现实,脱离了民众,变成了一个宁静的学者,那他的思想就必然要停滞,要倒退,也就不可能成为战士了。不过人们对于太炎晚年有些表现的不满,鲁迅认为"不过是白圭之玷,并非晚节不终"。这话应该怎样理解呢?

对这个问题,我是这样看的,章太炎是一个资产阶级民主革命家。在辛亥革命前,他参加了孙中山所领导的旧民主主义革命,进行推翻清王朝的革命运动,辛亥革命后,他为了保卫民主革命的胜利成果,又同窃国大盗袁世凯的复辟活动进行了坚决的斗争。但他的思想只限于旧民主主义,对1921年后中国共产党所领导的新民主主义革命,是完全不理解的。

一个民族资产阶级的革命家,是具有爱国主义思想,并且在一定程度上是反对帝国主义的,是同买办资产阶级不同的。所以当代表买办资产阶级利益的蒋介石当政的时候,他始终没有和蒋同流合污。"九一八"后,国民党反动派搞卖国投降,他就同它唱反调,他称赞十

---

① 鲁迅:《趋时和复古》,见《花边文学》。
② 鲁迅:《关于太炎先生二三事》,见《且介亭杂文末编》。

九路军在上海抗日御侮,他同情北京学生的抗日救国的请愿运动①。这都说明他始终保持着他的民族资产阶级革命家的本色,所以鲁迅说他"并非晚节不终",应该说是非常合乎实际的恰切评语。

三

章太炎是晚清资产阶级革命派的健将,所以他的反对孔孟之道的旗帜最鲜明,态度也最坚决。他在1903年发表的《驳康有为论革命书》中已揭露清廷的尊孔奉儒不过是用以为工具,来实现其统治中国人民、愚弄中国人民的目的罢了。到1906年发表的《诸子学略说》,就更加大胆地把进攻的矛头直接指向孔丘。他引用《庄子·盗跖篇》和《墨子·非儒篇》,揭露孔丘的虚伪狡诈,言行不一,为了权势同利禄,不惜奔走钻营,干出许多龌龊肮脏的坏事和丑事,称他为"国愿",为"巧伪人",并痛斥他那一套对后世产生极端恶劣的影响,说:"用儒家之道德,故艰苦卓厉者绝无,而冒没奔竞者皆是。俗谚有云:'书中自有千钟粟',此儒家必至之弊,贯于徵辟、科举、学校之世,而无乎不遍者也。"②这就有力地打击了康梁等人的尊孔保皇与清廷的尊孔读经的种种谬论。

辛亥革命后,阴谋搞复辟的康有为同搞帝制的袁世凯,他们又借建立孔教和祀孔读经来作舆论准备,太炎这时又发表了《驳建立孔教议》一文,批判他们时至民国,而犹欲尊孔丘为教主,实是一种"怪妄"的作法,揭露了他们在尊孔的幌子下所包藏的祸心。

毛泽东同志说过:"在欧美各国,当它们还在革命时代,那里的资

---

① 章太炎:《十九路军死难将士公墓表》,章太炎劝阻宋哲元镇压学生爱国运动电文中有"学生请愿,事出公诚。纵有加入共党者,但问今之主张何如,何论其平素"等语。

② 章太炎:《诸子学略说》。

产阶级革命是比较彻底的;在中国,资产阶级则连这点彻底性也没有。"①章太炎在1921年后,中国共产党所领导的人民革命进行彻底地反帝反封建的时候,他看不清前进的方向,于是逐渐消极颓唐,在思想上也走向复古倒退,竟然由反孔一变而为尊孔,发出了"读经,有千利而无一弊"的谬论。鲁迅说他晚年"遂身衣学术的华衮,粹然成为儒宗"②,是对他极表不满的批评。

鲁迅由一个民主革命家,终于发展成为一个伟大的共产主义战士,但在反孔方面是受太炎影响的,他早年曾熟读太炎关于这方面的论著,在五四时代成为"打倒孔家店"的闯将。直到20世纪30年代写《故事新编》中的《出关》时,对孔丘与老聃二人的关系上,还是本于太炎的讲学和写的《诸子学略说》中的论述③。

但鲁迅是一个伟大的革命家,特别后来成为一个共产主义者,所以他能同传统的观念实行彻底地决裂。他的反孔,不但坚决而且彻底。直到20世纪30年代,他对蒋介石政府与日寇一唱一和的尊孔读经论,还给以深刻的揭露与激烈的抨击,把他们的投降与征服的阴谋和企图,彻底暴露于光天化日之下。这说明鲁迅的思想高度远非太炎所能及了。

四

在文学上,太炎对中国先秦以后各个时期的议论文,也是有他独特见解的。他推重魏晋名理之文,认为"守己有度,伐人有序,和理在中,孚尹旁达,可以为百世师矣"④。同时又拿它同汉人以及唐宋人的文章作比较说:"效唐宋之持论者,利己齿牙,效汉之持论者,多其

---

① 《新民主主义论》,见《毛泽东选集》,第635页。
② 鲁迅:《关于太炎先生二三事》,见《且介亭杂文末编》。
③ 鲁迅:《出关的关》,见《且介亭杂文末编》。
④ 章太炎:《论式》,见《国故论衡》。

记诵,斯已给矣。效魏晋之持论者,上不徒守文,下不可御人以口,必先予之以学。"①鲁迅也是喜欢魏晋文章的,而尤其推重嵇康和阮籍,他引刘勰的话:"嵇康师心以遣论,阮籍使气以命诗。"他说,"师心"、"使气","便是魏末晋初的文章的特色"②。又说:"嵇康的论文,比阮籍更好,思想新颖,往往与古时旧说反对。"③正因为如此,他曾校订过嵇康的集子。过去刘半农曾赠他一副对联,下联就是"魏晋文章"。当时他的一班朋友都认为很恰当,他自己也并未反对④。我们试看鲁迅平生的论文,其见解的新颖、立论的超卓,以及破旧立新上,确实吸收了魏晋议论文章的一些特色。

太炎对于当时选派所推尊的六朝文以及桐城派所推尊的唐宋文,也都不很满意,他说:"小学既废,则单篇瓠落,玄言日微,故俪语华靡。不揣其本而肇其末,人自以为卿云,家相誉以潘陆,何品藻之容易乎?"又说:"自唐以降……其持论不本名家,外方陷敌,内则亦以自偾。……持论者独刘柳论天为胜,其余并广居自恣之言也。宋又愈不及唐,济以哗馈。"⑤至于他对晚清一般人所拜倒的严复同林纾,更是不客气地给以抨击,他说:"下流所仰,乃在严复林纾之徒。复辞虽饬,气体比于制举,若将所谓曳行作姿者也。纾视复又弥下,辞无涓选,精采杂污,而更浸润唐人小说之风。夫欲物其体势,视若蔽尘,笑若龋齿,行若曲肩,自以为妍,而祇益其丑也。"⑥

鲁迅早年接触西方的思想和文学,大半是通过严林的介绍,所以最初在写作上都曾受到他们的影响。可是后来从太炎问学后,于是对林氏的笔调就有点不满,而对严氏的文章,也嫌他有八股气了,以

---

① 章太炎:《论式》,见《国故论衡》。
②③ 鲁迅:《魏晋风度及文章与药及酒之关系》,见《而已集》。
④ 孙伏园:《鲁迅先生逝世五周年杂志一则》。
⑤ 《与邓实书》,见《章氏丛书·文录》卷二。
⑥ 章太炎:《与人论文书》,见《章氏丛书·文录》卷二。

后写文章,用本字古义,《域外小说集》中大都如此。①

另外许寿裳也曾讲过一个极有趣的故事,他说,鲁迅最早是很佩服严复的翻译的认真的态度的,曾给他一个轻松的绰号叫做"不佞"。后来读到太炎的《社会通诠商兑》中有云:"就实论之,严氏固略知小学,而于周秦两汉唐宋先儒之文史,能得其句读矣,然相其文质,于声音节奏之间,犹未离于帖括申夭之态,回复之词,载飞载鸣,情状可见,盖俯仰于桐城之道左,而未趋其庭庑者也……从此,鲁迅对于严氏,不再称'不佞',而改称'载飞载鸣'了。"②

由于太炎对骈俪与唐宋古文不甚重视,特别对当时一般人所崇尚的严林文章评价又低,所以在五四文学革命时,他的弟子钱玄同在攻击古文学时,提出了"选学妖孽"和"桐城谬种"的口号③。在当时对被这两派闹得乌烟瘴气的中国文坛,的确起了极大的摧陷廓清的作用。到了20世纪30年代,当鲁迅抨击施蛰存辈提倡青年作者应从《庄子》和《文选》中寻字汇时,还提到这两个口号,说:"五四时代的所谓'桐城谬种'和'选学妖孽',是指做'载飞载鸣'的文章和抱住《文选》寻字汇的人们的,而某一种人确也是这一流,形容惬当,所以这名目的流传也较为永久。除此之外,恐怕也没有什么还留在大家的记忆里了。"④从这里,也充分说明了太炎对中国古典文学中的流派以及对当时作者的评价的影响是多么的深远了。

鲁迅尽管在这些方面深受太炎的影响,但他对太炎的反对白话文,则是深致不满的,并且不惜给以严正的批评。他在与曹聚仁的信中说:"后来因为我主张白话,不敢再去见他了。"而在《名人与名言》中提到太炎反对白话文的原因,是你说文言难,白话更难,理由是现在的口头语有许多是古语,非深通小学就不知道现在的口头语的某

---

① 周作人:《关于鲁迅之二》。
② 许寿裳:《亡友鲁迅印象记·杂谈名人》。
③ 钱玄同:《寄胡适之》,见《新青年》第三卷第六期。
④ 鲁迅:《五论"文人相轻"——明术》,见《且介亭杂文二集》。

音,就是古代的某音,不知道就是古代的某字,就要写错。鲁迅批评他道:"因为白话是写给现代的人们看,并非写给商周秦汉的鬼看的,起古人于地下,看了不懂,我们也毫不畏缩。"接着又说:"太炎先生是革命的先觉,小学的大师,倘谈文献,讲《说文》,当然娓娓可听,但一到攻击现在的白话,便牛头不对马嘴。"最后说:"我很自歉这回时时涉及了太炎先生。但'智者千虑,必有一失',这大约也无伤于先生'日月之明'的。至于我的所说,可是我想,'愚者千虑,必有一得',盖亦'悬诸日月而不刊'之论也。"这就说明鲁迅为捍卫文学革命的成果,反对复古倒退,尽管是自己所尊敬的老师,也是毫不留情面的。

五

综上所述,我们可以得到以下几点启发与教育:

(一)鲁迅对太炎,能够采取批判继承的态度。他在革命精神和学术思想上,都曾受太炎较深的影响,但他善于从人民的需要出发,用一分为二的观点来对太炎一生的业绩进行分析,发扬其优良传统,而批判其错误倾向,给我们树立了学习的典范。

(二)鲁迅评论人物,通过太炎,还因太炎而涉及到其他,充分表现出马克思主义者论人的标准,即政治第一,学术第二。这同资产阶级就大大的不同了。他们论太炎往往从学术上着眼,而对他的革命精神,则加以阉割。鲁迅呢,则明确地指出他在革命史上的业绩要比学术史上的为大,也就给我们指出了一个论人的正确标准。

(三)鲁迅常常根据历史人物在政治上的表现,从而说明其思想发展,从中引出经验教训来。即如对太炎以及与之同时的康严等人,说明他们前期在"趋时"的过程中,都曾经以先驱者的面貌出现。可是时代前进了,由于他们思想的停滞,终于又与旧势力合流,其结果他们的政治生命也就"呜呼哀哉,尚飨"了。这就充分说明历史总是不断地在发展,时代也是不断地在前进。一个人如果在前进的路上,中途止步,那就必然要成为历史的绊脚石,而被一脚踢开。这种用活生生的人物和事例说明历史上一条颠扑不破的规律,对人们的教训是多么的具体而深刻啊！至于鲁迅的一生,同上述诸人恰恰成为鲜明的对比,他是永不停步,永远进击的战士。我们学习鲁迅,就要学习他这种伟大的永远继续革命的精神。

(原载《山东师院学报》1977年第2~3期)

鲁迅论钱玄同

一

鲁迅和钱玄同,他们早年是同学,中年是战友,但到晚年由于一个前进,一个退隐,世界观不同了,于是也就没有了共同的语言,他们不只是关系疏远,而且逐渐变成对立面了。

他们同学,是于1908年在东京共同向章太炎问学的时候。据钱玄同讲:"我那时虽与他相识,但仅于每星期在先师处晤面一次而已,没有谈过多少话。"①这就是钱玄同曾说过的"我与他的交谊头九年(民国之前四年至民国五年)尚疏"的具体说明。

五四时代的"思想革命"同"文学革命"使他二人的关系亲密了起来。钱玄同在学术上所专力从事的是中国语言文字学,而鲁迅搞的,主要是文学。可是钱玄同对鲁迅在日本时从事西方文学的介绍以及所发表的对洋务派与维新派进行抨击的论文,则是异常钦佩的。他说:"周氏兄弟那时正译《域外小说集》,志在灌输俄罗斯、波兰等国之崇高的人道主义,以药我国人卑劣阴险自私等龌龊之心理。他

---

① 钱玄同:《我对于周豫才君之追忆与略评》,见《文化与教育旬刊》第106期。

们思想超卓,文章渊懿,取材谨严,翻译忠实,故造句遣辞,十分矜慎,然犹不自满足,欲从先师了解故训,以期用字妥贴,不仅文字雅驯,且多古言古字,与林纾所译之小说绝异。同时他在《河南》杂志中做了几篇文章,我现在记得的有《文化偏至论》、《破恶声论》、《摩罗诗力说》等篇,斥那时浅薄新党之俗论,极多胜义。"①这是钱玄同对鲁迅在日本时从事文学活动的高度评价,也是他后来参加《新青年》编辑工作时,竭力督促鲁迅向该刊投稿的主要原因。

1917年,《新青年》开始了对"思想革命"与"文学革命"的宣传,策源地是北京大学。据钱玄同的回忆:"六年蔡元培先生任北京大学校长,大事革新,聘陈仲甫(独秀)为文科学长,胡适之(适)、刘半农(复)为教授。陈胡刘诸君正努力于新文化运动,主张'文学革命'。启明(按即周作人)亦同时被聘为北大教授。我因为我的理智告诉我,旧文化之不合理者应该打倒,文章应该用白话做,所以我是十分赞同仲甫所办的《新青年》杂志,愿意给它当一名摇旗呐喊的小卒。我认为周氏兄弟的思想,是国内数一数二的,所以竭力怂恿他们给《新青年》写文章。七年一月起,就有启明的文章……但豫才尚未有文章送来,我常常到绍兴会馆去催促,于是他的《狂人日记》小说居然做成,而登在四卷第五期里了。自此以后,豫才便常有文章送来,有论文、随感录、诗、译稿等,直到《新青年》第九卷止。"②(十年下半年)

关于钱玄同催促鲁迅写稿的事,鲁迅在《呐喊·自序》中有着极其生动的叙述。最初他们二人对改革现实的看法,似乎并不一致,但经过一番讨论,鲁迅终于答应为《新青年》写文章了。最初的一篇,就是《狂人日记》,从此以后他便一发而不可收。

后来,在他们共同参与编辑《新青年》的时候,在编辑成员内部,

---

①② 钱玄同:《我对于周豫才君之追忆与略评》,见《文化与教育旬刊》第106期。

是存在着革命与改良的两条路线斗争的。当时团结在鲁迅周围的有钱玄同、刘半农、周作人等,他们的思想和鲁迅基本上是一致的,也就是在共产主义知识分子的领导下,站在彻底地反封建反帝的一边的,因而这对《新青年》始终保持的革命战斗精神,是有着极大关系的。

1921年《新青年》团体散掉了,到1924年孙伏园、章川岛等又发起出版了《语丝》,当时参加的就有原来《新青年》的成员,如鲁迅、钱玄同、刘半农等,共16人。但由于思想倾向的不同,大半都是慢慢的退出,到后来固定投稿的只剩五六人。鲁迅投稿最多,并且同它的关系也最久,直到它的终刊。

1925年发生了女师大校长杨荫榆迫害革命学生的事件,这时鲁迅毅然决然地站在学生的一边,与杨荫榆斗,与章士钊斗,与章士钊、段祺瑞的叭儿文人《现代评论》派斗。当时鲁迅的战斗阵地,主要是《语丝》。而钱玄同这时也还是鲁迅的追随者,最明显的是5月27日北京《京报》公开发表的鲁迅等七教授《对于北京女子师范大学风潮宣言》,钱玄同也是其中之一。这就是钱玄同所总结的,中十年(民国六年至民国十五年)这一阶段他们的关系是最密的。

1926年秋,鲁迅由于北洋军阀政府的迫害,由北京到厦门教书,1927年初,又从厦门到广州中山大学任教。这时鲁迅的思想已倾向马克思列宁主义。不久,四一二反革命政变爆发了,鲁迅在残酷的阶级斗争的现实面前,彻底批判了自己一向"只信'进化论'的偏颇",毫无保留地接受了马克思列宁主义的阶级论,于是在世界观上产生了一个飞跃,从一个革命民主主义者,成为一个伟大的共产主义者。

1927年底,鲁迅由广州去上海。这时他已运用新的武器——马克思列宁主义,一面同"新月派"的文艺论客们开始了战斗,一面又同自命为无产阶级文艺家的"创造社"、"太阳社"开展了论战。鲁迅世界观的变化,给北京那班老朋友像钱玄同、刘半农,以及他的二弟周作人等以极大的震惊。他们的世界观并没有随着时代的前进而前进,而是停留在五四时代的水平,甚至有的还有所倒退。所以他们都可以说是资产阶级民主个人主义者。钱玄同所说的"我是主张思想自由的,无论同意或反对,都要由我自己来判断"①就是一个最好的说明。因此,他们的思想体系同现代评论派基本上是一致的,所不同的是现代评论派中绝大部分成员后来又参加了新月派,不仅投靠了反动的军阀政府,并且投靠了美帝国主义,带有浓厚的封建买办的色彩罢了。

这时钱玄同刘半农在北京对鲁迅的言行就私下里进行了攻击。鲁迅与章廷谦信中说:"疑古和半农在北平,逢人便即宣传,说我在上海发了疯,这和林语堂大约也有些关系。——语丝派的人先前确曾和黑暗战斗,但他们自己一有地位,本身又便变成黑暗了,一声不响,专用小玩意,来抖抖地把守饭碗。"②这就说明,这时的"语丝社"已经很明显的分化了。就鲁迅说,自己往年的亲密战友,这时竟同自己的敌人靠拢合流了。他在给章廷谦的另一信中说:"青岛大学已开,文科主任杨振声,此君近来似已联络周启明之流矣。此后各派分合,当颇改观。语丝派当消灭也。"③

从以上信中所谈,鲁迅已看清了当时北京学界各派的分合情况,特别是语丝派与现代评论派的合流,是他所最痛心的。钱玄同自然也是其中之一,所以他同钱玄同的友谊,从此也就结束了。据沈尹默讲:"鲁迅从上海回北京,一次曾在他们的老师章太炎那里会见,为了一句话,两意不投,引起了争论,直到面红耳赤,不欢而散。"④可是后来钱玄同又偶然去孔德学校,碰见鲁迅也在那里,据沈尹默讲:"这事情(按:指上次的争论)虽已过去,彼此心中总有些耿耿然,但一想到老朋友终归是老朋友,不可能从此不见面,就跨进门去,打了个招呼,

---

① 钱玄同:《我对于周豫才君之追忆与略评》,见《文化与教育旬刊》第106期。
② 《鲁迅书信集》卷上第247页。
③ 《鲁迅书信集》卷上第228页。
④ 沈尹默:《鲁迅生活中的一节》,见《文艺月报》1956年10月号。

坐下来，正想寻个话题，恰巧看见桌子上放着一张周树人三个字的名片，他马上回过头朝着鲁迅问道：'你现在又用三个字的名片了？'鲁迅不加思索地冲口而出回答道：'我从来不用四个字的名字。'玄同主张废姓，曾经常用'疑古玄同'署名，这是众所周知的事情。鲁迅出口真快，玄同的感应也不慢，登时神色仓皇，一言不发，溜之大吉。"①

这事鲁迅给许广平信中曾经提到②。后来钱玄同对鲁迅回给许广平信中谈到他的话，很不满意，在文中说："我想'胖滑有加'，似乎不能算做罪名，他所讨厌的，大概是'唠叨如故'吧。不错，我是爱唠叨的，从二年（1913）秋天我来到北平，至十五年（1926）秋天他离开北平，这十三年之中，我与他见面总在一百次以上，我的确很唠叨，而他亦唠叨也。不知何以到了十八年（1929）我'唠叨如故'，他就讨厌，而'默不与谈'，但这实在算不了什么事，他既讨厌，就让他讨厌吧。"③

道理很简单，这就是因为两人世界观之悬殊，加上后来钱玄同的表现，所以彼此见面，已没有什么话可说了。鲁迅是心口如一的，所以无怪乎"默不与谈"了。因此钱玄同总结"从民十六至二十五极疏，——实在是没有往来"④。到20世纪30年代，鲁迅在《教授杂咏》中，曾讽刺钱玄同，说他"作法不自毙，悠然过四十。何不赌肥头，抵挡辩证法"，这就毫不足怪了。

二

毛泽东同志曾说过："五四运动所进行的文化革命，则是彻底地反对封建文化的运动，自有中国历史以来，还没有这样伟大而彻底的

---

① 沈尹默《鲁迅生活中的一节》，见《文艺月报》1956年10月号。
② 鲁迅：《两地书·一二六》。
③④ 钱玄同：《我对于周豫才君之追忆与略评》，见《文化与教育旬刊》第106期。

文化革命。当时以反对旧道德,提倡新道德,反对旧文学,提倡新文学为文化革命的两大旗帜,立下了伟大的功劳。"①又说:"五四运动在其开始,是共产主义知识分子、革命的小资产阶级知识分子和资产阶级知识分子(他们是当时运动中的右翼)三部分人的统一战线的革命运动。"②鲁迅、钱玄同、刘半农,在当时乃是革命小资产阶级知识分子的代表。

在1917年,陈独秀在《新青年》上发表了《文学革命论》之后,首先写信响应的,就是钱玄同。正如他所说的:"我是十分赞同仲甫所办的《新青年》杂志,愿意给它当一名摇旗呐喊的小卒。"③他不但自己给该刊写稿,并且怂恿鲁迅同周作人都一起参加。当时刊物主要的领导者是共产主义知识分子,鲁迅曾说过,他当时的创作是听从革命的将令的④。又说,他当时的作品是"遵命文学"⑤,但是由于鲁迅思想的深刻与超卓,所以在《新青年》杂志社的许多成员中,自然而然的形成了以他为中心的革命派,从而同当时的封建思想与封建文学的卫护者,即所谓封建顽固派文人,很打了几次恶仗。最突出的是关于王敬轩的双簧信,这是由钱玄同、刘半农两人合伙干的。鲁迅在《忆刘半农君》里,就曾指出这是一次大仗,并且在评刘半农时说:"他活泼,有时颇近于草率,勇敢,也有失之无谋的地方。但是要商量袭击敌人的时候,他还是好伙伴,进行之际,心口并不相应,或者暗暗给你一刀,他是决不会的。倘若失了算,那是因为没有算好的缘故。"

从这段话里,可知当时这些战斗,都是他们在一起经过研究后才进行的。也就是说,在《新青年》团体中有一个以鲁迅为首的革命小

---

① ② 毛泽东:《新民主主义论》,《毛泽东选集》第660页。
③ 钱玄同:《我对于周豫才君之追忆与略评》,见《文化与教育旬刊》第106期。
④ 鲁迅:《呐喊·自序》。
⑤ 鲁迅:《自选集·自序》。

集团。即以当时的双簧信而论,那时的情况正如鲁迅在《呐喊·自序》中所说:"他们正办《新青年》,然而那时仿佛不特没有人来赞同,并且也没有人来反对。"怎么办呢？于是他们就把当时那班封建顽固派对《新青年》所提出的"文学革命"与"思想革命",在思想上可能引起的反应,进行了分析与概括,由钱玄同执笔化名王敬轩,写了篇给《新青年》杂志的信,而让刘半农写了篇批判驳斥的复信,同时发表在《新青年》四卷三期上,狠狠给当时的假想敌人以迎头痛击。

这两封双簧信发表后,且不说在当时思想界同文学界所引起的巨大震动,就在革命文学阵营内部,也发生了一场轩然大波。据当时曾经参与编辑《新青年》的沈尹默的回忆说:"《新青年》杂志由独秀带到北京之后,有一时期曾交由鲁迅弟兄、玄同、胡适和我,分期担任编辑。我是长期病眼的人,不宜而且不善于做编校工作,因此凡轮到我编辑的一期,总是交给玄同、半农去代办。大家应该还记得,那时新旧文学双方展开了激烈斗争,玄同、半农最为起劲,以林琴南为放矢之的。半农曾化名为王敬轩,和玄同串演了一次哄动一时的双簧。(按:这是沈尹默的误记,化名王敬轩的是钱玄同,而林琴南的反扑,是在双簧信之后)不料触怒了胡博士,他提出抗议,认为这种有失士大夫身分,不登大雅之堂的文章,不应该发表,并且极力主张把这个杂志收归他一个人去编辑,不许半农预闻。鲁迅是支持玄同、半农的,听了胡博士的话,马上斩钉截铁地告诉他,'这个杂志如果归你一手包办,我们就坚决不投稿'。这样一来,胡博士便知难而退了。"①

这段回忆非常重要:(一)说明这次对敌人的进攻,是有目的有计划地进行的。(二)鲁迅等和胡适的斗争,是革命阵营内部两条路线,即革命路线与改良路线的斗争。(三)以鲁迅为首的革命派,战胜了改良主义者的胡适,从而使《新青年》能够顺利地沿着革命路线前进。

除双簧信外,钱玄同对"文学革命"的贡献,曾为鲁迅所赞许的,

---

① 沈尹默:《鲁迅生活中的一节》,见《文艺月报》1956年10月号。

还有对当时斗争提出非常明确而又形容贴切的口号,即"桐城谬种"与"选学妖孽"。这个口号,最早见于他《寄胡适之》的信里。他说:"玄同年来深慨于吾国文言之不合一,致令青年学子不能以三五年之岁月,通顺其文理,以适于用。而彼'选学妖孽'与'桐城谬种',方欲以不通之典故,与肉麻之句调,戕贼吾青年,因之时兴改革文学之思,以未获同志,无从质证。"①

按当时中国的古文学,在文坛上主要是两大派,:(一)桐城派,在文坛上最为一般人所称道的为严复、林纾等;(二)选派,主要人物有樊增祥、易顺鼎等。陈独秀在《文学革命论》中,曾指出:"今日吾国文学悉承前代之敝,所谓'桐城派'者,八家与八股之混合体也。所谓骈体文者,思绮堂与随园之四六也。"②钱玄同用"谬种"同"妖孽",进一步形象地说明了它们对文坛的毒害。因为"桐城派",从清初的方姚,形成一种流派,讲所谓"桐城义法",于是代代相传,直到辛亥革命后,在文坛上还占有极大的势力。这种"谬种流传",真是绵绵不绝。现在称之为"谬种",非常确切的。至于"选派",用典故,讲对仗,末流到易顺鼎、樊增祥等,用以写出许多捧优伶、赞娼妓的下流文字,简直龌龊不堪,这样给以"妖孽"的称号,也是非常合适的。

这两个口号正由于深深打中了两派的要害,所以在当时流传极广,"不破不立,不塞不流",打倒了这两派,新文学才得顺利发展。鲁迅对这个口号是很赞许的,他在三十年代论到攻击对方要给以名号问题时,曾经提到这两个口号。他说:"五四时代所谓'桐城谬种'和'选学妖孽',是指做'载飞载鸣'的文章和抱着《文选》寻字汇的人们的,而某一种人,确也是这一流。形容惬当,所以这名目的流传,也较为永久。除此之外,恐怕也没有什么还留在大家的记忆里了。"③

---

① 钱玄同:《寄胡适之》,见《新青年》三卷六期。
② 陈独秀:《文学革命论》,见《新青年》二卷六期。
③ 鲁迅:《五论文人相轻·明术》。

钱玄同在文学革命初期,曾提出废除汉字,改用拼音文字的主张。他在1918年给陈独秀的信中说:"先生前此著论,力在推翻孔学,改革伦理,以为倘不从伦理问题根本上解决,那就这块招牌一定挂不长久(约述尊著大意,恕不列举原文)。玄同对于先生这个主张,认为是救现在中国的唯一办法。然因此又想到一事,则欲废孔学,不得不先废汉文。欲驱除一般之幼稚的野蛮的顽固思想,尤不可不先废汉文。"又说:"中国文字衍形不衍声,以致辨认书写极不容易,音读极难正确,这一层近二十年来很有人觉悟,所以创造新字,用罗马字拼音,等等主张,层出不穷。……除了那'选学妖孽'、'桐城谬种',要利用此等文字显其能做骈文古文之大本领者,殆无不感现行汉字之拙劣,欲图改革,以期便用。"①

钱玄同的这个主张发表后,虽然受到了许多顽固派的激烈反对与攻击,但对文学革命的发展,却起到了意外的推进作用。鲁迅后来在谈到五四文学革命时说:"但是,在中国,刚刚提起文学革新,就有反动了。不过白话文却渐渐风行起来,不大受阻碍。这是怎么一回事呢?就因为当时又有钱玄同先生提倡废止汉字,用罗马字母来替代。这本也不过是一种文字革新,很平常的,但被不喜欢改革的中国人听见,就大不得了了,于是便放过了比较的平和的文学革命,而竭力来骂钱玄同。白话乘了这一个机会,居然减去了许多敌人,反而没有阻碍,能够流行了。"

又说:"中国人的性情总喜欢调和,折中的。譬如你说,这屋子太暗,须在这里开一个窗,大家一定不允许的。但如果你主张拆掉屋顶,他们就会来调和,愿意开窗了。没有更激烈的主张,他们总连平和的改革也不肯行。那时白话文之得以通行,就因为有废掉中国字而用罗马字母的议论的缘故。"②这从事物的联系上阐明问题,对钱

---

① 钱玄同:《中国今后之文字问题》,见《新青年》四卷四期。
② 鲁迅:《无声的中国》。

玄同的主张废除汉字,对文学革命所起的积极作用,讲得是多么得深刻啊!

还有对文章的写作上,鲁迅也曾把自己的写作特点同钱玄同作比较,一面肯定了钱文的长处,一面对自己也作了批评。他说:"文章的看法,也是因人不同的。我因为自己好作短文,好用反语,每遇辩论,辄不管三七二十一,就迎头一击,所以每见和我的办法不同者,便以为缺点。其实畅达也自有畅达的好处,正不必故意减缩(但繁冗自应删削),例如玄同之文,即颇汪洋,而少含蓄,使读者览之了然,无所疑惑,故于表白意见反为相宜,效力亦复很大。我的东西却常招误解,有时竟大出于意料之外。可见意在简练,稍一不慎,即易流于晦涩,而其弊有不可究诘者焉。"①

鲁迅在这里有点自谦,很显然,钱文偏重述学,明白晓畅有余,而尖锐泼辣不足,如果从对敌斗争的威力来说,像鲁迅杂文那样能"以一击制敌人于死命",那钱文就远远不能及了。

我们统观五四前后这一阶段,是他二人往来最密的时期,因而在意识形态上,有许多观点是一致的。在反封建文学和封建道德上的一致,不用说了。其次,在宗教上他们都反道教②。另外,他们都曾主张不读或少读中国书。钱玄同讲:"欲废孔学,欲剿灭道教,惟有将中国书笈一概束之高阁之一法。何以故?因中国书笈千分之九百九十九,都是这两类之书故。中国文字,自来即专拘于发挥孔门学说,及道教妖言故。"③而鲁迅在《青年必读书》中也说:"我以为要少——或者竟不——看中国书,多看外国书。"

在废除汉字,代以拼音字方面,两人意见也是一致的。直到20世纪30年代,鲁迅论到汉字拉丁化时,还说:"那么,倘要生存,首先

---

① 鲁迅:《两地书·一二》。
② 钱玄同:《中国今后之文字问题》,见《鲁迅书信集·与许寿裳书》卷上页18。
③ 钱玄同:《中国今后之文字问题》。

就必须除去阻碍传布智力的结核:非语文和方块字。如果不想大家来给旧文字做牺牲,就得牺牲掉旧文字。"①

我总觉得他们那时因为过从极密,有许多问题即如上边所提到的,他们都交换过意见,因而主张相同。虽然发表文章时,根据个人所专力的方面不同,但主张则是一致的,因而对反动的旧思想、旧事物,能够发挥其摧陷廓清之功。

三

1936 年 10 月,钱玄同在鲁迅逝世后的第五天,就写了《我对周豫才君之追忆与略评》一文,内容在追忆了他们平生的关系之后,对鲁迅也进行了评论。他指出鲁迅的长处有三:(一)治学最为谨严;(二)治学是自己的兴趣,绝无好名之心;(三)读史与观世有极犀利的眼光,能抉发中国的痼疾。他举了小说《阿Q正传》、《药》和杂文《新青年》中的《随感录》,说是这种文章如良医开脉案,作对症发药之根据,于改革社会是有极大用处的。最后也指出鲁迅的短处有三:(一)多疑;(二)轻信;(三)迁怒。

钱玄同对鲁迅的评论,在长处方面是符合实际的,但认识则是不够深刻的。至于鲁迅的伟大精神,尤其成为伟大共产主义者后的思想,他是很难理解的。至于所提出的三点短处,可以说简直是一种误解,是以资产阶级知识分子之心,度伟大的共产主义者之腹,在这里有加以分辨的必要。

先就"多疑"来说,他说:"鲁迅往往听了人家几句不经意的话,以为是有恶意的,甚而至于以为是要陷害他的,于是动了不必动的感情。"难道鲁迅真是这样的吗?鲁迅后来确也承认自己"多疑",但他决不是对所有的人都是这样,他是在当时激烈的阶级斗争中,通过自

---

① 鲁迅:《中国语文的新生》。

己对中外历史分析研究的印证,使他对于当时反动的统治阶级,以及依附于他们的帮凶们,有着深刻的理解。为了革命,他总是无情地揭掉他们披在身上的画皮,露出他们本来吃人的凶相。他在《狂人日记》中就一语道破这些人的本质,即"狮子似的凶心,兔子的怯弱,狐狸的狡猾"。到了20世纪20年代,他在《忽然想到》中,指出当时的反动派,"他们是羊,同时也是凶兽。但遇见比他们更凶的凶兽时,便现羊样。遇到比他们更弱的羊时,便现凶兽样"。他主张反其道而行之,"对手如凶兽时,就如凶兽。对手如羊时,就如羊"。鲁迅当时不仅这样说,而且是这样做了。他无情地揭穿了自命为"正人君子"们的假象,露出了他们麒麟皮下的马脚。

到了20世纪30年代,鲁迅在上海,当时阶级斗争更加复杂,他一面得面向正面的敌人,同时还得暗防同一阵营里向自己射来的暗箭。所以得时刻存着警惕的心。他对那些少不更事的青年如柔石等,就进行过必要的教育。他说:"他相信人们是好的,我有时谈到人会怎样的骗人,怎样的卖友,怎样的吮血,他就前额亮晶晶的,惊疑地圆睁了近视的眼睛抗议道:'会这样的么?——不至于此吧。'"①

鲁迅后来曾谈到他的"多疑"的产生来源道:"我们从幼小以来,就受着对于意外的事情,变化非常的事情绝不惊奇的教育。那教科书是《西游记》,全部充满着妖怪的变化。例如牛魔王呀,孙悟空呀……就是。……但总而言之,两面都是妖怪,所以在我们人类,大可以不必怎样关心。然而,假使这不是书本上事,而自己也身历其境,这可颇有点为难了。以为是洗澡的美人罢,却是蜘蛛精;以为是寺庙的大门罢,却是猴子的嘴,这教人怎么过。早就受了《西游记》教育,吓得气绝大约是不至于的,但总之,无论对于什么,就都不免要怀疑了。"②

---

① 鲁迅:《为了忘却的记念》。
②③ 鲁迅:《上海所感》。

又说:"外交家是多疑的,我却觉得中国人大抵都多疑。如果跑到乡下去,向农民问路径,问他的姓名,问收成,他总不大肯说老实话。将对手当蜘蛛精是未必的,但好像他总在以为会给他们祸祟……但在事实上,带给他们祸祟的时候却也并非全没有。因了一整年的经验,我也就比农民更加多疑起来,看见显着正人君子模样的人物,竟会觉得他也许正是蜘蛛精了。"③

鲁迅的"多疑",正是由于客观的激烈的阶级斗争,以及某些人面目多变的实际情况,在他头脑中的反映。同时也是他在长期战斗中经验的总结。到了晚年退隐而居于宁静的学者地位的钱玄同,他如何能了解作为伟大的无产阶级战士鲁迅的心情呢?

其次,钱玄同又说鲁迅"轻信"。很显然这同第一条"多疑"是矛盾的。既然"多疑"了,如何还会"轻信"呢!而钱玄同之这样评论,纯粹是从现象上看问题的结果。他说:"他又往往听了人家几句不诚意的好听话,遂认为同志,后来发觉对方的欺诈,于是由决裂而至大骂。"这可能是指鲁迅与高长虹两人的关系说的。

鲁迅对青年一向都是非常爱护的,他把他们作为民族未来的希望,所以凡有青年,对他有所求的,他总是热情地给以帮助。但是像高长虹一流青年,最初是利用鲁迅,到后来略有声名,感到鲁迅成了自己进一步发展的"绊脚石",就要打倒鲁迅,这时鲁迅就不能不给以回击。这一则是给高长虹的一种教训,同时也教育了像高长虹一样的青年。

尽管青年中不乏高长虹这样类型的,但鲁迅并不认为所有的青年都是这样,有人要利用他作梯子向上爬,他仍然不惜给他们作梯子。他说:"梯子之说,是极确的。对于此一节,我也曾熟虑,倘使后起诸公真能由此爬得较高,则我之被踏,又何足惜。中国之可作梯子者,其实除我之外,也无几了。所以我十年以来帮未名社,帮狂飙社,帮朝花社,而无不或失败,或受欺,但愿英俊出于中国之心,终于未死,所以此次又应青年之请,除自由同盟外,又加入左翼作家联盟,于会场中一览了荟萃于上海的革命作家。然而以我看来,皆茄花色,于是不佞势又不得不有作梯子之险,但正怕他们未必能爬梯子也,哀哉!"①像这样的甘心牺牲自己,为青年们作梯子的精神,扩大一点,也就是"俯首甘为孺子牛"的精神,当然是作为资产阶级学者的钱玄同所不能理解的。

然后说"迁怒"。钱玄同对鲁迅不满,主要是在这方面。实际这也是一种难免的误会。鲁迅是非常憎恶顾颉刚的,在书信、杂文以及小说《理水》中,都曾给他以无情的讽刺与抨击。其原因,在于顾颉刚的为人为鲁迅所不齿。至于钱玄同由于对中国古史的研究上,同顾颉刚的某些观点一致,尤其在"疑古"方面,更是彼此契合,因而成为志同道合的学侣。

鲁迅在1929年后之不满于钱玄同,主要还是从政治倾向上来着眼,他认为钱玄同,其实不只钱玄同,即刘半农、周作人等,他们都已与自己过去的论敌《现代评论》派合流了。钱玄同说他"本善甲而恶乙,但因甲与乙善,遂迁怒于甲而并恶之了"②。很显然,这是说鲁迅本来同他很好,但讨厌顾颉刚。由于他同顾颉刚交往,于是连他也讨厌起来。要是这么说,那么鲁迅原与刘半农也不错,周作人又是他的二弟,刘、周同顾颉刚并没什么深的关系,那么鲁迅对他二人为什么也不满呢?这不证明了钱玄同的揣想,有点不符合事实吗?

总观鲁迅与钱玄同近30年间的关系,以及鲁迅对钱玄同的评论,和钱玄同对鲁迅的误解,一则说明鲁迅的伟大,他对某人的某方面的肯定,都是从人民革命事业的立场出发的,只要你对人民革命事业曾作出过贡献,他就给以赞许,反之,当你的表现对人民革命事业有害时,他就毫不客气地给以批判。鲁迅对五四时代的钱玄同的肯定,和对他后来表现的不满,就是极其清楚的说明。

---

① 鲁迅:《与章廷谦书》,见《鲁迅书信集》卷上页249。
② 钱玄同:《我对于周豫才君之追忆与略评》,见《文化与教育旬刊》第106期。

其次，钱玄同对鲁迅的指摘，其错误的根源，是由于从个人主义的立场来看一个无产阶级的革命家，是根本不可能有正确的理解的。不要说钱玄同了，即以20世纪30年代从鲁迅问学的日人增田涉来说，他是很尊敬鲁迅的，但由于他没有接受马克思主义，立场还是资产阶级的，所以他的《鲁迅印象记》里，对鲁迅的评论，有不少是极端荒谬的，如把鲁迅说成是一个"爱国主义人道主义"同"民族主义的人道主义者"等。

第三，鲁迅与钱玄同的关系充分说明了战斗的友谊是建立在同一的世界观的基础上的。倘若两人中一个前进，一个停滞，那就必然要走向对立面。从鲁迅与钱玄同两人的相互评论上，就看出了一个共产主义者精神是如何的伟大，而一个个人自由主义者看问题，是很难不流于片面或肤浅的。

1977年6月23日改定。

论鲁迅对敌斗争的战略与战术

一

当20世纪初,中国旧民主主义革命时期,鲁迅在日本刚一开始参加革命活动,就发表文章,急切地希望在中国文坛上能够出现像欧洲"摩罗派"诗人那样"求索而无止期,猛进而不退转",敢于同传统的宗教道德以及旧的社会制度进行挑战,"不克厥敌,战则不止"的精神界的战士①。因此在五四前,中国出现文化革命的时候,鲁迅已献身文坛,就以一个真正的"精神界的战士"面貌而出现。他以他那先进的思想、敏锐的观察和锋利的文笔,同长期压在中国人民头上的封建主义和帝国主义,进行着英勇顽强的战斗,从此历时30年,直到他最后的一息。鲁迅真不愧为"中国文化革命的主将",真不愧为五四后"文化新军的最伟大最英勇的旗手"②。

---

① 鲁迅:《摩罗诗力说》,见《坟》。
② 毛泽东:《新民主主义论》。

二

作为"精神界战士"的鲁迅,在他一生中不仅是敢于斗争,而且是善于斗争。意识形态领域里的斗争同革命的武装斗争一样,其所以能够百战百胜,取得伟大的胜利,决不是偶然的,毛泽东同志曾经说:"为了同敌人作斗争,我们在一个长时间内形成了一个概念,就是说,在战略上我们要藐视一切敌人,在战术上我们要重视一切敌人。"①我们试一分析鲁迅平生伟大的战斗业绩,他在对敌斗争的战略和战术上和毛泽东同志所总结出的对敌斗争经验基本上是一致的。

先就战略来讲,鲁迅对当时社会上的反动势力,是采取藐视态度的。他在第一篇反封建礼教斗争的杰作《狂人日记》里,就曾指出,封建的黑暗势力表面看来似乎它的压力很大,实际这并没有什么了不起。他借狂人的感受,用象征的笔法写道:"陈老五劝我回到屋子里去。屋里面全是黑沉沉的。横梁和椽子都在头上发抖,抖了一会,就大起来,堆在我身上。万分沉重,动弹不得;他的意思是要我死。我晓得他的沉重是假的,便挣扎起来,出了一身汗。可是偏要说,'你们立刻改了,从真心改起!你们要晓得将来是容不得吃人的人'。……"这就充分表现出狂人敢于藐视黑暗势力,它看来气势汹汹,要想置他于死地,但他晓得它的沉重是假的,不但没有被它所压服,而且顽强地坚持同它战斗。

鲁迅这种藐视敌人的战略观点,一直是他同反动势力坚持斗争的思想基础。在 20 世纪 20 年代,关于女师大事件,他勇敢地站在革命青年一边,同当时"炙手可热"的章士钊斗,同依附于北洋军阀的反动文人"现代评论派"斗,在"三一八惨案"发生后,又同反动的北洋军阀政府斗,直到他的名字被列入准备逮捕的黑名单时,才离开北

---

① 毛泽东:《在莫斯科共产党和工人党代表会议上的讲话》。

京,前往厦门。

到了20世纪30年代,鲁迅已成为一个伟大的共产主义战士,他参加了左联领导工作。当时国民党反动派对无产阶级领导的人民革命进行了两种反革命"围剿",而其中的文化"围剿",矛头是针对左联的。一时间,对左翼作家的残酷迫害达到了空前的地步。但鲁迅并没有被敌人的白色恐怖所吓倒,在五位左翼作家被杀害后,他发表了《中国无产阶级革命文学和前驱的血》一文,一面揭露了敌人的残暴,一面指出敌人已经到了四面楚歌的穷途末路。他说:"他们除从帝国主义得来的枪炮和几条走狗之外,已将一无所有了。所有的,只是老老小小——青年不必说——的敌人。而他们这些敌人,便都在我们这一面。"鲁迅根据敌人的倒行逆施与报纸上的报道,用马克思主义理论进行分析,指出敌人已经完全孤立,只要革命的人民坚持战斗,就一定会打败他们。

鲁迅在战略上虽然采取着"横眉冷对"的藐视态度,但在与敌斗争中,却从不掉以轻心,而是非常审慎,这就是毛泽东同志所说的"在战术上我们要重视一切敌人"。他对敌人所采取的战术,在1935年给友人的信中曾有所说明,即"散兵战,壕堑战,持久战"①。如果根据他一生的战斗表现和他对自己战斗经验的总结,大致可以分为三种:(一)富于韧性的持久战;(二)善于隐蔽的壕堑战;(三)伺虚乘隙的突击战。

先就持久战而论,鲁迅从他多年的斗争经验中,深深认识到旧社会旧势力是根深蒂固的,不可能经过一次革命或者一次运动,就能把它彻底地打倒。这种阶级斗争的反复性和长期性,就不能不向革命者提出了对敌斗争必须采取持久战的战术思想。鲁迅是不断地总结历史经验的,根据过去的经验,指导自己以后的战斗道路。即如他对辛亥革命刚过后一段时间的社会情况和袁世凯镇压了二次革命后的

---

① 鲁迅:《致萧军》,见《鲁迅书信集》下卷,第888页。

变化所作的对比中说:"说起民元的事来,那时确是光明得多,当时我也在南京教育部,觉得中国将来很有希望。自然,那时恶劣分子固然也有的,然而他总失败。到二年二次革命失败之后,即渐渐坏下去,坏而又坏,遂成了现在的情形。"①但他接着就又说:"但我总还想对根深蒂固的所谓旧文明,施行袭击,令其动摇,冀于将来有万一之希望。"

另外,在同年所写的《通讯》中说:"看看报纸上的论坛,反改革的空气浓厚透顶了,满车的'祖传'、'老例'、'国粹'等等,都想来堆在道路上,将所有的人家活埋下去。'强聒不舍',也许是一个药方,但据我所见,则有些人们——甚至于竟是青年——的论调,简直和'戊戌'政变时候的反对改革者的论调一模一样。你想二十七年了,还是这样,岂不可怕。……我想,现在的办法,首先还得用那几年以前《新青年》上已经说过的'思想革命'。还是这一句话,虽然未免可悲,但我认为除此没有别的法。"由此可见,鲁迅当时根据历史发展和现实中阶级斗争的情况,充分认识到对于腐朽的旧思想的斗争的艰巨性与长期性。

到了20世纪30年代,当左联成立时,鲁迅在发言里对旧势力的力量作了极其恰当的估计,他在谈到左联今后战斗应注意的问题时,第一条就提出:"对于旧社会和旧势力的斗争,必须坚决持久不断,而且注意实力。"又说:"旧社会的根柢原是非常坚固的,新运动非有更大的力不能动摇它什么。并且旧社会还有它使新势力妥协的好办法,但它自己是决不妥协的。"他列举了过去种种史实来说明这个问题,这充分证明了持久战这一战术乃是鲁迅集数十年斗争的经验而得出的极其宝贵的原则。

鲁迅平生不仅把这项道理教给革命青年,同时自己也正是在这样的实践着。关于前者,他在一次给女高文艺会讲演里,谈到女子解

---

① 鲁迅:《致许广平》,见《两地书》第一集《北京》八。

放,首先须要争取经济权时,就提出要有"韧"的斗争精神,他举天津的青皮为例,说:"青皮固然是不足为法的,而那韧性却大可以佩服。"①这里所谓"韧性",实即持久性的同义语。在1925年他给许广平信中又说:"我记得先前在学校演说时候也曾说过,要治这麻木状态的国度,只有一法,就是'韧',也就是'锲而不舍'。逐渐的做一点,总不肯休,不至于比'踔厉风发无效的'。"②

关于后者,鲁迅对统治中国几千年的传统思想即孔孟之道的批判,就是采取的这种战术。五四时代的小说《狂人日记》,是揭露"礼教吃人"的战斗檄文。接着又在一系列杂文中,如《我的节烈观》、《我们怎样做父亲》等,对儒家的纲常名教强加给弱者的残酷横暴进行了淋漓尽致的抨击。到了20世纪20年代,当北洋军阀政府大肆提倡"尊孔读经"、"整顿学风"的时候,他又发表了《春末闲谈》、《灯下漫笔》、《十四年的读经》等,揭露反动派提倡孔教的险恶用心,给敌人以致命的打击。20世纪30年代日寇同蒋介石,一个要灭掉中国;一个要剿灭人民革命,准备向日寇屈膝投降,于是就不约而同地都打起"尊孔读经"的破旗。鲁迅以极其愤怒的心情,连续在中外刊物上发表了《礼》、《关于中国的王道》和《在现代中国的孔夫子》等,揭穿了敌人尊为"万世师表"的孔丘的画皮,指出他那一套纯粹是为反动统治者来奴役人民服务的,这位"摩登圣人"早已成为统治阶级一向用作企图敲开自己幸福之门的"敲门砖"了。这就狠狠打击了敌人,教育了广大的群众。像这样几十年如一日的反孔斗争,不是他的"持久战"战术的具体表现吗?

鲁迅对现实中的敌人,比较早的像陈西滢,认为他同胡适一样,是帝国主义、北洋军阀走狗集团《现代评论》派的代表人物。由于他向段祺瑞政府卖身投靠,因而为政府的种种反革命罪恶活动,如解散

---

① 鲁迅:《娜拉走后怎样》,见《坟》。
② 鲁迅:《致许广平》,见《两地书》第一集《北京》一二。

女师大,为镇压爱国学生的"三一八惨案"作辩护;但另一方面对当时革命者鲁迅,则竭力进行造谣、诬蔑、诋毁、中伤,达到了无所不用其极的地步。即如女师大事件,由于鲁迅站在被迫害的青年一边,他就造谣说女师大的学潮,是某籍某系挑起的,鲁迅当即给以反击,发表了《并非闲话》、《我的籍和系》等。其次,由于鲁迅在文坛上的威望,他觉得是打不倒的,于是就诬蔑鲁迅的《中国小说史略》是抄袭日人盐谷温的。鲁迅又发表了《不是信》,给以迎头痛击。最后他们在"黔驴技穷"的时候,在《致志摩》中指出"鲁迅即教育部签事周树人",这一次告密,可真达到了他的阴险目的了,其结果,鲁迅被反动派列入到准备逮捕的黑名单中①,鲁迅就不得不离开北京奔向厦门。

但鲁迅对陈西滢并未从此停止战斗,遇到机会总要给以痛击。例如在1927年北伐以后,陈西滢跑到了上海。这时他同胡适一伙,开办了新月书店,想利用鲁迅的声望,来推销他的臭名昭著的《西滢闲话》,于是大登其广告,称鲁迅为"语丝派的首领",并说:"所仗大义,他的战略,读过《华盖集》的人,想必已经认识了。"从而让读者来读鲁迅的对手的《西滢闲话》。鲁迅立即发表了《辞大义》,又狠狠地给他一枪。到了20世纪30年代,鲁迅在谈到叭儿狗文人向他们的主人告密时,就首先举出了陈西滢②。另外,对于陈西滢关于《中国小说史略》写作上的造谣,当时的日人增田涉把这部书译成日文出版后,鲁迅在《且介亭杂文二集后记》中,又提到了他,说:"现在盐谷温教授的书早有中译,我的也有了日译,两国读者,有目共见,有谁指出我的'剽窃'来呢?呜呼!'男盗女娼',是人间大可耻事,我负了十年'剽窃'的罪名,现在总算可以卸下,并且将'谎狗'的旗子,回敬自称'正人君子'的陈源教授。倘他无法洗刷,就只好插着生活,一直带进坟墓里去了。"这一来,真可说把陈西滢的名字,永远钉在历史的耻

---

① 鲁迅:《大衍发微》,见《而已集》。
② 鲁迅:《伪自由书前记》。

辱柱上了。

鲁迅不只对陈西滢,即对其他的阶级敌人,也都是这样从不宽恕,总是穷追猛打,直至把他们打垮而后已,他曾驳斥别人批评他的文字"太不留情面"的错误看法,他说:"不过'太不留情面'的批评,是绝对不足为训的。如果已经开始笔战了,为什么要留情面?留情面是中国文人最大的毛病。他以为自己笔下留情,将来失败了,敌人也许会留情面。殊不知那时他是决不留情面的。"①这真是非常深刻而又精辟的见解,也是对"适可而止"、"不为已甚"的"中庸之道"的儒家思想的有力批判。

其次是"壕堑战"的战术。鲁迅给许广平的信中说:"对于社会的战斗,我是并不挺身而出的,我不劝别人牺牲什么之类者就为此。欧战的时候,最重'壕堑战',战士伏在壕中,有时吸烟,也唱歌,打纸牌,喝酒,也在壕内开美术展览会,但有时忽向敌人开他几枪。中国多暗箭,挺身而出的勇士容易丧命,这种战法是必要的罢。但恐怕也有时会遭到非短兵相接不可的,这时没有法子,就短兵相接。"②鲁迅这个主张,也是总结了许多血的教训而得出来的,在"三一八惨案"段祺瑞枪杀了47名徒手请愿的学生后,鲁迅在《空谈》中说:"改革自然常不免于流血,但流血非即等于改革。血的应用,正如金钱一般,吝啬固然是不行的,浪费也大大的失算。我对于这回的牺牲者,非常觉得哀伤。"接着他引了《三国演义》中的故事,"许褚赤体上阵,也就很中了好几箭。而金圣叹还笑他道:'谁叫你赤膊。'至于现在似的发明了许多火器的时代,交兵就都用壕堑战。这并非吝惜生命,乃是不肯虚掷生命,因为战士的生命是宝贵的。在战士不多的地方,这生命就愈宝贵。所谓宝贵者,并非'珍藏于家',乃是要以小本钱换得极大的利息,至少,也须买卖相当。以血的洪流淹死一个敌人,以同胞的尸

---

① 鲁迅:《致肖军肖红》,见《鲁迅书信集》下卷页716。
② 鲁迅:《致许广平》,见《两地书》第一集《北京》二。

体填满一个缺陷,已经是陈腐的话了。从最新的战术的眼光看起来,这是多么大的损失。"这对壕堑战的战术的意义,阐发得多么详尽而深刻。

鲁迅在给许广平的另一信中,也谈到这个战术问题,并批判了孔丘的荒谬主张对他弟子们的毒害。他的弟子子路相信了他的胡诌,在一次与敌人进行白刃战时,说什么"吾闻君子死,冠不免"。结果,在只顾结缨的时候,被敌人杀死了。鲁迅说,他"实在是上了仲尼先生的当了。仲尼先生自己'厄于陈蔡',却并不饿死,看他多么滑头。至于子路如果不信他的胡说,披头散发的战起来,也许不至于死的"。最后说:"但这种散发的战法,也就是属于我所谓壕堑战的。"①毛泽东同志说:"保存自己,消灭敌人的原则,是一切军事原则的根据。"②"壕堑战"的战术,是完全符合于这种军事原则的。

鲁迅当时对走狗文人"现代评论派"进行斗争,该派中的高一涵就不指名地攻击鲁迅,说他不敢骂军阀:"专将法宝在无枪阶级的头上祭,那么骂人诚然是骂人,却是高傲也难于其为高傲罢。"③鲁迅对这种用心险恶的话,立即给以反击,他说:"君子之徒曰,你何以不骂杀人不眨眼的军阀呢? 斯亦卑怯也已。但我是不想上这些诱杀手段的当的。木皮道人说得好,'几年家软刀割头不觉死',我就要专指斥那些自称无枪阶级,而其实是拿着软刀子的妖魔。即如上面所引的君子之徒的话,也就是一把软刀子。假如遭了笔祸了,你以为他就尊他为烈士了么? 不,那时另有一番风凉话。倘不信,可看他们怎样评论那死于'三一八惨案'的青年。"④作为精神界的战士,就是要同这些有枪阶级的走狗——自称为无枪阶级的反动文人进行战斗,剥掉他们的伪装,露出他们狰狞的真面目。所以鲁迅称他们为"拿着软刀

---

① 鲁迅:《致许广平》,见《两地书》第一集《北京》四。
② 毛泽东:《抗日游击战争的战略问题》。
③ 《现代评论》四卷三九期涵庐《闲闲》。
④ 鲁迅:《坟的题记》。

子的妖魔"。但是这些家伙们却想用诱杀的办法,激将的手段,但这一套,鲁迅一眼就看穿了,立即给以揭露,这种战斗正是用的"壕堑战"的战术。

其次,这种战术也是来源于斗争的长期性,因为在意识形态领域里的斗争,不像一般军事上的战斗,可以速战速决,而是要持续很长的时间,特别在战士比较少的国度,尤须要采取隐蔽的战斗。因此鲁迅在20世纪30年代极端反对左倾冒险主义,据周建人的回忆,一次左倾机会主义路线的代表人物为了组织这一错误斗争,亲自找鲁迅谈话,要鲁迅发表符合于他们需要的文章,为其左倾路线出力。他对鲁迅说:"你是教育文化界很有名望的人,写一篇文章痛骂一下国民党反动派,是会起很大作用的。"鲁迅的回答是:"写一篇文章是很容易的,但是我在这与反革命斗争的要地就站不住了。"但是这位代表人物仍不死心,还坚持说:"黄浦江里有外国船,你就上船到外国去嘛。"这明明是为鲁迅准备了一条逃跑的路。鲁迅气愤的说:"叫我离开这个地方,就写不出文章了,也无法参加这场战争了。"这时那人才无可奈何的说:"那随你的便吧。"①

在20世纪30年代初,当王明左倾机会主义路线正在当政,使中国无产阶级革命事业,遭受到不可估量的巨大损失的时候,鲁迅当时是坚决地抵制了这种错误路线的,所以在上海敌人的白色恐怖下,才能够坚持战斗,给人民革命事业作出了伟大的贡献。

鲁迅虽然主张壕堑战,但正如他所说的"也有时会遇到非短兵相接不可的,这时候没有法子,就短兵相接"。在1930年,鲁迅参加了"自由运动大同盟",接着压迫就来了,首先是国民党的浙江省党部发起呈请南京国民党政府"通缉堕落文人鲁迅",理由是他组织了"中国自由运动大同盟"。这时有人就劝鲁迅发表声明,退出该组织。可是鲁迅却坚决地说:"我用硬功夫对付,决不声明。"……1933年,鲁

---

① 周建人:《回忆鲁迅在上海的几件事》。

迅又参加了"中国民权保障大同盟",并任执行委员。可是不久,国民党特务就暗杀了该同盟的执行委员兼秘书长杨杏佛,鲁迅的名也已列入暗杀的黑名单。但当给杨杏佛开追悼会时,有人劝鲁迅不要参加,但鲁迅却毫不犹疑地去参加了,并且出门不带钥匙,以示临危不惧的决心,这都说明鲁迅在战斗上根据客观情况,从革命的当前与长远的利益出发,而灵活机动地运用战略与战术,所以能百战百胜,永远立于不败之地。

第三是突击战。鲁迅在《辱骂和恐吓决不是战斗》中说:"况且即是笔战,就也如别的兵战或拳斗一样,不妨伺隙乘虚,以一击制敌人的死命。"在中国历来的文坛上,每一次斗争,就常常出现诬陷、造谣、恐吓、辱骂,种种近于卑下的战法,事实证明,凡是用这种战术的,真理都不在他们手里,如果不是这样,那就是由于无能。鲁迅是非常反对这种战法的,他认为"战斗的作者应该注重于'论争';倘在诗人,则因为情不可遏而愤怒,而笑骂,自然也无不可。但必须止于嘲笑,止于热骂,而且要'喜笑怒骂,皆成文章',使敌人因此受伤或致死,而自己并无卑劣的行为,观者也不以为污秽,这才是战斗的作者的本领。"

这里所说的"热骂"、"怒骂"同"辱骂"虽同是"骂"但却有很大的区别。前者如"走狗""叭儿""瘪三"以及如"谬种""妖孽"之类,看来都是"骂语",但这些都是比拟,如果被骂的对象确实是这样,那就是对敌人真相的有力揭露,正如鲁迅说的,"现在的批评家对于骂字也用得非常之模糊,由我说起来,倘说良家女子是婊子,这是骂,说婊子是婊子,就不是骂。我指明有些人的本相,或是婊子,或是叭儿,他们却真的是婊子或叭儿,所以也决不是骂。但论者却一概谓之骂,岂不哀哉。"①至于"辱骂",乃是属于市井无赖的"骂街",就像鲁迅所说的"一言不合,便祖宗三代骂得不可开交",这一方面显示了自己

---

① 鲁迅:《致肖军肖红》,见《鲁迅书信集》下卷页716。

的卑劣,而且令读者感到污秽,不堪卒读。

革命者是要改造不合理的黑暗现实的,是要求前进,反对倒退的,是代表广大人民利益的,因之真理是在自己手里,尽管反动派貌似强大,表现出气势汹汹的样子,但他代表的是腐朽的行将灭亡的阶级,因而他们总是要呈现出弱点或缺点的。革命者要善于观察分析,伺隙乘虚,给以制命的一击,就会收到打击敌人消灭敌人的战果。鲁迅平生对敌斗争,是经常采用这种战术的。

即如在二十年代初期,五四革命高潮刚过,复古主义就开始反扑,最初是"学衡派",他们攻击新文学,提倡古文学,反对文化革命,一时间搞得乌烟瘴气。有些革命派对他们的谬论,就进行驳斥,正如鲁迅说的:"即历举对手之语,从头至尾逐一驳去,虽然犀利,却不沉重,且罕有对'论敌'之要害仅以一击给与致命的重伤者。总之是只有小毒,而无巨毒"①。所以鲁迅要采取以一击制敌人于死命的突击战术,他把《学衡》创刊号的文字全部加以分析,不从理论上进行辩驳,因为这种道理在五四时代不知讲了多少遍了,所以只对有问题的文章,从内容到形式所暴露出来的不通的句子,甚至连起码的常识都缺乏的地方,给以揭露与抨击。最后鲁迅以极其轻蔑的口吻道:"衡了一顿,只衡出自己的铢两来,于新文化无伤,于国粹也差得远。"这样就无异宣判了它的死刑②。

稍后,对提倡复古主义的"甲寅派"头子章士钊,鲁迅也同样是用的这样的战术,不和他在理论上进行纠缠,而是揭露章士钊文章中用词谬误,如把《庄子》中的"每下愈况"一词,用作"每况愈下"以及对古人诗词的误解,把《梁甫吟》里的"二桃杀三士"的"士",本应解作"武士"的,而解作"读书人"。这就暴露了章士钊学识的浅陋,出了

---

① 鲁迅:《致许广平》(见《两地书》第一集北京一○)。
② 鲁迅:《估学衡》(见《热风》)。

他的丑,露出了麒麟皮下的马脚①。

在三十年代,鲁迅对"新月派"中的"骁将"梁实秋的攻击无产阶级文学,先是从理论上给以反击,一面批判了资产阶级虚伪的"人性论",同时也大力阐发了无产阶级的"阶级论",这就是轰动文坛的名作《硬译与文学阶级性》,接着对梁实秋的反扑,又发表了《丧家的资本家的乏走狗》。鲁迅根据梁的自我辩解的文章,像用解剖刀一样,层层深入,终抵腠理。首先征引他文中的重要段落,指出"这正是资本家走狗的活写真",其次,又根据梁所说的"我还不知道我的主子是谁",鲁迅说:"为确当计,还得添个字,称为'丧家的'资本家的走狗。"最后又说,这只狗当他在理论上不能驳倒对方时,不得不乞灵于造谣和诬陷,"以济其'文艺批评'之穷,所以从'文学批评'方面看来,还得在'走狗'之上,加上一个形容词:'乏'。"这真可以说是"以一击制敌人的死命。"梁实秋从此消声匿迹,再也不敢狺狺狂吠了。

在反映东北人民抗日游击战争的小说《八月的乡村》问题上,由于鲁迅给它作序,在序里指出这部书"却于心的征服有碍",预言它"当然不容于满洲帝国,但我看也因此当然不容于中华民国"。后来果然不出鲁迅所料,虽然它没有马上遭到国民党的查禁,但却遭到披着左翼作家外衣的狄克的批判。他巧妙地借"我们要执行自我批判"之名,一面否定这部书的战斗意义,指责里面有些不真实;一面给鲁迅加上个"把一个良好的作者送进坟墓去"的罪名。而这篇黑文恰恰发表在经常造谣中伤鲁迅,而为国民党特务崔万秋主编的《大晚报》上。鲁迅一眼就看穿了这篇黑文的矛头所向,于是立即给以反击,发表了《三月的租界》。一面揭露狄克自己住在租界里,却攻击这部书内容不真实的险恶用心。同时明确地指出"还有'我们'和'他们'的文坛上,一味自责以显其'正确'或公平,那其实是在向'他们献媚'或替'他们'缴械。"这真是一语破的,把这个披着左翼作家外衣的国民党特务的鬼蜮伎俩,彻底给揭穿了。无怪乎张春桥后来对此讳莫

---

① 鲁迅:《上海文艺之一瞥》(见《二心集》)。

如深,甚至在六十年代,当他掌握了上海党政大权之后,对了解"狄克"是他的化名的同志进行残酷的迫害了。

另外当时上海滩上近似张春桥的一批无耻文人,像"革命小贩"杨邨人,"捐班诗人"邵洵美,帮闲而又凶恶的文人章克标,文化特务王平陵,无不一一使他们现出原形。

三

鲁迅平生对敌斗争中所以能够获得这样的伟大战果,研索起来首先是由于他像孙武《兵法》中所说的:"知彼知己,百战不殆。"他说:"我以为在了解革命和敌人上,倒是必须更多的去解剖当面的敌人的。写文学作品也一样,不但应该知道革命的实际,必须深知敌人的情形,现在的各方面的情况,再去断定革命的前途。惟有明白旧的,看到新的,了解过去,推断将来,我们的文学发展才有希望。这就说明'伺隙乘虚以一击制敌人之死命',并不是那么容易,必须参加到革命中去,了解革命实际,不仅深知敌人的情形。并且还得了解当前各方面的状况。"

其次鲁迅在战斗中,真是竭尽全力在与敌人相周旋,决不像有些人所说的是"闲暇,闲暇,第三个闲暇"。他在一九三〇年与章廷谦书中说:"半生以来所负的全是挨骂的命运,一切听之而已。即使反将残剩的自由失去,也天下之常事也。……我常常当冲,至今没有打倒,也可以说每一战斗,在表面上大抵是胜利的。然而老兄,老实说罢,我实在很吃力,笔和舌没有停时,想休息一下也做不到,恐怕要算是很苦的了。"[①]从这里可以看到鲁迅当时的战斗情况,是多么的艰巨。

以上这三种战术,决不是孤立,而是彼此互相联系的。鲁迅从中

---

① 见《鲁迅书信集》上卷页24。

国革命的发展和自己的实践中,深深认识到革命的长期性与曲折性,因而提出了持久战,也就是韧性战的战术。他很清楚自己不一定能看到革命的胜利,也就是他所说的"夜正长,路也正长"①。但他总是期望于将来,而坚定地相信革命一定会胜利。因此他不仅个人运用这种战术进行战斗,并且还拿它来教给革命青年。

既然革命是长期的,为了让革命者在敌人暂时还处于优势的情况下继续战斗下去,就必须采取壕堑战的战术。根据具体情况,随时地隐蔽自己。鲁迅在北京和上海,在遭受敌人压迫时,暂时的躲避,以及在文章中采用隐晦曲折的写法,并且不断地变换笔名,都属于这种战术。

至于突击战,乃是处在壕堑之中,时时侦察敌情,分析敌情,看清敌人的弱点。也就是敌人的"隙"同"虚",及时抛出像匕首一样的杂文,就可以一击命中,制敌人于死命。

所以这三种战术可以统名之曰,克敌致胜的战术。但它们都是从"重视敌人"这一"战术"思想出发的,而同时又是辩证的为"轻视敌人"这一"战略"思想服务的。持久战是就自己的勇敢坚定,百折不挠的革命精神说的;壕堑战,是就战斗时如何进行防御,保全自己说的;而突击战,则是就如何进行战斗准备,直到迅速地达到消灭敌人的目的说的,三者互相联系,而又互相配合。没有持久战的战斗精神,就不可能从事壕堑战,没有壕堑战,也就很难经常地收到"伺隙乘虚"以一击制敌之死命的战果。而这都是鲁迅一生在战斗中总结出的最可宝贵的革命经验,是无产阶级战士所应当继承的精神财富。

鲁迅对敌斗争的战略和战术,在今天仍是值得我们学习的。当然情况不同,就不能硬搬,即如壕堑战,现在就没有必要了。早在四十年代,毛泽东同志说过:"但在给革命文艺家以充分民主自由,仅仅不给反革命分子以民主自由的陕甘宁边区和敌后的各抗日根据地,

---

① 鲁迅:《为了忘却的纪念》(见《南腔北调集》)。

杂文的形式就不应该简单的和鲁迅一样,我们可以大声疾呼,而不要隐晦曲折,使人民不易看懂。"①至于另外的两种战术,还是可以继承并发扬的。即如为更好地贯彻党中央的方针政策,肃清"左"的、右的和其他错误思想的影响,对每一个革命者,都应当对之抱着持久战决心,长期的战斗下去。至于伺虚乘隙的突击战,就在对各种错误和流毒,进行深入分析,抓着要害,给以实事求是地批判,这样才能收到摧陷廓清之功。

1978 年 3 月改定

---

① 毛泽东:《在延安文艺座谈会上的讲话》。

略谈鲁迅杂文的艺术特色

　　毛泽东同志对鲁迅杂文,早就作了非常正确而又高度的评价:"鲁迅后期的杂文最深刻有力,并没有片面性。"①鲁迅一生,在写作上用力最勤劬,产量最丰富,而遭受"围剿"的次数也最多的就是杂文。他把杂文作为"打击敌人,教育人民"最得力的武器,比之为"感应的神经","攻守的手足"②,又认为杂文"必须是匕首,是投枪,能和读者一同杀出一条生存的血路的东西"③。

　　鲁迅一开始踏上文坛,就运用杂文这一锐利武器进行战斗。从他最初参加旧民主主义革命时起,就发表了《文化偏至论》、《破恶声论》等具有强烈的战斗性的批判时弊的作品。后来他见过辛亥革命,二次革命,袁世凯称帝,张勋复辟,使他深切感到中国旧社会反动势力的强大,凡有改革之所以每每遭到失败,原因由于在长期封建阶级意识形态的毒害下,人民群众的不觉悟。当他从历次革命斗争中总结了经验教训后,使他又认识到意识形态领域里的革命,必须坚决持久不断的战斗下去才行④。他很早就发现了中国旧社会的腐败,和

---

① 　毛泽东:《在中国共产党全国宣传工作会议上的讲话》。
② 　鲁迅:《且介亭杂文序言》。
③ 　鲁迅:《小品文的危机》。
④ 　鲁迅:《通讯》,《对左翼作家联盟的意见》。

上层社会那些剥削阶级的虚伪性。他们高唱着"仁义道德"的口号,而干的却是吃人肉、喝人血的残酷野蛮勾当①。但是广大人民和一些老实人还蒙在鼓里,未能识破他们的画皮。所以鲁迅就毅然决然地担当起了揭露旧世界的伟大的革命任务。他一面指出旧社会的脓疮,同时并对所以形成这种脓疮的根源,旧的思想意识、风俗习惯,以及社会制度,也进行了分析与猛烈的抨击;对所谓上层统治者,以及依附于他们的走狗文人,更是彻底撕破其伪装,露出其本相。特别是一九二七年鲁迅成为一个共产主义者以后,就更加焕发出青春的活力,向着帝国主义、国民党反动派,以及各色各样的洋奴、买办、帮闲、帮凶们,发起了一次又一次的猛攻。当时形形色色的阶级敌人,结成了一个反革命神圣同盟,对无产阶级文化革命进行"围剿",同时也对鲁迅个人进行"围剿"。但鲁迅在白色恐怖的压力下,丝毫不气馁、不退缩,而是用他那匕首和投枪一样的杂文,沉着应战,终于杀得敌人落花流水,纷纷溃败,为中国共产党和毛泽东同志所领导的人民革命事业,立下了不朽的功勋。所以毛泽东同志称赞他是中国五四以来"文化新军的最伟大和最英勇的旗手","在文化战线上,代表全民族的大多数,向着敌人冲锋陷阵的最正确、最勇敢、最坚决、最忠实、最热忱的空前的民族英雄。鲁迅的方向,就是中华民族新文化的方向。"②

鲁迅杂文,从它的内容与形式来看是完全可以称之为"诗史"③的。所以称为"诗史"的意思,是说它像诗歌一样,能够把时代的精神面貌,生动具体真实地反映出来。因而它和一般时事述评的文章是迥然不同的。至于它的艺术特色,概括起来有以下几个方面。

一、对比。毛泽东同志说过:"真的、善的、美的东西总是同假的、

---

① 鲁迅:《狂人日记》,《灯下漫笔》。
② 毛泽东:《新民主主义论》。
③ 《唐书》,《杜甫传》"甫善陈时事,剀切精深,至千言不衰,世号'诗史'"。

恶的、丑的东西相比较而存在,相斗争而发展的。"①又说"有比较才能鉴别。有鉴别,有斗争,才能发展。"②鲁迅对现实的观察,特别在后期,就是善于采用比较的方法。不仅从比较中分析客观事物的本质,以及对立面的斗争与发展,同时还用比较的方法给以说明和阐发。正如毛泽东同志评论他的后期杂文时说的,"这时候他学会了辩证法"③。同时又由于他熟悉中外的历史,又能紧密地结合现实来分析比较,发现其规律,因而对当时现实的揭发批判,就非常深刻而有力。

鲁迅在《"中国文坛的悲观"》、《流氓的变迁》等文章中,用的是古今对比的方法。在《"中国文坛的悲观"》一文中,鲁迅不同意有些人对文坛的混乱,抱着悲观的看法。他从中国文学史上举出:"清朝的章实斋和袁子才,李莼客和赵㧑叔,就如水火之不可调和;再近些,则有《民报》和《新民丛报》之争,《新青年》派和某某派之争,也都非常猛烈。"就在欧洲文学史上,也有同样例证。从而说明"无论中外古今,文坛上是总归有些混乱","但也总归有许多所谓文人和文章也者一定灭亡,只有配存在者终于存在,以证明文坛也总归还是干净的处所"。而这也就是一条文学史发展的规律,只有代表进步的才能存在,而反动的则总归要灭亡。五四时期攻击文化革命的作品像林琴南的《荆生》与《妖梦》,为时不久已经被人遗忘,而三十年代那些反动文人们的东西,不都早已化为烟埃了吗?要把他们同鲁迅比起来,真可谓"尔曹身与名俱灭,不废江河万古流"了④。

三十年代当国民党反动派对革命人民进行"围剿"的时候,基于国内外阶级斗争的形势,鲁迅的杂文经常用中外对比的方法,如《华德保粹优劣论》与《华德焚书异同论》就是很好的例子。在后一篇中,鲁迅把希特勒先生们与秦始皇进行对比,指出他们不但没有秦始

---

① 毛泽东:《关于正确处理人民内部矛盾的问题》。
②③ 毛泽东:《在中国共产党全国宣传工作会议上的讲话》。
④ 杜甫:《戏为六绝句》。

皇的比较进步的思想,而且秦始皇的车同轨书同文……之类的大业他们一点也作不到。最后从秦始皇的二世而亡,论到国社党在奥国的被禁止,说明他们的前途也并不美妙。鲁迅在这篇文章的末尾道:"这真是一个大讽刺。刺的是谁,不问也罢,但可见讽刺也还不是'梦呓',质之黄脸干儿们,不知以为何如?"这对中国的法西斯匪徒们是一个揭露,同时也是一个警告。

另外鲁迅杂文中还好用同类对比或异类相比的方法。在《偶成》中谈到上海的名公提出了整顿茶馆的方案,其结果茶馆主人遭殃,生意清淡了。鲁迅把这种不受群众欢迎的措施,比之于他家乡过去的一个戏班群玉班,由于群众不愿看,于是就编了一支歌加以嘲讽。鲁迅说:"看客的取舍,是没法强制的,他若不要看,连拖也无益。"从这里就联系到国民党官方所办的刊物,"即如有几种刊物,有钱有势,本可以风行天下的了,然而不但看客有限,连投稿也寥寥,总要隔两月才出一本"。这就是用同类对比给以深刻讽刺的。

在《答托洛斯基派的信》、《重三感旧》两文,都用的是异类相比的方法。特别是前一篇,把对比贯穿了全篇。托派的祖宗是托洛斯基,所以他们拼命攻击史太林。另外他们在中国又是日寇的奸细,同国民党反动派的走狗,所以当中国受到日寇侵略,在危急存亡的关头,他们又拼命攻击毛泽东同志抗日民族统一战线的英明决策。鲁迅在答复他们的信中,把史太林与托洛斯基作了对比。一个是领导了俄国,在世界上任何方面都得到了成功;一个是被逐、飘泊、潦倒以致"不得不"用敌人的金钱。鲁迅接着指出"事实胜于雄辩",客观现实的对比,对于托洛斯基来说是一个如此无情面的讽刺。

下边接着又把毛泽东同志的抗日民族统一战线,与他们的反动主张作对比。鲁迅说:"一是在天上,一是在地下",托派的"理论"看起来是极高超的,但这恰恰为日本侵略者所欢迎,所以仍不免要从天上掉下来,掉到地上最不干净的地方去。至于毛泽东同志的革命路线在文中没有明说,但既为托派所反对,就必然会得到中国人民大众的欢迎,已是不言而喻的了。从这样的对比下,很自然的会得出这样的结论,即:"但我,即使怎样不行,自觉和你们总是相离很远的罢。那切切实实,足踏在地上,为着现在中国人的生存而流血奋斗者,我得引为同志,是自以为光荣的。"这又是从二者的对比中,表明了自己的爱与憎,拥护与反对的。

二、类型。鲁迅在《伪自由书前记》中说:"然而我的坏处,是在论时事不留面子,砭锢弊常取类型。"鲁迅在小说中塑造了一些旧社会的典型人物,像阿Q、孔乙己、四铭等。但在杂文中,则采用了写类型的方法。二者对现实生活虽然都要进行观察分析与概括集中,但小说必须写典型人物,而杂文只能采取写类型的方法。至于二者的区别,从人物来讲,即在于前者除代表社会上某一阶级某一群人的共性之外,还须要有这个人物的个性,也就是恩格斯所说的"每个人是典型,然而同时又是明确的个性,正如黑格尔老人所说的'这一个'"①。而后者则是概括出社会上某阶级某群人的共性,然后从客观事物中找出与之相似的东西,作为比拟。

即如"落水狗",鲁迅把它比作被打倒的反动派。主张即令已经落水,还必须痛打之。原因是狗的本性是不会变的,一旦爬上岸来还要咬人②。

又如"叭儿狗",鲁迅在同一篇文章中对它的本质曾给以极其形象的刻画,把具有叭儿性的人的特点,作了分析概括与集中。说它"虽然是狗,又很象猫"。意即它一面为了效忠主子,对不利于主子的人要狂吠。另一面又表现出奴颜与媚态,来讨主子的欢心。其次是"悠悠然摆出别个无不偏激,惟独自己得了'中庸之道'似的脸来",正因为这样才博得统治阶级大人老爷们的爱宠。由于这种无情面的揭露,所以那些具有叭儿性的文人如陈西滢、王平陵之流,对鲁迅就恨之入骨。

---

① 恩格斯:《给明娜考茨基的信》。
② 鲁迅:《论费厄泼赖应该缓行》。

再一种就是"二丑",一般叫做二花脸。鲁迅从舞台上的脚色中找到这类人,作为当时某些文人类型的形象。说他们一面倚靠权门来作威作福,而另一面又装出和他们的主子并非一伙,其手法就是在舞台上往往一面在帮主子行凶作恶,一面还要"向台下的看客指出他公子的缺点,摇着头装起鬼脸道:'你看这家伙,这回可要倒霉哩'!"鲁迅从三十年代属于这类人物所办的刊物中,就发现了与舞台上二丑所玩的同样花招,也就是"二丑艺术"。赤裸裸地揭露出"论语派"那副清客帮闲的嘴脸来。

另外还有所谓"流尸""才子""流氓""革命奸商""革命小贩"等等类型,鲁迅对之都有着极深刻的分析。

至于"现代评论派"的陈西滢之流,可以说是一种最典型的类型,像三十年代那班叭儿文人,同他们都是"一丘之貉"。

先就陈西滢之流的特点来看。首先是他们为了要结党营私,所以就互相标榜。徐志摩和陈西滢互相吹捧的文章,真是令人肉麻。鲁迅在《无花的蔷薇》里一一加以揭露,显示出他们丑恶的灵魂。其次是拍马,当章士钊身任总长,炙手可热的时候,陈西滢对他恭维备至;最突出的是章士钊在一篇文章中,说到他藏书遭到革命群众的破坏时,他就随声附和,一面夸张章的藏书之富,一面又大叫"真是可惜!"①三是制造谣言,诬陷对方。陈等实是段祺瑞、章士钊的走狗。当女师大进步学生反对反动校长杨荫榆时,他们就诬蔑主持正义的教师鲁迅等人,在暗中鼓动、挑剔风潮。四是告密,陈的同伙唐有壬诬陷"语丝社"揭露"现代评论"被收买的消息是源于莫斯科。而陈在《致志摩》中,公然指出"鲁迅即教育部签事周树人"。其结果北洋军阀政府终于把鲁迅列入准备逮捕的黑名单中②。

总结以上各点,我们再看看三十年代那班叭儿文人,完全袭用了

---

① 鲁迅:《杂管闲事做学问灰色等》注,见《鲁迅全集》卷三。
② 鲁迅:《大衍发微》。

陈西滢等的故技,对革命者进行迫害,对鲁迅进行"围剿"。利用刊物同小报,经常化名,不是同伙互相吹捧,就是自己千方百计吹嘘自己,再次就是对异己者造谣诬陷。而鲁迅是他们共同攻击的目标,即如张资平、曾今可、杨邨人等,他们的伎俩,鲁迅在《伪自由书后记》中给以全部的揭露。

从以上所列举的这几种人看,尽管他们的时期不同,旗号不同,但他们的阶级本质是完全相同的。他们都是资产阶级的利己主义者,为了达到自己不可告人的目的,于是就搞那套见不得阳光的鬼把戏。所以像陈西滢之流的名字,可以作为类型的典型,其原因就在这里。

通过上边的分析,鲁迅杂文中的类型是多种多样,像"落水狗""叭儿狗""二丑"等等。至于这些称号所以能够制对方于死命的原因,鲁迅曾经给以说明。他说:"尤其要紧的是给与一个名称,像一般的'诨名'一样。因为读者大众的对于某一作者,是未必和'批评'或'批判'者同仇敌忾的,一篇文章,纵使题目用头号字印成,他们也不大起劲,现在制出一个简括的诨名,就可以比较的不容易忘记了。……果戈里夸俄国人之善于给别人起名号——或者也是自夸——说是名号一出,就是你跑到天涯海角,它也要跟着你走,怎么摆也摆不脱。"①

三、讽刺。鲁迅杂文的另一个特点,就是讽刺,鲁迅有着极其深刻的论述。概括起来有这三点:(一)所写的事情是公然的,也是常见的,平时是谁都不以为奇的,而且自然是谁都毫不注意的,不过这事情在那时却已经是不合理,可笑,可鄙,甚而至于可恶。但这么行下来了,习惯了,虽在大庭广众之间,谁也不觉得奇怪;现在给它特别一提,就动人②。即如旧社会文人的互相吹捧,在当时是"司空见惯",

---

① 鲁迅:《五论"文人相轻"——明术》。
② 鲁迅:《什么是"讽刺?"》。

谁都不以为怪的。可是鲁迅在《无花的蔷薇》里把陈西滢、徐志摩两人互相颂扬的文字加以摘录,摆到一起,让人一看就有点作呕。(二)讽刺的生命是真实,而讽刺作品大抵是写实,非写实决不能成为所谓讽刺①。鲁迅曾举洋服青年拜佛,道学先生发怒作为例子来说明。这就揭出虚伪,显出矛盾来。洋服青年往往是高谈科学的,但忽然拜起佛来。道学先生总是好谈"养性之道"的,但忽然发起怒来,从这里就把他们一向骗人的假面具给撕破了。(三)讽刺与暴露,是对同一内容的文章的两种看法。从被讽刺的阶级的人看来认为是讽刺,但在被讽刺的阶级的敌对的人看来,会觉得暴露更多于讽刺②。鲁迅自认为他是一个讽刺者,而他所讽刺的对象,乃是当时的反动统治阶级,特别是那班依附于统治者的走狗文人。因此,他就被诬蔑为"刻毒"、"可恶"、"学匪"、"绍兴师爷",等,想用他们的讽刺来刺死他。但正如鲁迅所说的:"他所讽刺的是社会,社会不变,这讽刺就跟着存在,而你所刺的是他个人,他的讽刺倘存在,你的讽刺就落空了。"③

四、形象。这是文艺的特征之一。作者在作品中通过形象的刻画,展示出社会人物与生活的画面,给读者以鲜明的印象和深刻的感受。鲁迅杂文之所以富于感染力,就因为他把自己深广的忧愤与革命的思想,都用艺术笔墨具体而形象的表现出来的缘故。

鲁迅杂文中的形象刻画,从总的来说,凡是篇中对现实社会具有针对性的,无不给读者以鲜明的印象。可是在杂文集出版时,鲁迅常常又加上个"后记",这样,就使篇中所刻画的形象更加完整。他说:"我的杂文,所写的常是一鼻,一嘴,一毛,但合起来,已几乎是或一形象的全体,不加什么原也过得去的了。但画上一条尾巴,却见得更加

---

① 鲁迅:《论讽刺》。
② 鲁迅:《什么是"讽刺?"》。
③ 鲁迅:《从讽刺到幽默》。

完全。……更成为完全的一个具象,却不是'完全为一条尾巴'。"①因此上边所举类型的概括,从表现方法来说同样是形象的表现法。所以,就总体形象的刻画说,这里就不再谈。下边仅就鲁迅杂文中关于抒情、叙事、论人、论事几方面是怎样运用形象这一表现手法的,略作说明。

鲁迅杂文一般都具有抒情成分,特别是属于记念性的文章,如《记念刘和珍君》、《为了忘却的记念》等,虽是散文,但无异是异常动人的抒情诗。他以极端真挚的感情,抒发自己无限的悲愤,因而引起读者深刻的共鸣。特别是后一篇里的最后一段中,像"不是年青的为年老的写记念,而在这三十年中,却使我目睹许多青年的血层层淤积起来,将我埋得不能呼吸,我只能用这样的笔墨,写几句文章,算是从泥土中挖一个小孔,自己延口残喘,这是怎样的世界呢"。这些话把中国从辛亥革命前,直到左联五烈士的被杀害,历次阶级斗争的残酷性,与当时白色恐怖所造成的令人窒息的情况,以及自己无限沉痛与悲愤的情绪,都极其形象地表现出来了。

《秋夜纪游》是一篇散文诗,写一个秋天的晚上,他在马路上漫游,听到叭儿狗的叫声,他说:"他很不爱听这一种叫",于是把手里拿着的一粒石子,举手一掷,正中了它的鼻梁,呜的一声它不见了。最后叫呢还是有的,然而更加躲躲闪闪了。这就非常生动形象地反映了作者与叭儿文人斗争的情况。

鲁迅在杂文中论人时,也常常运用形象的比方。即如《忆刘半农君》,谈到五四时参与编辑《新青年》的几个人时,他说:"其时最惹我注意的是陈独秀和胡适之。假如将韬略比作一间仓库罢,独秀先生的是外面竖一面大旗,大书道:'内皆武器,来者小心'!但那门却开着的,里面有几支枪,几把刀,一目了然,用不着提防。适之先生的是紧紧的关着门,门上粘一条小纸条道'内无武器,请无疑虑'。这自然可以是真的,但有些人——至少是我这样的人——有时总不免要侧

---

① 鲁迅:《准风月谈后记》。

头想一想。半农却是令人不觉其有'武库'的一个人,所以我佩服陈胡,却亲近半农。"这段话,的确写得入骨三分。把陈、胡、刘三人的心地与品质,作了形象的对比。而在后边用"佩服"与"亲近"二词,表示了自己对他们三个人的态度,这种褒贬的含义,表现得多么深刻!

鲁迅在与敌人进行理论斗争时,同样也用形象的比拟,因而加深了理论的说服力,增强了它的战斗性。在三十年代自命为"第三种人"的苏汶,说他们这些"作家之群"所以搁笔,是因为左联批评家的"凶暴",和左联"霸占了文坛的缘故"。① 鲁迅当时就针对他这种自命为超阶级作家的"第三种人"对左翼的诬蔑,给以有力的驳斥。明确地指出"生在有阶级的社会里而要做超阶级的作家,生在战斗的时代而要离开战斗而独立,生在现在而要做给与将来的作品,这样的人,实在也是一个心造的幻影,在现实世界上是没有的"。下边就以极其形象的比方给以深刻的揭露,他说:"要做这样的人,恰如用自己的手拔着头发,要离开地球一样,他离不开,焦躁着,然而并非因为有人摇了摇头,使他不敢拔了的缘故。"②

总之,鲁迅杂文之所以能成为具有强烈的战斗性的艺术品,原因一则由于他在观察分析现实生活时运用了精密的逻辑思维,马克思主义的立场观点与方法,像一根红线一样贯穿在他后期每篇杂文中,因而篇篇都闪耀着马克思主义真理的光辉,使自己的论点完全立于不败之地。再则他在写作时,不论是什么体裁,都能运用形象的刻画,非常生动具体地表现自己深刻的思想,与爱憎的情感,所以能够激动广大读者的心。

以上所列举的鲁迅杂文在表现上这四种艺术特色,它们彼此并不是孤立的,而是互相渗透,互相联结的。对比,是从马克思主义的立场与观点来分析历史发展,与现实社会的情况,比较其同异,发现

---

① 苏汶:《关于"文新"和胡秋原的文艺论辩》。
② 鲁迅:《论第三种人》。

其矛盾,找出其历史根源,和现实斗争的联系,并从而揭露其矛盾。这从鲁迅杂文来说不仅是思想方法,而且是表现方法。至于类型,是从对比中找出其同异来,特别是对于人物,从其一贯的言行表现,认识其本质,从而随时归纳为类型,而给以浑名。其目的是让读者从阅读这些文章时,学会怎样观察人,辨别人,以后不再上这类人的当。正如鲁迅自己说的:"这其实也并非专为我自己,战斗正未有穷期,老谱将不断的袭用,对于别人的攻击,想来也还要用这一类的方法,但自然要改变了所攻击的人名。将来的战斗的青年,倘在类似的境遇中,能偶然看见这记录,我想是必能开颜一笑,更明白所谓敌人者是怎样的东西的。"①至于讽刺,是把现实中的矛盾和虚伪的假面给以揭露,现出其本质。这既是讽刺,同时也是暴露。至于形象,乃是用形象的刻画,表现社会生活与人物,而绘成鲜明生动的图画,使读者如亲临其境,亲见其人,而给读者以极深的印象与感受,因此使杂文的内容与形式,才达到了毛泽东同志所提出的"政治和艺术的统一,内容和形式的统一"的极致,从而充分地发挥了它的"团结人民、教育人民、打击敌人、消灭敌人"的伟大战斗作用。鲁迅所处的时代虽然已经过去了,但在社会主义社会中,阶级和阶级矛盾仍然存在,大量的旧社会的思想习惯影响及人民内部的矛盾斗争,仍是存在的,所以鲁迅杂文仍有其深刻的现实意义。因此我们遵照毛泽东同志的指示,要很好地向鲁迅学习。学习鲁迅很重要的一个方面,就是要学习他的杂文的思想性和它的艺术表现手法,尤其是后期杂文。忽略任何一面都是片面的。

1973 年 4 月。

---

① 鲁迅:《伪自由书后记》。

不许借批儒评法歪曲鲁迅

——斥石望江《研究法家要古为今用》

1974年在批林批孔运动中,"四人帮"为了给他们的篡党夺权制造舆论,嗾使其御用文人罗思鼎、梁效等抛出了大量论述历史上儒法斗争的大毒草。他们用唯心论和形而上学的观点同方法,歪曲历史事实,背叛马克思主义,把两千多年来在封建社会中的历史发展,说成是地主阶级内部法家一派推行政治革新运动的结果,而一部中国政治思想史,主要是一部儒法斗争史。

在"四人帮"所祭起的关于儒法斗争问题的妖风迷雾中,鲁迅研究领域里也未能幸免。石望江的《研究法家要古为今用》一文(见1974年11月12日《文汇报》),便是一个最突出的典型。他的全部论点,都无不贴上鲁迅的标签。但仔细一看,很少有确凿的根据,往往引了鲁迅的几句话,便加以申述说明,把罗思鼎、梁效那一套论点,强加给鲁迅,因而可以说是句句捏造,满纸谎言。我们必须根据鲁迅的原著给以揭穿,决不容许其利用鲁迅,来为"四人帮"的篡党夺权效忠。

一、歪曲鲁迅对所谓法家人物的评价,为他们抬高所谓"执行法家路线"的帝王将相张目。鲁迅评论历史人物,从来都是从人民立场,根据历史的具体情况,来进行全面分析,从而指明其功过。特别到后期,成为一个伟大的共产主义者,更是以无产阶级立场、历史唯物主义的观点,论述历史与现实。早在20世纪30年代,他对有些文人学者借歪曲历史人物,拾取某人的一点,用以证明自己观点,来向反动统治者效劳的卑鄙伎俩,就给以无情的揭露与批判。

首先是"论语派",曾在他们的《论语》、《人间世》等刊物中,大捧明末袁中郎的小品文,因而引起了另一些人对袁中郎的指摘。这样,他们就非常愤慨,"觉得现在的世界,是比五四时代更狂妄了"。

鲁迅当时就在《"招贴即扯"》中,指出他们大捧袁中郎,实际是歪曲了他。文中说:"现在的袁中郎脸孔究竟画得怎样呢?时代很近,文证具存,除了变成一个小品文的老师,'方巾气'的死敌而外,还有些什么?"下边又说:"中郎还有更重要的一方面么?有的。万历三十七年,顾宪成辞官,时中郎主陕西乡试,发策,有'过劣巢由'之语。监临者问'意云何?'袁曰:'今吴中大贤亦不出,将令世道何所倚赖,故发此感尔。'(《顾端文公年谱下》)中郎正是一个关心世道,佩服'方巾气'人物的人,赞《金瓶梅》,作小品文,并不是他的全部。"

其次,鲁迅对有的人提出美学上的"距离说",把"和平静穆"作为诗歌创作的极境,用以反对当时左联的战斗文学和"文艺为政治服务"的观点,认为"屈原、阮籍、李白、杜甫都不免有些像金刚怒目,愤愤不平的样子,陶潜浑身是静穆,所以他伟大"。事实如何呢?鲁迅说:"除论客所佩服的'悠然见南山'之外,也还有'精卫衔微木,将以填沧海,形天舞干戚,猛志固常在'之类的'金刚怒目'式。在证明着他并非整天整夜的飘飘然。这'猛志固常在'和'悠然见南山'的是一个人,倘有取舍,即非全人,再加抑扬,更离真实。"最后,他明确地提出他的论文同论人的主张道:"我总以为倘要论文,最好是顾及全篇,并且顾及作者的全人,以及他所处的社会状态,这才较为确凿。要不然,是很容易近乎说梦的。"(《题未定草(六至七)》)

以上的话也很适用于批判"四人帮"御用写作班子罗思鼎、梁效以及石望江等。他们对中国历史上所谓的法家人物,不论其为帝王将相,或者为他们效命的帮忙或帮闲的文人,同时也不论其世界观中存在着多么浓厚的儒家思想,都无例外地加以吹捧。尤其不能令人容忍的,像石望江之流,竟把自己对这些人物的评价和对中国历史发展的看法,都硬要一一强加给鲁迅,好像鲁迅的观点同他们简直是不谋而合,真是对鲁迅的严重歪曲与诬蔑。

实际情况是如何呢?鲁迅决不像石望江所说的"在《汉文学史纲要》和其他文章,更对一系列法家人物进行了充分的肯定",而是对他们有肯定,同时也有抨击与批判。下边我们看看鲁迅对秦始皇、曹操同王安石等人是如何评论的。

首先是秦始皇,当20世纪30年代希特拉烧书的时候,中国和日本的论者曾把他比作秦始皇,同时当时的蒋介石正在把希特拉当作祖师爷,而亦步亦趋地在中国推行法西斯蒂统治。鲁迅当时发表了《华德焚书异同论》,一面指出把希特拉烧书同秦始皇烧书等同起来是冤枉了秦始皇,同时秦始皇所建立的功业,决非希特拉所能比。接着他又说:"但是结果往往和英雄们的预算不同,始皇想皇帝传至万世,而偏二世而亡,赦免了农书和医书,而秦以前的这一类书现在偏偏一部不剩。"下边又讲到希特拉一上台,简直不可一世,可是这回不必二世,只有半年就非复往日的情况了。这就把他们两人联系起来,作了对比,而加以讽刺,同时也暗示蒋介石所推行的希特拉那一套法西斯主义,将来也决不会有好的下场。

此外最突出的是鲁迅在《田军作〈八月的乡村〉序》中,把秦始皇与隋炀帝并举,说:"人民在欺骗和压制之下,失了力量,哑了声音,至多也不过有几句民谣。'天下有道,则庶人不议'就是秦始皇、隋炀帝,他们会自承无道么!百姓就只好永远钳口结舌,相率被杀被奴。这情形一直继续下来,谁也忘记了开口,但也许不能开口。"这是用秦始皇、隋炀帝比拟当时的蒋介石,秦始皇是"偶语弃市",蒋介石大搞两种反革命"围剿",大杀左联革命作家,这就是要"百姓永远钳口结舌,相率被杀被奴"。从以上这些例子,充分说明鲁迅一面肯定了秦始皇在历史上所曾经起过的进步作用,但同时对他残酷地剥削压迫人民以及他所推行的种种暴政,也进行了批判。这同梁效之流对秦末农民的大起义的原因,认为全是由于秦二世同赵高在政治上搞复辟奴隶制的结果,从而为秦始皇开脱罪责,以及江青所说的"历史上的法家对群众是爱护的,使群众受到鼓励"的话对照起来,真是一个绝大的讽刺!也是对石望江诬蔑鲁迅"充分的肯定"法家的有力批判。

其次是曹操,鲁迅在《魏晋风度及文章与药及酒之关系》中,对他曾进行过评论,一方面肯定了他在政治上的成就,另一方面指出由于他尚刑名,影响到文章方面,成了清峻的风格。同时在生活作风上尚通脱,于是影响到文坛上,便产生想说什么便说什么的文章;影响到思想界,便是能充分容纳异端和外来思想。但是鲁迅对他利用儒家的礼教来铲除异己,也加以揭露。他在评嵇康、阮籍时说:"魏晋时代,崇奉礼教的看来似乎很不错,而实在是毁坏礼教,不信礼教的。表面上毁坏礼教者,实则倒是承认礼教,太相信礼教。因为魏晋时所谓崇奉礼教,是用以自利,那崇奉也不过偶然崇奉,如曹操杀孔融,司马懿杀嵇康,都是因为他们和不孝有关,但实在曹操、司马懿何尝是著名的孝子,不过将这个名义,加罪于反对自己的人罢了。"鲁迅在广州作这个讲演时,正是在蒋介石发动四一二反革命政变之后,鲁迅在这里所讲的一段话,以及下边联系到关于信仰不信仰三民主义的话,都是针对蒋介石匪帮而发的。鲁迅的意思是当时被杀的共产党人,才是真正执行孙中山的三大政策、革命的三民主义路线的人,而自封为孙中山忠实信徒的国民党反动派,才真正是孙中山革命的三民主义的叛徒,但他们却诬蔑共产党同革命人民反对三民主义而加以屠杀。

鲁迅还说:曹操在征求人才时说,"不忠不孝不要紧,只要有才便可以"。但后来他杀孔融,就加上他一个不忠不孝的罪名。下边接着说:"倘若曹操在世,我们可以问他,当初求才时就说不忠不孝也不要紧,为何又以不孝之名杀人呢?然而事实上纵使曹操再生,也没人敢问他,我们倘若去问他,恐怕他把我们也杀了!"这又是针对当时国民党反动派的上层人物,他们前后言行不符,最初联合共产党来进行北伐革命,一旦北伐取得了巨大胜利,于是就同旧军阀妥协,勾结帝国主义,大杀其共产党人。鲁迅在20世纪30年代曾愤怒地痛斥这些人为"革命奸商"。说他们在国共合作时代,"那时颂苏联,赞共产,无所不至,一到清党的时候,就用共产青年,共产嫌疑青年的血来洗自己的手,依然是阔人"(《答杨邨人先生公开信的公开信》)。

鲁迅对曹操既有肯定,也有批判。而他的肯定也仅就实行法治和对文学的影响上而言,并非如石望江所说的那样"曹操活动在黄巾起义失败和董卓大乱之后,那时豪强地主肆意兼并,企图复辟分封制,曹操能坚持前进,反对复辟,坚持统一,反对分裂,因而鲁迅便勇敢地肯定他"。这不显然是把自己的观点强加给鲁迅吗?况且曹操是以镇压黄巾起义而起家的,现在居然给他加上一个"坚持前进,反对复辟"的桂冠,难道不是很滑稽吗?

关于王安石,鲁迅在《老调子已经唱完》中称王安石"行过新法,但不得大家的赞同,失败了。从此大家又唱老调子,和社会没有关系的老调子。一直到宋朝的灭亡",对王安石实行新法变革旧制是肯定的,但他对王安石推行新法的态度上,以及在用人上,也都给以批判。他在《晨凉漫记》中指出,王安石的变法是"半当真半取笑",就是说态度不够十分认真和严肃。而在《古人并不纯厚》中,又引宋人洪咨夔的《咏荆公》诗句:"养就祸胎身始去,依然钟阜向人青。"接着他说:"那指斥当路的口气,就为今人所看不惯。"这就是借洪诗对王安石任用吕惠卿、章惇等人,给国事造成的危害,作了无情的抨击。

石望江说:"鲁迅知道关于儒法问题的争论,不过是阶级斗争和路线斗争总发展中的一个侧面。如果对整个阶级斗争发展变化的全局没有一个清醒的了解,是抓不着儒法斗争的实质的。"这真不知其何所据而云然。在鲁迅作品中究竟哪些篇中谈到过,或暗示过,"儒法问题的争论,不过是阶级斗争和路线斗争的一个侧面"。又从哪些篇子中谈到或暗示过,"如果对整个阶级斗争发展变化的全面没有一个清醒的了解,是抓不着儒法斗争的实质的",这不是纯粹根据自己的想法硬贴上鲁迅的标签吗!就从前边鲁迅对秦始皇等人的评论来看,何尝有一句涉及到儒法斗争的问题,倒是在论曹操时反而揭露了他如何利用儒家的伦纪道德,作为他日铲除异己的借口。

尤其令人惊诧的是石望江对《汉文学史纲要》的附会与歪曲。石望江说:"他排除了种种曲解,恢复了刘邦、吕后的法家本来面目,他肯定了刘恒、刘启'好刑名,不任儒'的历史进步作用。他第一次把晁错、贾谊一道载入文学史册,称赞他俩的著作皆'西汉鸿文,沾溉后人,其泽甚远。'"

我们试一读鲁迅原文,"刘邦亦不乐儒术,其佐又多刀笔之吏"。意思是说明他倾向任法,根本谈不上"排除种种曲解"。因为这都是根据历史记载讲的。至于下边鲁迅引《汉书·儒林传》说"孝惠高后时,公卿皆武力功臣,孝文本好刑名之言,及至景帝不任儒,窦太后又好黄老术,故博士具官待问,未有进者"。从哪里看出来有"恢复吕后的法家本来面目"的话?特别是文中说的"孝惠高后时公卿皆武力功臣",何尝沾上法家的边?至于提到刘恒、刘启好刑名不任儒,也都是班固的话,鲁迅引用原文,只是说明历史事实,根本说不上肯定与否定。现在竟然说:"鲁迅肯定了他们好刑名不任儒的历史进步作用",岂不是天大的笑话!

至于晁错、贾谊的文章,古人选本如萧统《文选》、姚鼐《古文辞类纂》中,都曾选入,刘勰《文心雕龙》在《奏启》篇中还曾给他们以高度评价。至鲁迅说他们的作品"皆为西汉鸿文,沾溉后人,其泽甚远",只是说明他们文章的影响,决不能说鲁迅因为他们是法家,所以才特别对他们的作品加以表彰。

二、石望江把罗思鼎、梁效等捏造的一整套儒法斗争史的观点,强加给鲁迅。从鲁迅论著中,根本看不到有什么儒法斗争的线索贯穿于中国历史的各个阶段中。石文中把罗、梁等的观点强加给鲁迅,所以是漏洞百出,丝毫不能自圆其说。不错,鲁迅是打倒孔家店的闯将,从五四运动直到20世纪30年代,对孔孟以及他们徒子徒孙们的荒谬言论,曾进行过深刻地揭露与批判。但也决不是对历史上凡是具有儒家思想的人物,不论其历史情况如何,个人表现如何,一概给以否定。相反的,他总是根据当时的斗争形势,运用历史唯物主义的观点,凡是倾向于人民的进步力量,就给以肯定,并不从儒法斗争的角度去加以区别。即如晚明的东林党的创始人顾宪成,正如鲁迅说的,"他的著作,开口'圣人',闭口'吾儒',真是满纸'方巾气'"。但鲁迅说他"疾恶如仇,对小人决不假借"(《招贴即扯》)而给以肯定。由于东林党人在晚明形成一种抨击权奸、主持正义的政治力量,所以遭到阉宦魏忠贤及其党羽的残酷镇压,鲁迅对他们是同情的。他在《题未定草九》里曾严斥张岱对东林的攻击,说:"然而他的严责东林,是因为东林党中也有小人,古今来无纯一不杂的君子群,于是凡有党社,必为自谓中立者所不满,就大体而言,是好人多还是坏人多,他就置之不论了。或者还更加一转云:东林虽多君子,然亦有小人,反东林者虽多小人,然亦有正士,于是好像两面都有好坏,并无不同,但因东林世称君子,故有小人即可丑,反东林者本为小人,故有正士则可嘉,苛求君子,宽纵小人,自以为明察秋毫,而实则反助小人张目。倘说:东林中虽有小人,然多数为君子,反东林者虽亦有正士,而大抵是小人,那么,斤两就大不相同了。"

下边鲁迅又引了谢国桢《明清之际党社运动考》,叙魏忠贤两次虐杀东林党人毕后的一段话道:"那时候,亲戚朋友,全远远的躲避,无耻的士大夫,早投降到魏党的旗帜底下了。说一两句公道话,想替诸君子帮忙的,只有几个书呆子,还有几个老百姓。"鲁迅接着加以说明道:"这说的是魏忠贤使缇骑捕周顺昌,被苏州人民击散的事。"下边接着对当时群众的支持和同情东林党人周顺昌的行动,给以评论道:"诚然,老百姓虽然不读诗书,不明史法,不解在瑜中求瑕,屎里觅道,但能从大概上看,明黑白,辨是非,往往有决非清高通达的士大夫所可几及之处的。"这把群众当时的态度同张岱作了对比,一面赞扬了群众,一面又狠狠给张岱一击。

鲁迅对东林党人同权奸斗争的硬骨头精神的赞扬,决不是为历史而历史,而是拿晚明同20世纪30年代的阶级斗争形势作对比。在蒋介石的两种反革命"围剿"的残酷镇压下,不是有许多无耻文人都投在民族主义的旗帜下,攻击左联吗?而左联中不是也有一些叛变投敌的吗？鲁迅当时则是领导了一部分革命作家坚持了战斗。所以他对东林的评价，正是有感而发的。另外他还在《田军作〈八月的乡村〉序》里说，"明曾以党狱替满清钳口"，也是指阉党镇压东林而言，暗喻蒋介石的文化"围剿"，实不过是为帝国主义征服中国服务的。

由此可见，鲁迅对历史人物是根据一定时期的阶级斗争的具体情况，从本质上去分好人和坏人，君子或小人，而决不是单纯从儒法两家上来分辨的。石望江把"四人帮"的走卒所臆造的一套历史规律，强加给鲁迅，我们就单从鲁迅评论东林一事，已足以彻底拆穿他们的漫天大谎了。

三、"尊儒者必反法，尊法者必反儒"，是否为两千余年中国历史上一条规律？石望江根据梁效等人所定的调子，给他们臆造的儒法斗争史，定出了这样一条规律，即"在长达两千余年的历史上，儒法两家是相比较而存在，相斗争而发展的。……尊儒者必反法，尊法者必反儒"。这就充分地说明了他们的确是"唯心主义泛滥，形而上学猖獗"。我们知道学术思想在古代，不论什么流派，往往随着历史的发展、阶级斗争形势的变化，在斗争中互相影响，互相渗透。就儒法两家来说，首先在汉以后中国政治思想史上根本就不存在纯粹的儒家和法家。即以贾谊同曹操等来说，他们是纯粹的法家吗？贾谊主张"改正朔，易服色，法制度，定官名，兴礼乐"(《史记屈原贾生列传》)，这里边就有大量的儒家东西。至于曹操，他就说过，"治定之化，以礼为首；拨乱之政，以刑为先"(《以高柔为理曹椽令》)，这不正是儒法两手交替使用的办法吗？贾谊、曹操是这样，更不要说以后的封建政治家同政治思想家了。

既然汉以后没有什么纯粹的儒家和法家，那么说什么"尊儒者必反法，尊法者必反儒"，不更是一派胡言吗？即如诸葛亮，"四人帮"的御用文人认为他是法家，但是，作为儒家的朱熹同曾国藩，都对他加以表彰。朱熹说："孟子以后人物，只有子房与孔明。"又说："诸葛孔明天资甚美，气象宏大。"(《朱子语类》卷八)曾国藩说他："被服儒者,从容中道。"(《圣哲画像记》)明代的张居正,被说是"法家",但20世纪30年代蒋介石在发动反革命军事"围剿"时,一面大力尊孔,同时又大力表扬张居正。至于近代维新派重要人物严复,在晚年曾参与袁氏帝制时的筹安会,他曾大力尊孔,说什么"回观孔孟之道,真量同天地,泽被寰宇"(王蘧常《严几道年谱》第125页),但他与熊纯如书里又大赞历史上的法家人物,说"是故居今日而言救亡,学惟申韩,庶几可用。除却综核名实,岂有他途可行"(《学衡》第七期),这都是对"尊法者必反儒,尊儒者必反法"的谬论有力驳斥。

  至于鲁迅评论人物,并不以儒法划线,上边已有所述。他一生是反儒的,但却并不怎样尊法。即如他对韩非,就曾说过:"就是在思想上,何尝不中些庄周、韩非的毒,时而很随便,时而很峻急。孔孟的书我读得最早,最熟,然而倒似乎和我不相干。"(《写在〈坟〉后面》)联系到前边所引他对秦始皇等人的评论,都说明他并不是怎样尊法的。还有鲁迅对章太炎的评论,石望江文中对之也加以歪曲。鲁迅说他"既离民众,渐入颓唐"(《关于太炎先生二三事》),是说章太炎在政治上不再前进,脱离群众的革命斗争,实际这是因。"而先生遂身衣学术的华衮,粹然成为儒宗"(《同上》)却是果。决不像石望江那样,颠倒了因果关系,说什么"当章太炎坚持批判儒家,尊崇法家的时候,他是生气勃勃的和勇敢的革命者。而当他一变而为尊儒反法的时候,也就意味着他在为反动政治效劳了"。

  特别是章太炎在九一八事变后,他是主张积极抗日的。他称颂十九路军在上海的抗战,他反对宋哲元的镇压学生的抗日运动(朱仲玉《章太炎》),这样就开罪了一向主张投降卖国的国民党反动派,竟至要没收他的几间破屋。鲁迅对此,深致愤慨!他在与曹聚仁信中说:"古之师道实在也太尊,我对此颇有反感。我以为师如荒谬,不妨叛之,但师如非罪而遭冤,却不可乘机下石,以图快敌人之意而自救。太炎先生教我小学,后来因为我主张白话,不敢再去见他了。后来他主张投壶,心窃非之。但当国民党要没收他的几间破屋,我实不能向当局作媚笑,以后相见,仍当执礼甚恭(而太炎先生对于弟子,向来也绝无傲态,和霭若朋友然)。自以为师弟之道如此亦可矣。"(《鲁迅书信集》上卷第380页)1936年太炎逝世后,鲁迅在《关于太炎先生二三事》中,谈到太炎晚年的颓唐,同那些错误的言行,认为"但这也不过白圭之玷,并非晚节不终"。这同石望江文中认为章太炎一到晚年尊儒反法(章晚年虽有主张读经之说但并未反法,这纯然是捏造)的奇谈怪论相去是多么悬远啊!

"四人帮"吹捧法家,正如石文中的标题,要"古为今用",但他们的"古为今用",同鲁迅恰恰相反。鲁迅评论历史人物,是根据史实,用历史唯物主义的观点,给以正确的评价,并结合现实阶级斗争形势对国民党反动派进行革命的反"围剿"斗争。"四人帮"的"古为今用",实为"古为帮用",所以捏造历史,用形而上学的方法,臆造一套儒法斗争的历史规律,为他们的篡党夺权服务。他们恬不知耻地以当代的法家自居,而居心险恶地把敬爱的周总理诬蔑为当代的大儒,把从中央到地方一大批党政军各级领导干部,诬蔑为党内的儒,企图一概予以打倒,从而颠覆无产阶级专政,复辟资本主义。而他们的喽罗不惜挖空心思,造谣言,放暗箭,说谎话,贴标签,用以证明他们的"理论"。但这一整套反马克思主义的黑货,只能骗骗不懂历史、不知底细的人。石望江歪曲鲁迅,企图借鲁迅的崇高威望,来为他们不可告人的可耻目的服务,可惜鲁迅的著作俱在,怎能一手遮尽天下人耳目,所以他这种谰言谬论,只能成为"四人帮"篡党夺权,颠覆无产阶级专政,复辟资本主义的罪恶铁证,成为千古嘲弄的笑柄而已。

(原载《开封师院学报》1977年第5期)

从《过客》中看鲁迅先生思想的发展

  《过客》是鲁迅先生散文诗集《野草》中的一篇。这篇作品鲜明地反映了鲁迅先生从 1924 年到 1926 年那一阶段的思想情况和他的思想发展过程。因此现在从《野草》中特别提出这篇加以分析,并结合同一时期鲁迅先生的其他作品,借以说明鲁迅先生思想的发展。

  这篇作品是鲁迅先生当北伐革命的前夜在北京写的。就那时社会的情况来说,北方正是在凶残的北洋军阀统治下,革命力量虽然在南方已经繁荣滋长,但北方仍然是满布着黑沉沉的阴霾,看不见一丝曙光。这时思想界由于"五四"后革命统一战线的分化,一些资产阶级知识分子早已投降帝国主义和封建主义,以胡适为首的"现代评论"派就是典型的代表。另外一些革命的小资产阶级知识分子,在五四革命高潮过去后,也大半放下了战斗的武器。只有鲁迅先生和其他极其少数的人士,坚持了战斗。这正如鲁迅先生所说的:"后来新青年的团体散掉了,有的高升,有的退隐,有的前进,我又经验了同一战阵中的伙伴还是会这么变化。"[①]不过当时鲁迅先生在主观上还没有接受马克思列宁主义,还没有走进工农群众革命的行列,而是站在自己原来的岗位上,来同一切反动的势力继续地进行战斗。就当时

---

① 《自选集·自序》,见《南腔北调集》。

的北方来说,很显然的黑暗势力是强大的,而以鲁迅先生为代表的进步力量,是薄弱的。在强大的黑暗势力包围之下,鲁迅先生意识到自己是在孤军作战,而前进的道路又极渺茫,因之在情绪上就不免有时感到彷徨,甚至有点感伤。他在题《彷徨》一诗中所谓"两间余一卒,荷戟独彷徨",以及在《自选集·自序》中所说的:"只因为成了游勇,布不成阵了,所以技术虽然比先前好一些,思路也似乎较无拘束(任访秋按:指短篇小说集《彷徨》而言),而战斗的意气却冷得不少。新的战友在那里呢?"①这就充分地说明了他当时的心情。不过这种情绪,并非鲁迅先生思想中的主流,只不过是明丽的晴空中一片薄雾与浮云,最后还是被加以扫除廓清了的。而作为鲁迅先生思想主流的前进与战斗,终于获得最后的胜利。由于先生不断地努力,不断地探索,不断地追求,最后通过1927年的北伐革命,于是在思想上终于有了飞跃的前进,而成为一个极其辉煌的马克思主义者。

现在我们所要谈的《过客》,正是先生从革命民主主义到马克思主义前进道路中的一个里程碑。从这里反映出鲁迅先生在思想上消极因素与积极因素之间的矛盾、个人主义与集体主义之间的矛盾,以及后者如何克服了前者,而获得了辉煌的胜利。

篇中很鲜明地刻划了三个人物形象,即老翁、过客与女孩。主要的则是前两个。

老翁是一个心地善良的人,是喜欢帮助别人的。就从他对过客的态度来说,是非常和霭可亲的。他是个饱经忧患、富于人生经验的世故老人,但不免是从个人出发,为个人着想。他这种生活阅历,从他告诫女孩的话:"太阳下去的时候,出现的东西,不会给你什么好处的。"同时他劝过客:"不要这么感激,这对于你没有什么好处的。"这都是总结了丰富的人生经验的话语。他了解人生的究竟就是"坟"。他根据他的经验熟悉过客的来路,因为他是个过来人。同时又根据

---

① 《自选集·自序》,见《南腔北调集》。

他的经验,认为前途的方向是遥远的,人生的寿命有限,是不可能走到尽头的。因之他劝过客:"你已经这么劳顿了,还不如回转去。因为你前去也料不定可能走完。"他劝过客休息。过客也并不是不想休息,但总觉得有声音在前面催促他,叫唤他,使他休息不下。老翁呢,他说他似乎也叫过我,但是叫了几声,不理他也就不叫了。而他也就记不清楚了。这说明老翁过去在人生的道路上,也曾经战斗过,但由于为个人打算的缘故,逐渐消极了,离开了历史的行程,脱离了群众,因之也就不再听到群众的催促与叫唤的声音,因之他就更可以安心地休息下去。他自己不但如此,而且以善意的态度教导过客也像他一样地休息下去。黑暗社会的欺诈、人心的反复使他对一切的挚情不敢相信,使他成为一个怀疑主义者。他劝过客对别人的布施不要当真。就是最后,在过客表示非走不可的时候,他也并不强留,而尊重过客的意志,说什么"那么你也还是走好罢"。总之,老翁是一个饱经世故,看穿社会现实,具有怀疑态度,而趋于消极避世的个人主义者。他用道理来说服别人,但当别人不同意自己的意见时,也决不勉强别人来听从自己。这种思想,很有点近于道家中庄周的思想。

至于女孩的形象,恰好是老翁的一个鲜明的对照。一开始就表现出新生的一代那种天真活泼、纯挚与可爱。她敏感,她对任何新的事物都感到有趣。太阳快落了,她正要扶着老人到屋子里去的时候,她好像有所见似的,在注意地向东望着。当过客需要水喝的时候,她赶忙进屋,端出了水。当客人说他脚走破了时,她马上递给他一片破布,让他裹伤。她是这样的喜欢帮助别人。特别不同的是她对前途的乐观。当老翁告诉过客前面是坟的时候,女孩马上驳斥老翁说:"不,不,不是的,那里有许多许多野百合花,野蔷薇,我常常去玩去看它们的。"前面是不是有坟呢?有的,但孩子所注意的不是它,而是那些美丽可爱的花卉。也就是在她看来,人生的前途是灿烂似锦的。正因为如此,她是愉快乐观、生气勃勃的。

过客是这篇作品中的主要人物,从他与老翁的对话以及他的表情上,最值得我们注意的有这几点:

一、他在人生的旅途中是一个一直前进着的人。他告诉老翁说:"从我还能记得的时候起,我就这么走,要走到一个地方去,这个地方就是前面。"从这里,反映出鲁迅先生当时的进化论思想,也就是深切地相信将来比现在好,所以是永远不断地在前进、在追求,也就是鲁迅先生在1926年印行《彷徨》的题辞中引《离骚》的句子:"吾令羲和弭节兮,望崦嵫而勿迫,路漫漫其修远兮,吾将上下而求索。"同时过客虽是在不断地前进,不断地探索,但对前面的情况,还是不清楚的。他问老翁:"老丈!你大约是久住在这里的,你可知道前面是怎么一个所在吗?"鲁迅先生当时还不是一个马克思主义者,因此他对未来社会的面貌,究竟是一个什么样子,也还是不明确的。正如在1926年他写的《写在"坟"的后面》中所说的:"倘说为别人引路,那就更不容易了。因为连我自己也不明白怎么走。"

二、过客是一个不肯回头,不肯休息,不肯停止,而是无论怎样疲惫,也要坚决继续前进的战士。老翁曾劝他:"你已经这么劳顿了,还不如回转去,因为你前去也料不定可能走完。"但他的答复是对他过来的那些地方,决不能再回到那里去。因为那里尽是些剥削、压迫、虚伪、狡诈和被践踏者的悲哀和惨痛,所以他坚决地说:"我憎恶他们,我不回转去。"

三、过客在长期跋涉中,脚受了伤,流了许多血,感到气力的不足。老翁劝他休息,但他一刻也不愿休息,原因是有声音常常在前面催促他,叫唤他,使他休息不下。老翁劝他说:过去这种声音似乎也曾叫他,但叫几声不理他,也不叫了。可是过客呢?认为不理他不对,当他再一倾听的时候,忽然吃惊,说道:不行!我还是走的好,我息不下。最后终于是昂起了头,奋然向西走去。过客所听到的声音,正是千百万人民群众的声音,他们在封建主义与帝国主义的压迫下,如处在水深火热之中,他们发出悲痛的声音,诅咒的声音,这些声音是响彻了世界。作为时代的感应神经的诗人,是最敏感的,听到了这种声音,因而就不可能无动于衷,不能够装聋作哑,逃避现实,停滞不前,因而无论自己已经流了多少血,已经负伤,已经疲惫不堪,但仍然要用水来补充自己的血液,奋然地继续前进。

　　总之,在过客这个人物形象中,写出了他在前进道路上所受的挫折,感到行程中的困惫。在老翁的劝告中,思想上时时也泛起一丝休息的意念,但为了时代的召唤,终于坚决继续前进,因而给我们以极其崇高而伟大的印象。

　　从以上三个人物来看,作者很清楚地赞美了新生的一代——女孩,歌颂了在黑暗的现实中一往直前坚持鏖战的斗士——过客,批判了快进坟墓的惯于为自己打算的腐朽的个人主义者——老翁。

　　至于鲁迅先生自己的思想呢,一般说来作品中正面人物的形象,不一定就完全代表作者个人。但就这篇而论,过客的思想实际也就是鲁迅先生当时的思想。我大胆地说,这个人物,实际就是鲁迅先生的自况。而老翁的思想,乃是当时许多逃避现实的隐者的典型。至于鲁迅先生的思想,是不是也存在着像老翁那样的消极的因素呢?我们应该说有时也是会有的,但却不是鲁迅先生主要的思想。而作为鲁迅先生思想主流的,乃是作为前进的战士的过客的思想。鲁迅先生自己也曾说过:"就是在思想上,也何尝不中些庄周韩非的毒。"[①]不过鲁迅先生是掌握了自我剖析、自我批判的武器的。这种个人主义的消极思想,在他的思想领域内泛出时,他就很快地给以批判,因之老翁与过客两人思想上的矛盾,一方面反映了当时现实中思想界的思想矛盾,同时也一样反映出鲁迅先生个人在思想上有时所出现的矛盾。但就鲁迅个人说,这种消极思想,是在被积极的思想克服后,才被反映到作品中的。所以《过客》这篇作品的出现,标志着鲁迅先生在思想上积极地战胜了消极的,集体主义克服了个人主义的伟大胜利。

　　研究鲁迅先生的作品,我觉得一个最重要的方法,是把他同一时期的作品不论是小说、杂文以及散文诗联系起来加以参照比较地看,

[①] 《写在坟后面》,见《坟》。

这样才能够理解鲁迅先生某一时期思想的全貌。同时某些不易懂的处所，往往在参照比较中，可以发现有些意思相同的地方，因而可以用这篇作品来说明那篇作品。拿古人治经时所用的"以经证经"的方法来说，也就是用鲁迅先生的作品来证明他的作品，解释他的作品，这是一个比较妥善的方法。过去冯雪峰同志曾用过这种比较方法的，但他有些看法还是值得商讨的。他说：

> 我以为《野草》中的大部分作品，是和他同时写的《华盖集》及其续编的杂文有不同的特点。《华盖集》及其续编，是鲁迅先生极其猛烈的社会战斗的记录，所表现的思想和感情，都是很健康的。这是说他反对封建主义和反对帝国主义的斗争。但《野草》则更多地表现了鲁迅先生内心矛盾的交战和痛苦的叫声。其中的思想就不能当作鲁迅先生的社会思想的代表来看。因为它表现得很隐晦，在鲁迅先生著作里面也并不占那么重要的地位。……
>
> 又如对于《彷徨》，我以为艺术上的成熟是超过《呐喊》的，但不仅战斗性不如《呐喊》，就是气魄也没有《呐喊》大，而其中如《在酒楼上》和《孤独者》，是太伤感了①。

我不同意这样的把《野草》在鲁迅先生所有作品中，贬低到次要的地位。另外，把《彷徨》来比《呐喊》，是否应作如是评价，也还是值得商量的。鲁迅先生一向是反对根据选本来评论作者的办法的，他说：

> 世间有所谓就书论书的办法，现在就诗论诗，或者也可说是无碍的罢。不过我总以为倘要论文，最好顾及全篇，并且顾及作者的全人，以及他所处的社会状态，这才较为确切。要不然是很容易近乎说梦的②。

---

① 《回忆鲁迅》。
② 《题未定草》，见《且介亭杂文》。

我觉得正由于《野草》、《彷徨》的出现,才使我们更清楚地理解鲁迅先生整个的思想发展过程以及当时更广阔的社会生活面。冯雪峰同志因为鲁迅先生当时是思想界猛烈的战士,为什么会出现这种具有虚无绝望和伤感的作品,于是不免有点为鲁迅先生惋惜。就像萧统认为那样高洁的陶靖节,居然会写出《闲情赋》,而为之不胜惋惜一样①。实际上一个人的思想发展,决不是直线的。而个人主义思想的克服,也决不是一下子就可净尽的。正由于有了《野草》与《彷徨》,我们才能更清楚地看出鲁迅先生在思想上如何地有着激烈的矛盾斗争过程,以及积极的因素如何克服了消极的因素,集体主义如何克服了个人主义,因而就越发显示出鲁迅先生的伟大来。

　　至于在同一时期所写的杂文《华盖集》及续编、小说《彷徨》以及散文诗《野草》,为什么在内容上所反映的思想情绪有些不大一致。我觉得这也是易于理解的。因为杂文,鲁迅先生一向是把它作为投向敌人的匕首和投枪的东西,所以具有强烈的战斗性。因而从把鲁迅先生作为战士的角度上来看,自然会感到"所表现的思想和感情都是很健康的。"至于小说,乃是反映生活,刻划现实中的人物的。从当时鲁迅先生的生活面以及他经常所接触到的人物,像吕纬甫、魏连殳之流,自己除了对他们的遭遇与事业上的失败感到深切的同情外,同时也把形成他们的性格的黑暗现实,作了更深入地分析与刻画。尽管里面不免带有浓郁的感伤情调,但归根结蒂,不但是批判了那黑暗的现实,同样也批判了像吕纬甫、魏连殳这些失败者的脆弱性,使我们对那个时代那一类的知识分子有着较为深刻的理解。至于《野草》,鲁迅先生乃是在写诗,固然鲁迅先生并未忘记战斗,但更多地是具有自我抒怀的成分,因而也就更充分地表露出鲁迅先生另一方面的思想来。从当时黑暗势力的强大(他曾把它比作长城②),旧的战

---

① 萧统:《陶渊明集序》。
② 《长城》,见《华盖集》。

斗伙伴的分化,个人力量的孤单,特别是他曾经经过了辛亥革命,又经过一次五四运动,眼看现实不见有显著的好转,因此就不禁使自己感到前途的渺茫。加上自己鏖战中受到敌人的流言、蜚语、诬蔑、诋訾等各式各样的明枪和暗箭,这种种因素,任是怎样百炼成钢的人,也会在思想上泛出虚无绝望与感伤的情调来的。何况鲁迅先生当时还不是一个马克思主义者呢。所以像这种带有个人主义思想因素的出现,就当时鲁迅先生来说,应该说完全是情理中事。而鲁迅先生的伟大,不只在于他最后终于否定了这些消极因素,克服了这些消极因素,并且还在于他真实地把自己在思想情绪上所感受的这两种因素的矛盾斗争的痛苦,用具体而形象的笔墨把它表现出来,使我们深深地感到他是如何的坚强,他是如何在内外夹击中,进行着两面的斗争,不但战胜了外面的敌人,同时也战胜了自己思想中的敌人。他的不可及处在此,他的伟大处也在此。

　　这篇作品是用设问的对话法,来表现作者个人思想上的矛盾,终于坚持了自己原来的主张,而批判那个自己认为不正确的思想。就这一点说,是继承了我国古典文学的写作方法的。即如屈原的《离骚》,里边出现了女媭灵氛等人物,有的劝他与世俯仰,同流合污,有的劝他远游异国,别寻出路。但他一一地否定了这些劝告,而坚持了自己原来的主张。陶潜在杂诗中写归田园后,邻里田父对他的访问,劝他不应退归林泉,应该仍旧出去做官,而他却答以"迂辔诚可学,违己讵非迷。且共欢此饮,吾驾不可回"。同样,过客也可以作如是观。从这些作品中,我们同样的看到古今的大作家,在他们思想中都曾发生过矛盾,以及他们又如何地坚持了自己所认为正确的道路,而批判了那些错误的方向。

　　其次,这篇作品多半用的是象征的写法。即如过客所说的"我单记得走了许多路,现在走到这里了"。所谓"路",实际是人生之路。至他问老翁"你可知道前面是怎么一个所在么?"实际是问究竟将来的时代面貌是一个什么样子。至于老翁劝客休息一会,实际是劝客停止战斗,停止前进。过客所说的"可恨的是我的脚早经走破了,有许多伤,流了许多血",这是说他在满地荆棘的人生道上,经过了长期的战斗所受的创伤。所以这种象征的比拟的写法,如不了解,是没法说明它的内容的。

另外,有些比较隐晦的句子,如不同那一时期的其他作品比较,用他自己的话来说明,是不大容易明白的。即如过客说他不愿回转去,因为那里"没有一处没有皮面的笑容,没有一处没有眶外的眼泪"。老翁说道:"那也不然,你也会遇见心底的眼泪,为你的悲哀。"过客又说:"不,我不愿看见他们心底的眼泪,不要他们为我的悲哀。"这个话我们从鲁迅先生同年所写的杂感①中得到了解释。他说:

> 人们有眼泪,比动物进化。但即此有泪,也就是不进化。正如已经有了盲肠,终不能算很进化一样。凡这些不但是无用的赘物,还要使人达到无谓的灭亡。现在的人们还以眼泪相赠答,并且以这为最上的赠品。因为他此外一无所有。无泪的人,则以血赠答,但又各各拒绝别人的血。

由此可知,眼泪乃是弱者在受到压迫时无可奈何的表现。尽管有时是一种同情之泪,但是这对于被同情者,不仅是无用的赘物,甚至还要使其他人达到无谓的灭亡。所以过客讲:"不,我不愿意看见他们心底的眼泪,不要他们为我的悲哀。"这充分说明过客是无泪的人,是一个坚强的战士。

从以上对这篇作品的分析,使我深深感到这个时期,确切是鲁迅先生思想发展上的一个转折点,也就是从进化论到阶级论,从个人主义到集体主义的一个极其重要的关键。我们知道1927年后,鲁迅先生已成为马克思主义者,他之所以能有着这样的跃进,一般认为是由于这些原因:冷酷黑暗的现实对他的刺激,国民党匪帮的叛变革命,鲁迅先生亲眼看见青年人在杀青年人,或者告密,或者亲自捕人。鲁迅先生说:"过去军阀杀青年,我悲愤过,这回我还来不及悲愤,早已

---

① 《杂感》,见《华盖集》。

吓昏了,我的进化论完全破产。"这是鲁迅先生此后接受阶级论的主要原因。此外如创造社对他的挤,促使他去研究并翻译马克思主义的文艺理论,以及革命先烈瞿秋白同志对他的帮助和鼓舞,也都是属于客观因素。但我觉得除这以外,更重要的是鲁迅先生主观上对未来道路努力的寻求和探索的精神。从这些寻求与探索中,最初感到了失望悲愤,但是继续不断地寻求,一旦深入地钻研了马克思主义,加上现实的教训,就很自然的使他成为百分之百的马克思主义者。从"过客"中,我们看到鲁迅先生那种放弃了个人的一切,为响应时代的召唤而不懈地前进探求,他是那样不惜"磨顶放踵"地为广大的人民群众寻求光明,这应该说在一定程度上已经是具有布尔什维克的崇高品质了。所以只要一遇时机,他就会马上向前飞跃一步。因此我认为"过客"是《野草》中的代表作,是鲁迅先生思想发展在将要达到飞跃的境地时的里程碑。

1956 年 9 月 18 日

《希望》浅析

这篇诗写于1925年1月1日,发表于《语丝》第十期,为《野草》之七。

诗一开头便说:"我的心分外寂寞。"鲁迅所谓"寂寞",同我们通常说的"寂寞",在内容上要深刻得多。它不单纯是一种孤独感,而是个人在对事业的理想上,找不到志同道合携手并进的伙伴,而发出的一种凄凉落寞的慨叹。他曾经在《呐喊·自序》中谈到他在东京留学时,一度从事文艺运动,而遭到失败后的心情道:

> 凡有一人的主张,得了赞和,是促其前进的,得了反对,是促其奋斗的,独有叫喊于生人中,而生人并无反应,既非赞同,也无反对,如置身毫无边际的荒原,无可措手的了,这是怎样悲哀呵,我于是以我所感到者为寂寞。这寂寞又一天天的长大起来,如大毒蛇,缠着了我的灵魂了。

他后来由于要排遣这寂寞,于是把自己沉浸在国故中,在会馆中抄古碑。

五四运动的前夜,在友人钱玄同的怂恿下,又开始写作,发表了《狂人日记》,震动了当时的文坛。以后又在陈独秀的经常督促下,连续发表了《孔乙己》、《药》……成为当时文化革命的旗手。但到五四革命高潮过后,《新青年》团体散掉了,自己又落得一个作家的头衔,但是已成为一个散兵游勇,布不成阵了,于是寂寞的苦痛又一次来对他进行袭击了。于是在诗中接着又说：

  然而我的心很平安，没有爱憎，没有哀乐，也没有颜色和声音。

  这充分说明他自己当时心灵的空虚和精神的麻木。为什么会这样呢？于是引出下边的"我大概老了"的一段话。这个"老"，不单是指形体上的衰老，主要的还是怀疑自己精神上的衰老。这是这篇诗的第一部分。

  "然而这是许多年前的事了"。接着描述从清末到五四前夕，个人随着中国革命形势的发展变化，在思想情绪上所产生的波澜。

  这以前，我的心也曾充满过血腥的歌声：血和铁，火焰和毒，恢复和报仇。

  这些话都不是泛泛而言的，由于作者在晚清参加过旧民主主义革命，当时国内许多的革命志士们，都聚集在日本东京，为了推翻清王朝的统治，所以有的联络会党，组织武装暴动；有的则不惜单人独骑，抱着必死的决心，对敌酋进行暗杀。当时对清廷，其目的不只要推翻它，而且要报九世之仇。

  鲁迅当时正是青年时代，在革命阵营中，也是热血沸腾，激昂慷慨的。这从徐锡麟刺杀恩铭遇难后，在东京的革命党人的集会上鲁迅的表现，就很清楚了（《范爱农》，见《朝花夕拾》）。但是革命的高潮终于到来了，清廷终于被推翻了，但是不久袁世凯篡夺了国柄，黑暗社会依然如旧，作者过去对革命的希望都落空了，所以诗中说："而忽而这些都空虚了。"

  就在这个时候，作者就又用"希望"来鼓励自己，这就是诗中所说的：

  但有时故意地填以没奈何的自欺的希望。希望，希望，用这希望的盾，抗拒那空虚中的暗夜的袭来，虽然盾后面也依然是空虚中的暗夜，然而就是如此，陆续地耗尽了我的青春。

  作者在《呐喊·自序》中曾谈到五四前夕为国家的前途曾同钱玄同辩论的事。作者当时把旧中国比做一间万难破毁的铁屋子，他说：

"对于里面许多熟睡的人们,从昏睡到死灭,并不感到就死的悲哀。现在你大嚷起来,惊醒了较为清醒的几个人,使他们受到无可挽救的临终的苦处,你倒以为对得起他们么?"

钱玄同的答复是:"然而几个人既然起来,你不能说决没有毁坏这铁屋的希望。"作者这时说道:"是的,我虽然有我的确信,然而说到希望,却是不能抹杀的。因为希望是在于将来,决不能以我之必无的证明,来折服了他之所谓可有,于是答应他也做文章了。"这也就是诗中所说的,"用这希望之盾,抗拒了那空虚中暗夜的袭来,虽然盾后面仍然是空虚中的暗夜,然而就是如此,陆续地耗尽了我的青春"。

下边接着,向诗的核心部分深入一步,即自己对自己青春的逝去,并不是不清楚,但是总以为身外的青春固在。从这里,显示了作者进化论思想,而把社会的改革,寄托在最富于朝气的青年们的身上。而这些青年,正是作者所说的"身外的青春"。而这些青春,虽是悲凉飘渺的,然而究竟还是青春。

诗意从这里一转,"然而现在何以如此寂寞?"而这种寂寞的来源,决不是由于外界景物有着什么变化,主要是看不见青年们那种为国家和民族的解放而激昂奋发的革命精神。因而作者发出这样的慨叹:"身外的青春也都逝去,世上的青年也都衰老了吗?"

在这样的情况下,作者感到从青年中已找不到可以共同奋斗的伙伴,所以自己只有仍旧进行孤单奋战了。因而他唱出"我只得由我来肉搏这空虚中的暗夜了"。由于作者过去深深地爱着匈牙利诗人裴多菲的《希望》之歌,于是引出这位诗人对于希望的诅咒的一节诗,最后作者以极其沉痛而又悲凉的口吻道:

> 这伟大的抒情诗人,匈牙利的爱国者,为了祖国而死在可萨克兵的矛尖上,已经七十五年了。悲哉死也,然而更可悲的是他的诗并没有死。

从而说明裴多菲对"希望"的诅咒,的确道出了人生的部分真理。但是诗人终于又对暗夜止步,回顾着茫茫的东方,对"希望"并未给以全盘否定,说什么"绝望之为虚妄,正与希望相同"。

作者在这时，从裴诗中得到启发，得到了慰藉，同时也从而得到了鼓舞。于是决定还要寻求那逝去的悲凉飘渺的青春，但不妨在我的身外。因为身外的青春倘一消灭，我身中的迟暮也即凋零了。

下边接着，"然而现在没有星和月光……然而青年们很平安"的一段，同前边一开始所说的"然而我的心很平安"前后互相照应。其意义，而前面所说的"没有爱憎，没有哀乐……"，等等，从而证明青年们也都衰老了。

结末作者表示，"纵使寻不到身外的青春，也总得自己来一掷身中的迟暮"。这种不怕孤独而继续同黑暗现实进行战斗的决心，是多么的坚定。虽然战斗的决心是已经下定了，可是当前要斗争的主要对象又是谁呢？作者又发出了"但暗夜在哪里呢？"的疑问。同时后边又说："而我的面前又竟至于并且没有真的暗夜。"这样真使一个战士无所措手，无从用其力了。这里充分表现出了作者在当时的寂寞彷徨的心情。虽然如此，但决不绝望，因此最后仍以"绝望之为虚妄，仍与希望相同！"的裴多菲诗句结束了全诗。

1981 年 3 月 11 日改定。

一篇具有浓厚诗意的儿童文学作品
——《从百草园到三味书屋》

过去谈鲁迅的作品,一般的都偏重在小说、杂文和散文诗,而对于抒情而叙事的回忆录——《朝花夕拾》多少都有点疏忽。就我个人来说,也是这样。所以在前两年有位同志问到我,鲁迅对儿童文学的看法时,我就未能给他以圆满的答复。最近"百草园"的编者向我约稿,使我重读《从百草园到三味书屋》一文,并由它而及于《朝花夕拾》中其他一些关于儿时生活回忆的作品,我不禁赞叹鲁迅这些散文的美妙,一篇篇都是优美的儿童文学,一篇篇都是精妙的诗,下边打算专就《从百草园到三味书屋》一文来谈一下。

这是一篇儿时生活回忆的作品,从题目上看,似乎是专写"百草园"和"三味书屋"这两个地方的,实际决不止此。它的内容极其丰富,除了对这两个地方的景物加以描绘以外,还有人物的刻画和故事的叙述。笔致是那样的生动而又富于风趣,令你读起来真是娓娓忘倦,不忍释手。

先就写景来说,文中所写的百草园真可以说是儿童的乐园。因为它虽是以"百草"命名,但里边并不是一片荒草,里边还有花和其他的植物,而且有些还结着肥美的果实,像碧绿的菜畦,高大的皂荚树,何首乌藤和木莲藤,特别是那紫红的桑椹,以及像小珊瑚珠攒成的小球,又酸又甜色味都比桑椹更好得远的覆盆子,不仅是儿童,就是大人,也会感到有无限的趣味吧。又何况这还是一个鸟儿和昆虫们聚乐的世界,有长吟的鸣蝉、低唱的油蛉和弹琴的蟋蟀,经常的在奏着交响乐。另外还有工作着的黄蜂、直窜云霄的叫天子和会喷出一阵烟雾的斑蝥,这不更加引人入胜么?

其次是故事作者是那样巧妙地由描写景物而引入到故事,在百草园中有些地方是长着长的草的,但那些地方是他们不去的,因为相传这园里有一条很大的赤练蛇,从赤练蛇而引出长妈妈所讲的美女蛇的故事来。这个故事是那样的神奇、幽美而具有传奇色彩,读后好像是看了一篇《聊斋志异》的神话故事。但文字浅显明白,却比《聊斋志异》容易懂得多,讲故事的人到最后总还不忘针对听者进行一番教训,充分地说明了人民群众对于文艺的理解,不是"为艺术而艺术"的。

除此之外,作者对于儿时活动的描述,这些活动有些是我们在儿时也曾这样做过的。像在雪天,到一个空旷的地方,用一枚短棒支起一面大竹筛,来捕鸟雀,在地上或树梢去寻蝉蜕,令人不觉地回忆起童年的快乐生活来。特别是私塾生活,作者的描绘真是活灵活现;大概普天下旧私塾,都是一个样儿。先生一不注意,学生都偷偷地跑出玩去了,等先生一发觉,吆喝了起来,于是都又一个个地慢慢走回来。念书的声音像浪潮一样,一阵一阵的。先生一不注意,声音就逐渐稀疏下去,先生一吆喝:"读书!"于是大家都又放开喉咙读一阵,像锅滚了似的。所以我看到文中写三味书屋,先生督斥学生读书的情况觉得非常真实而亲切,幼年在私塾读书的情况又历历现在眼前!

至于文中对人物的刻划,也达到传神的地步,三味书屋那位塾师的音容笑貌给我们的印象非常的清晰。他是一个方正、质朴、博学而且态度非常和蔼的老先生。他对学生不大用体罚,虽有一条戒尺,但是不常用,有罚跪的规则,也不常用,普通总不过瞪几眼,这和那些严酷而好在学生跟前逞威风的塾师,是有所不同的。但他有时也不免摆出老师的威严,不喜欢学生提问题,一次学生向他提出"怪哉这虫,是怎么一回事"的时候,他就现出了怒色,答道:"不知道。"给碰了回去。但他毕竟是喜欢具有天才的学生的，对作者最初很严厉，后来却好起来，同时也逐渐加重了他学习上的负担，使他逐步地提高，所以这位老先生还是有值得我们尊敬之处的。

其次是篇中刻画出了一个聪明、活泼而又非常调皮的儿童的形象，这就是童年时期的作者。他对于外界事物有着极其敏锐的感受，而且对任何事物都有着好奇心。他对百草园中景物感到幽美，一切的禽鸟，感到有趣。而把那个地方当成了自己的乐园。他听说何首乌根有像人样的，吃了可以成仙，于是就常常拔它起来，因而弄坏了泥墙。他听说"怪哉"这个虫的传说，自己了解不清楚，于是就向老师提出来。他对于所发生的与他有关的事物的反应，也是非常敏捷的。当他听到长妈妈同他讲的"美女蛇"的故事之后，他就"觉得做人之险，夏夜乘凉，往往有些担心，不敢去看墙上，而且极想得到一盒老和尚那样的飞蜈蚣。走到百草园的草丛边时，也常常这样想"。其次，当他要被家里送进书塾去的时候，他就对自己被送进书塾的原因，作了许多揣想："也许是因为拔何首乌毁了泥墙罢，也许是将砖头抛到间壁的梁家去罢，也许是因站在石井栏上跳了下来罢……都无从知道。"最后，对不能常去百草园表现了非常的眷恋和怅惘之情，说道："总而言之，我将不能常到百草园了，Ade，我的蟋蟀们！Ade，我的覆盆子们和木莲们！……"还有当他问了老师的问题，而得到了不愉快的答复时，他心里就想："我才知道做学生是不应该问这些事的，只要读书，因为他是渊博的宿儒，决不至于不知道，所谓不知道者，乃是不愿意说。年纪比我大的人，往往如此，我遇见过好几回了。"至于他对事物观察得仔细，也达到了可惊的地步。当他看到老师大声朗读一阵文章时，他就这样想："我疑心这是极好的文章，因为读到这里，他总是微笑起来，而且将头仰起，摇着，向后面拗过去，拗过去。"正因为在当时有那样细微的观察，所以后来写这篇文章时，才能这样的生动，真实，精彩！

这篇作品内容的丰富，已如上所述，但是如果不善于组织材料，就会写得乱七八糟。但是这篇文章是把景物、故事以及人物活动交织在一起,那样的错综复杂,但是条理井然,层次清楚,像行云,像流水,尽管起伏变幻,可是一点也不紊乱。即如从对百草园景物的描述,而拉到草里边的赤练蛇,由赤练蛇一转而又叙述长妈妈所讲的美女蛇的故事。接着又拉到冬天的百草园,因而联系到捕鸟的故事。这样把对百草园的描述告了一个段落。下边要转到对三味书屋的描述时,从自己听到要被送进书塾时的心里的想法写起,一面结束了上一段,一面也开始了下一段。从出了自己的家门叙起,写路上的景物,写先生的书房,写先生的神情以及他同一班同学们的活动,而最后以追念自己当时所影写的成本画册不知是否存在而作结束。这样就更加重地渲染出自己对儿童生活追忆的怅惘心情。作者儿时的天真活泼的愉快生活,正是作者写这篇文章时,所受到黑暗现实的排挤与倾轧的痛苦生活的鲜明对照。而这也正是作者所以不可避免地要对往事回忆的原因。至于把这种回忆写出来,大概是为了获得精神的休息,作为对自己的慰安吧,这就是作者所说的:

  我有一时曾经屡次忆起儿时所吃的蔬果、菱角、罗汉豆、茭白、香瓜。凡这些都是鲜美可口的,都曾是使我思乡的蛊惑。后来我在久别之后尝到了,也不过如此;惟独在记忆上,还有旧来的意味留存。他们也许要哄骗我一生,使我时时反顾。(朝花夕拾小引)

至于我所以把这篇东西作为一篇优美的儿童文学来看,就因为它生动地写出了儿童的趣味、爱好、心理和生活。它给我们树立了创造儿童文学的典范。其实不止这一篇,另外如《朝花夕拾》中《狗、猫、鼠》、《阿长与山海经》、《五猖会》以及《呐喊》中的《社戏》,都可以作如是观。从这些篇文章中,不只是领会到儿童文学应该怎样写,而且也可以理解到作者对儿童文学的看法和主张。

1956 年 12 月 10 日

后　记

　　我于1923年,考进河南一师。这个学校,当时许多老师是北大、北师大毕业的,他们都饱受五四运动的洗礼,在学校传播新思想同新文学。同时对学生,也一扫过去封建家长式管理的旧习,所以学校中充满了自由民主的空气,因而同学们在课堂外自由学习和研究的风气非常的盛。

　　在这样的环境中,我在课外读了许多古典小说,同时也接触到五四后的新文学作品,而鲁迅先生的《呐喊》,就是在这时看到的。当时由于自己的年纪小,对生活缺乏阅历,看起来还不深懂。后来《语丝》创刊了,开封是由一个文化学社代售,一期期都要买来读,后来就开始预订。尤其令我难忘的,是鲁迅先生的杂文集《热风》同《华盖集》对我的影响,在我幼小的心灵上,产生了对北洋军阀段祺瑞政府的憎恨。由于它压迫并镇压革命青年,接连爆发了女师大事件同震动全国的三一八惨案。而连带所及,也使我对依附北洋军阀政府的文人如章士钊、陈西滢之流,也非常的鄙视。

　　自己深感遗憾的,是我于1929年到北京读大学的时候,鲁迅先生已定居上海。但就在这个时候,国内文艺界某些人对鲁迅先生进行了攻击。我当时以霜枫的笔名,在报上发表了《我所见的鲁迅与岂明两先生》一文,对他们兄弟,从思想与行动上作了比较的论述。这是我赞颂鲁迅先生的第一篇论文,后被钱谦吾收入到他所编的《转变后的鲁迅》一书的中卷,被列到拥鲁派的言论中。

1932年,鲁迅先生回北京探亲,曾到师大讲演,我从西单白庙胡同宿舍,跑到和平门外校本部去听讲。那是一个下午,最初把讲演地点安排在风雨草棚,由于听众太多,临时又改为露天操场,把鲁迅先生拥到一个大的木台上。由于人声嘈杂,鲁迅先生的绍兴口音较重,所以听得不十分清楚。虽然如此,但鲁迅先生的服装衣着与神态音容,却给我以极深的印象。

20世纪30年代初,我到洛阳师范教书,这时国民党反动派的文化"围剿"已经开始,鲁迅先生的著作被禁止,新作更买不到。但我总要想方设法,从朋友处借到他的部分杂文集,如《伪自由书》、《南腔北调集》等。1936年鲁迅先生逝世的消息传来,当时感到非常的伤痛!曾写过《中国传统思想的叛逆者——嵇康、李贽与鲁迅》,当时因为内地学术刊物不多,因而未能发表。直到20世纪40年代,我把这篇文章加以压缩,才披露在南阳《前锋报》的副刊上。

20世纪40年代初,我到河南大学教书,曾在1941年参加了进步师生所举办的鲁迅先生逝世五周年纪念会。我写了纪念歌辞,由教育系教授陈梓北同志谱曲,在会上曾经演唱。这次纪念会,对当时同学们的影响很大,但同时也遭到国民党特务的嫉恶。与会的不少师生,曾被列进他们的黑名单中。

1942年,我在河大文史系开了现代文学及习作课,我利用这个机会,给同学们讲授了中国现代文学史(曾写出讲稿,1944年上卷在南阳前锋报社出版)。在这部书中,对鲁迅先生的生平、小说与杂文作了论述。由于当时学校在豫西山区,加上抗日战争的烽火还正在点燃,僻处一隅,看不到鲁迅先生的全部著作,并且自己还没有学习马克思列宁主义,所以对鲁迅先生的理解还非常片面而且肤浅。但由于自己对鲁迅先生的敬爱,因而这种景慕倾服的心情,不自觉地溢于论述他的字里行间里。

全国解放后,参加了政治学习,比较系统地读了马列主义的经典著作,同时对无产阶级文艺理论,也作了进一步地探索。恰巧学校领导让我担任现代文学教研室的工作,在讲授现代文学史的课程中,阅读了鲁迅先生的全部著作,进一步地认识到鲁迅先生为我国现代文学史上最伟大的作家,不论在哪方面的成就,都可以说是空前的。毛泽东同志称他为"中国文化新军最伟大最英勇的旗手"、"是中国文化革命的主将"、"不但是伟大的文学家,而且是伟大的思想家和伟大的革命家"(《新民主主义论》),鲁迅先生是丝毫当之而无愧的。尤其在20世纪20年代末,他成为一个马克思主义者,20世纪30年代他参与领导了左联,同国民党反动派进行了坚决的反"围剿"斗争,终于成为一位伟大的共产主义者。

从20世纪50年代初,我曾零星地发表了一些关于鲁迅先生研究的文章,1956年写成了《中国现代文学史讲稿》,书中把鲁迅先生作为专章比较全面地加以论述。就在这年,全国开展了鲁迅先生逝世20周年的纪念活动,我在《河南日报》上发表了介绍鲁迅先生的生平和论述他的杂文的论文。并在省府召开的纪念会上,作了关于鲁迅先生的专题发言。

1957年反右时,我被错划为右派,尽管1959年就摘掉了帽子,但很长时期不能发表文章,直到20世纪70年代后期,才又开始陆续发表了一些关于鲁迅先生的论文。今年为鲁迅先生诞辰100周年纪念,所以把20世纪50年代初和近几年写的有关鲁迅先生的论文约十几篇,辑成这本小册子,作为纪念,借以表示我对先生的崇敬与怀念之情。至于对先生的理解,由于自己水平所限,难免没有谬误之处,深望国内读者予以指正!

1981年5月18日

鲁迅散论续集

我所见的鲁迅与岂明两先生

我作这篇文章的动机，是因为看到本月一号《民言报》文艺栏中，征求"批评鲁迅周作人"的文章的启事而起的。不过在我没扯到正题以前，要先向读者诸君声明的，就是我并不是什么批评家，当然谈不到"眼光"与"态度"，但因平素常读他们的作品，而且我的脑海中印着他们二位的映像，好像觉得鲁迅先生是这个样子，岂明先生是那个样子，至于究竟这种映像，是不是他们二位弟兄的本来面目，那我就不敢说了。所以本文之所以定名为"我所见的"云云，也就是因为这个缘故。

在那篇征文的启事中，有这样的几句话：

> 文坛上的权威者鲁迅、周作人两作家，最近竟地位动摇。这倒周的笔战，已经由淞沪跨海过关，走入他们发祥之地的北平。——由北京转变的北平。

我觉得作者诸公先生，未免对于近来的文坛上的状况有点疏忽，这话在现在说是不切事实，即在半年前说，也一样的不切事实。为什么呢？就是因为今年的鲁迅，已非去年前年的鲁迅了。我们试看看近来的上海刊物——《萌芽》、《拓荒者》、《新月》同《小说月报》等杂志，那么我们就立刻可以知道现在的鲁迅已经同半年前攻击他的诸位先生们合作了。在第四期的《萌芽》上，不是明明载着鲁迅在新近上海他们组织的文艺团体，即所谓左翼作家联盟的会场上，讲演过的稿子吗？而且在无产文学的机关杂志《拓荒者》上边，载有钱杏村所作的《鲁迅论》，对于鲁迅的批评不是又换了口调了吗？现在我们怎能够说他的地位动摇呢？倘若我们把这话在半年前就说的话，那么对于鲁迅或者可以，在周作人就又不合适了，因为攻击周作人，不过才是近两月来的事实。——是因为黎锦明那封信而肇端的。我之所以说这么多近似废话的原因，就是在要表明鲁迅同岂明二先生，他们是不能相提并论的，不要说在现在不能相提并论，即在已往也一样的不能够相提并论。

鲁迅先生真正开始他的文学生活，可以说是在文学革命的时候。自从他发表了《狂人日记》同《阿Q正传》后，他在文学界的声望，就同朝日之升天一般，渐渐的腾跃起来了（他的文章曾在《新青年》、《小说月报》、《语丝》、《莽原》、《未名》、《京报副刊》、《晨报副刊》、《北新》、《奔流》、《朝花》、《萌芽》等刊物上发表过）。他在文坛上的贡献，除了译著外，最重要的有小说集《呐喊》、《彷徨》，杂感集《热风》、《华盖集》、《华盖续集》、《而已集》，等等。我们不要看别的，就从这几部书中就能以明了了他的真精神。至于岂明先生呢？他从事于文学，可以说很早，不过享盛名也一样的是在文学革命以后（他的文章曾在《新潮》、《新青年》、《小说月报》、《语丝》、《北新》、《京报副刊》、《华北副刊》、《新中华副刊》、《天津益世副刊》等刊物上发表过）。他的著作除介绍的以外，最重要的有《自己的园地》、《雨天的书》、《谈龙》、《谈虎》、《泽泻》、《永日》等集。同样的，在这几部著作中，我们可以明了了他，对于人生同文学所持的态度。好啦！现在就不妨把我真正要说的话说出来了。

鲁迅先生在一般批评他的时候，说他是"战士"，我对于"战士"这两个字加在他的头上，觉得最切当不过了。他在各方面可以说都是很急进的。譬如先就文学方面说吧，鲁迅先生的古文，在当初也是写得顶不错的，但是自从文学革命的声浪爆发后，他很毅然的用白话来写小说，结果写得那样的成功。文学革命成功了以后，中国的文坛上可以说千奇百怪，我们固然不能说某人属于西洋的某一派，但是我们可以很显明的看出某人是受过某派的影响的。什么近似浪漫的作品，近似唯美派的作品，都出现了。可是鲁迅先生呢？他的小说则几乎完全是属于自然主义的一派的。所以他的作品同别的比较着，已经切合于人生了。在他那冷酷的解剖与热烈的嘲弄的笔锋下，确是给一般中国人以猛烈刺激。比那些不痛不痒专门嘲风弄月，开口"情人"闭口"接吻"的作家们的作品，对于社会的影响已经大得多了。至于近来呢？普罗文学勃兴以后，好像是他有点落伍了似的，但是哪知他在努力地在研究，努力地在工作呢！他知道空喊口号是没用的，所以翻译些关于普罗文学的理论的书籍，如《文艺与批评》、《艺术论》、《新兴文学之诸问题》等。以求把普罗文学在中国树一稳健的基础。到了近来，一般主张普罗文学的作家们才晓得鲁迅先生并不是落伍了，仍是在仔细地研究，拼命地追赶新的文学的潮流呢，所以他们就联合起来，站在同一的立场上去努力，去奋斗了。谈到思想方面，鲁迅先生更是一位不可干犯的"战士"，在他的《狂人日记》中已经极力的表示对于中国旧思想的嫉恶与痛恨。至于他的杂感文，几乎没有一篇不是在向宗教思想施以凶猛的打击的，因为他对于中国所有的传统的见解太厌恶了，所以他主张青年不要读中国书。他平常对他的朋友常常说要得施行所谓"思想革命"，一直到现在，他的态度更来得强硬，如同松柏一般，岁愈老而枝干愈显得苍劲，我们看他的主张差不多是始终一贯的，我们无论怎样的苛求，难道说对于他还能忍心表示出特别的不满吗？

现在要谈到岂明先生了，岂明先生对于文学的态度，根本与鲁迅先生不同，鲁迅先生有点是"为人生而文学"，岂明先生呢，则是"为趣味而文学"。在他的《燕知草》跋中，曾经这样的说道：

> 而现在中国情形，又似乎正是明季的样子，手拿不动竹竿的文人，只好避难到艺术世界里去。这原是无足怪的，我常想文学即是不革命，能革命就不必需要文学，及其他种种艺术或宗教。因为他已有了他的世界了，接着吻的嘴不要唱歌，这理由是一致。

所以"文学是不革命的",这是岂明先生的见地。确实一般文人是有点这种情形,因为他不满意于现实,所以要逃避到"象牙之塔"或"艺术之宫"中去,消磨他们的岁月,人间的事只有不闻不问了。但是虽然他们不能去积极的革命,可是他们倒能消极的反抗,所以他又说:

> 明朝的名士的文艺,诚然是富有隐遁的色彩,但根本却是反抗的。

这些话固然是岂明先生批评明代文人的话,但我们很可以借过来再还给他的。近几年来他很努力的去写清淡的小品文,在《雨天的书》中,他曾说过关于他的志愿的话。但我们要知道写清淡的小品是得有相当的修养的,决非随随便便就可以写到好上的,我们看六朝、唐宋、明清的小品文的作家,不是带几分避世的态度的隐者,就是染几分弆髦礼教的习气的名士。倘若眼目中不能看穿一切,心境上不能恬静闲适的话,恐怕作文去,很难以达到清淡的地步吧。至于岂明先生呢?他确是做到这种地步了,我们看他近来的作品,不是很丰富的,带着悠闲清淡的意味吗?不过在悠闲之间,或不时对于社会有点讥嘲的话头,这或者也就是反抗精神的表现吧?所以我们假若要说鲁迅先生是一个积极的革命者,那么岂明先生,或者当得起一个"消极的反抗者"的徽号吧!

最后说到他们二位的是非问题,当然比较着在现在的中国很需要所谓像鲁迅先生这样的作家。但是假若我们要站在文学的立场上去看,那是没有什么是非可以分的。在我们中国文学上,有所谓"李杜",有所谓"韩柳",其实他们都是时代的产儿,不过因为天赋予的性格不同,结果作品也就分道扬镳,各走极致,我们要说他们作品对于后世影响的大小,那是可以的,但要是硬去分出他们的优劣来,那就未免有几分多事了。至于鲁迅同岂明二先生呢?他们对于文学所持的态度根本不同,所以出发点自然也不一致,更无怪乎到现在一个是极力赞成普罗文学,一个仍然安居在往日的文学园地里。我们即令现在怎样地攻击他们,或者是叫鲁迅先生不要参加这新的文学运动,或者是叫岂明先生参加这新的文学运动,恐怕都是不大可能吧?不过我深有所感的,就是时代奔跑得竟如此的快。现在文坛上的情形,不是同中华民国成立的前后的政治上的情形有些相像吗?在当初戊戌政变的时候,康梁是极新的人物,一般士大夫阶级都视之为洪水猛兽,但到中华民国以来,他们简直被视为"老朽昏庸"、"头脑顽固"者了。在攻击他们的,也忘掉了几十年前他们光荣的历史,而他们呢?自己也不觉得为什么竟赶不上新的潮流。至于现在呢?不是同样的,有许多被人视为鹄的的一些作家,也算是十年前文学革命运动时代的健将吗?

十九,五,二号于师大。

(原载《新晨报》副刊 1930 年 5 月 6 日)

鲁迅先生在创作上是怎样把现实主义与浪漫主义统一起来的

——为鲁迅先生逝世 15 周年纪念而作

  鲁迅先生早年的文艺思想,显然的是受有浪漫主义的影响。他不仅钦佩着 19 世纪欧洲文艺史上浪漫运动中的一部分大作家,而且对他们一往直前反抗斗争的精神倍加礼赞。他称道拜仑:

   如狂涛如厉风,举一切伪饰陋习,悉与荡涤。……精神郁勃,莫可制抑。……不克厥敌,战则不止。(《摩罗诗力说》)
而终于认为"自由在是,人道亦在是"。他又称道修黎,说他是:

   神思之人,求索而无止期,猛进而不退转。……若能真识其人,将见品性之卓,出於云间。热情勃然,无可阻遏。……扬同情之精神,而张其上征渴仰之思想。使怀大希以奋进,与时劫同其无穷。(同上)
从这里可以看出鲁迅先生在 1907 年左右,是如何向往于浪漫派诗人这种有理想、有勇气而又富于热情,为获得自由不惜与旧社会战,虽至于死而犹不悔的高贵的品质与坚强的精神。

  可是到了"五四"前后,他在创作上所表现的,主要的是现实主义的态度。像《呐喊》中的一些代表作《阿Q正传》、《孔乙己》、《药》同《风波》之类,一直到后来《彷徨》中各短篇,没有不是贯彻着他那种冷静的解剖社会、表现社会与抨击社会的作风。

从以上这两个时期(1907年到1917年)看来,好像鲁迅先生是由热情的浪漫主义走向了冷静的现实主义。可是我们再看鲁迅先生在1925年前后所发表的散文诗集《野草》同历史小说《故事新编》这两部作品,不管是内容同形式,都含有浓厚的浪漫主义的色彩。那么从"五四"到"五卅",鲁迅先生在创作上是不是又从现实主义回到浪漫主义了呢?

要是这样的来解释鲁迅先生的创作,那就是从表面看问题,机械的看问题,其结果必然的是了解不到问题的本质。同时对鲁迅先生同一时代的作品中有用现实主义的手法的,但也有用浪漫主义的手法的,即如《呐喊》中的《不周山》(后在《故事新编》中改名为《补天》),在创作方法上显然是与其他各篇是不同的。又如在同一篇文章中像《摩罗诗力说》,一面称赞浪漫派的大诗人拜仑、修黎等,一面又称赞现实主义大戏剧家伊卜生。这一些矛盾之处,将怎样解释呢?

所以我们必须用辩证的方法来看问题,那么这些矛盾就很容易地可以得到解决了。笔者以为鲁迅先生在创作态度方面,基本上是现实主义的,他在开始立意要走向文学的道路时,就是有目的底想拿文学来教育群众,"改变他们的精神"(《呐喊·自序》)。就这一点来说,已经是百分之百的从现实出发了。他不是基于个人的兴趣,也不是为了个人的名誉,也就是说在出发点上,不是个人主义的。这一点同一般浪漫派的作家是大不相同的。其次,他为了憎恶现实的丑恶,所以立意要改造它。为了要改造它,所以对它就进行了正视、分析、暴露、抨击的工作。这从他的小说《呐喊》、《彷徨》以及杂感文《热风》一直到《且介亭杂文》,都充分的说明了这一点。所以说,鲁迅先生在创作态度上基本是现实主义的。

但是鲁迅先生在创作的表现上,是不是也有浪漫主义的色彩呢?我们肯定的说是有的。但鲁迅先生所走的浪漫主义的路与一般浪漫主义的作者是极不相同的。这种不相同,根本上即在鲁迅先生是从群众立场出发的革命的浪漫主义,而不是从个人本位出发的空想的浪漫主义。因之鲁迅先生在他的作品中所表现出的浪漫主义的色彩,首先是他的郁勃的热情。基于他这种热情,就表现为对民族国家和人民的热爱与对反动的统治和压迫者的痛恶。其次是他那种敢于同黑暗势力和丑恶社会单身鏖战的勇猛精神。这一些,都可以说百分之百地具有19世纪英国浪漫诗人拜仑和修黎的反抗精神,而绝然的与那般冷酷的自然主义的作家不相同的。至于他的表现手法,由于在明枪暗箭种种迫害的情况下,不便于直然的用现实主义的手法,或某一些思想情绪不可能用现实主义的手法来表现时,于是就用浪漫主义的手法来作补救。像《野草》中的《过客》、《死火》、《失掉的好地狱》、《这样的战士》等诗篇以及《故事新编》中的《补天》、《理水》、《铸剑》、《起死》等小说,都是属于这一类的作品。

鲁迅先生具有浪漫诗人的热情,而这热情又是对广大人民的爱与对压迫者的憎,所以他的现实主义的作品具有潜在的沸腾的热力。像《阿Q正传》、《祝福》同《孤独者》三篇,作者对各篇中的主人公阿Q、祥林嫂以及魏连殳的态度,真是嘲讽中含着热泪,冷静里埋着激动。这与一般自然主义的作品,单纯的对现实作着刻画和暴露是迥然不同的。

其次,他的作品又惟其是以现实主义作基础的,所以有时虽用浪漫主义的表现手法,但决不流于个人的空想,而是一一的都反映了现实,一一的都不脱离现实的作品。从《过客》中表现出作者对现实的肯定与坚决勇毅的继续走向前去的精神。从《这样的战士》中表现出作者单身鏖战,与敌人毫不妥协的战斗意志。从《理水》中表现出作者对那种脱离现实、自以为是、抱着一偏之见而只会妄发空论的学者们给以无情的嘲讽。同时对于实事求是,为拯救人民于水火,不惜忍苦耐劳、牺牲个人一切的实行家,给以崇高的礼赞。在《铸剑》中一面写出对残酷的统治者的憎恨,一面又写出反抗者为谋替同一阶级的被压迫者复仇不惜牺牲个人性命的英勇行为。这一些都是具有现实意义与教育意义的作品,我们是可以把它们列入到革命的浪漫主义的宝库中去的。

就因为如此,所以鲁迅先生晚年的杂文已成为新现实主义的了,但是我们追溯起来,鲁迅先生早期的作品,若就他的创作态度与方法而论,已经具有新现实主义的雏形了。不过当时鲁迅先生对中国社会的将来究竟应该走什么样的方向和道路,还不敢十分的肯定,因之就使他感到若干的摸索和彷徨之苦。同时这种情绪反映到作品中,往往不免带有稍许感伤和苦闷的情调。但到了1928年后,由于马列主义的启示与中国共产党的帮助,鲁迅先生就益发的振奋了起来,在作品中更充满了战斗的精神与乐观的情绪,领导着文坛上一支强大的新军,向着旧的反动势力勇猛的进击(冯雪峰《党给鲁迅先生以力量》),不过可惜的是鲁迅先生晚年曾计划着要写一部长篇的小说,还没来得及动笔,就不幸而逝世了。对新中国的展望没有能够在他的创作中表现出来,这不能不说是我们文坛上一个不可补偿的损失(冯雪峰《鲁迅先生计划而未完成的著作》)。

现在我们文艺工作者来纪念鲁迅先生,首先就应该学习鲁迅先生对人民的热爱与对祖国的热爱,同时对反动统治者的痛恨与对帝国主义的痛恨,还有他的渴望光明与追求理想的执着而坚强的精神。其次要学习鲁迅先生对社会的分析研究与实事求是的科学态度。能够这样,才会很好的把现实主义与革命的浪漫主义统一起来,而产生出一方面对人民胜利伟大现实的反映,一方面对未来灿烂远景的展望的新现实主义的作品。

(原载于1951年《新中华》10卷24期)

伟大的文学家、思想家和革命家
——鲁迅先生的一生

——为纪念鲁迅先生逝世20周年

一

鲁迅先生是我国现代最伟大的文学家、思想家和革命家。他的一生,正是中国人民企图从封建主义和帝国主义压迫下谋取解放而进行革命斗争的时代。鲁迅先生生当这个时代,他自始至终都是站在时代的前面,接受了革命的思想,来和那顽固保守反动的腐朽思想进行着不妥协的斗争,终于由进化论发展到阶级论;由激进的民主主义发展为马克思主义;由一个革命的小资产阶级发展为布尔什维克化的无产阶级的战士。他是从黑暗的满布荆棘的道路上杀过来的,他对敌人那种持久的坚韧的长期不懈的战斗给后人树立了永世不磨的光辉榜样。

他平生为了战斗而写出的著作以及翻译的文字,在数量上达800万言之多。从它的内容来说,真无异一片汪洋大海,包罗万象。这全是他的渊博的学识、敏锐的观察、深湛的思想与中国革命现实生活具体相结合的产物。它不仅正确地反映了人民的革命斗争生活,而且还指导并促进了人民革命斗争事业的发展。它将永远是我们民族在文化教育上取之不尽用之不竭的矿藏和源泉。

现在我们纪念鲁迅先生,目的是在促使我们积极地学习鲁迅先生。而要学习鲁迅先生,首先要了解鲁迅先生。因此现在把鲁迅先生战斗的一生,光辉的一生,扼要的叙述在下面。

二

鲁迅先生姓周名树人号豫才,鲁迅是他的笔名。于1881年生于浙江绍兴县一个破落的中产家庭里。他的父亲晚年多病,家境困窘,为了疗治他父亲的病,他有好几年几乎每天出入于当铺和药店,把家里的衣服或首饰拿去当了,在侮蔑里接了钱,然后再给他父亲去买药。到后来他父亲终于死了。由于家境由小康而堕入困顿,因之就备受别人的轻视和冷遇。这种世态的炎凉给鲁迅先生的刺激是很大的。另外,鲁迅先生童年时代,在故乡的生活有些是很值得我们注意的。首先是他儿童时期的保姆长妈妈,她经常给他讲述民间传说,像"长毛"以及其他的神话故事之类,并且给他买来了他久想得到而得不到的《山海经》。所以后来鲁迅先生的注意民间文学并在创作上创造性的来运用民间文学,在思想上永远和人民一起,这些都可以说是与儿时所受民间文学的影响分不开的。

其次是鲁迅先生外祖父家住在乡村。他每次到外祖父家时,总是和乡间的孩子们在一起玩,同他们建立了极其亲密的友谊。因而更熟悉农民的生活以及他们敦厚而朴质的品性,同时也很自然地受到了他们那种勇敢而富于反抗精神的影响。瞿秋白同志讲:"他的士大夫家庭的败落,使他在儿童时代就混进了野孩子的群里,呼吸着小百姓的空气。这使他真像吃了狼的奶汁似的,得到了那种'野兽性'。"[1]

---

[1] 瞿秋白:《鲁迅杂感选集序》。

还有,鲁迅先生的故乡绍兴是在浙江省的东部,在春秋时代是越国。当时越王勾践为吴国所败,最后以余兵5000保栖于会稽,这个会稽山就在绍兴县。正因越王在失败之后,能够励精图治,20年间灭了吴国,雪去了国耻,因之给后来当地的人民影响很大。从南宋一直到晚明,在异族入侵的时候,浙东一带不知道出现了多少为保卫祖国而牺牲的爱国志士。这种乡贤的精神,给鲁迅先生的影响也很大,所以鲁迅先生时常称道当地先贤这样的一句话:"会稽乃报仇雪恨之地,非藏垢纳污之所。"

总之鲁迅先生的反抗精神与爱国主义思想,从童年时代即已种下了根。以后随着时代的前进与年岁的增长,而继续的发展起来。

三

由于生活的困窘,在1898年,鲁迅先生在寻找新的出路的情况下,拿了母亲所备办的8元川资而去南京考进了水师学堂,不久又改入了矿路学堂。这一年正是戊戌变法的一年,西洋的新思潮已经流入到中国来了。鲁迅先生就在这时,读到梁启超所办的《时务报》和严复编译的《天演论》,同时还经常翻阅林琴南所翻译的外国小说。这样鲁迅先生就不知不觉的成为一个进化论者,而且成为一个文学的爱好者。

1901年,鲁迅先生在矿路学堂毕业后,就被派到日本去留学。当时是在戊戌变法失败,接着又有庚子的事变之后,国内有很多革命志士,在日本酝酿推翻清朝的革命运动。鲁迅先生的乡前辈章太炎,由于在国内从事活动,被捕入狱,后来出狱后,也到东京主编《民报》,越发的鼓吹起革命来。他的为革命而斗争的文字,深深地感动了鲁迅先生。至于鲁迅先生到日本后最初决定要学医,他的理想是预备毕业后回国,救治像他父亲似的被误的病人的疾苦,战争时候,便去当军医,一面又促进了国人对于维新的信仰。① 但是后来他这样的理想破灭了,因为他从影片中看到日俄战争的片子,日本人捉了一个为俄国作侦探的中国人,正在要砍下头来示众,同时有许多中国人则是为了观赏这个示众的盛举,竟把这被示众的同胞围了起来。鲁迅先生对这件事,受到很大的刺激。从那以后,他觉得医学并非一件紧要事,凡是愚弱的国民,即使体格如何健全,如何茁壮,也只能做毫无意义的示众的材料和看客,病死多少,是不必以为不幸的。因此他认为第一要着,是改变国民的精神。而善于改变精神的则首推文艺。②于是他就决计舍医而从事文学运动了。

鲁迅所打算从事的文艺运动并未获得成功,就在这个期间他曾从他素所景慕的"有学问的革命家"章太炎问学。他受到章太炎的反儒家思想、爱国主义思想以及他的坚强的革命斗争精神影响很深。他曾经参加章太炎等所组织的光复会,从事推翻清朝的革命运动。就在这个时期他曾写了"自题小照"一诗,从"我以我血荐轩辕"的句子上,可以看到他的甘愿为祖国而洒热血抛头颅的高度的爱国主义的热忱。

辛亥革命后,清朝垮台了,鲁迅先生最初作绍兴师范校长,1912年又到北京教育部任职。但鲁迅先生对于这次革命,是感到无限的失望的,他认为民国元年以后最得意的只是没有了辫子在路上走不再被人笑骂了。他沉痛地说:"阿,造物的皮鞭没有到中国的脊梁上时,中国便永远是这一样的中国,决不肯自己改变一支毫毛!"③他由失望、沉痛而感到无边的寂寞。为排遣这寂寞,想方法来麻醉自己,于是就终天躲在会馆里,抄写古碑。但是新时代的革命浪潮终于又到来了,作为时代先驱者的鲁迅先生,并不能长期沉默下去的,所以

---

① 鲁迅:《呐喊自序》。
② 鲁迅:《呐喊自序》。
③ 鲁迅:《头发的故事》,见《呐喊》。

最后他终于成为革命的火药的点燃者,在整个革命火焰的燃烧中,鲁迅先生被锻炼成为一位革命的巨人。

<h2 style="text-align:center">四</h2>

1915年,在北京出现了一种综合性的刊物《新青年》,这是当时一些先进人士所办的刊物,目的在介绍新思想,反对旧思想,因而就引起了一场思想上和文学上的革命运动。1917年十月革命爆发了,跟着是马克思主义被介绍到中国来,这样就给当时行将爆发的思想革命与文学革命注入了新的血液,赋予了新的精神。鲁迅先生正如高尔基所描绘的,乃是五四革命风暴即将到来前的"海燕"。他在1918年5月,发表了第一篇杰作《狂人日记》,以极其愤慨的心情揭发并鞭打了中国几千年来的封建文化和封建制度,宣布旧社会乃是"吃人"的社会,而喊出"救救孩子"的呼声。由此开始,鲁迅先生以英勇豪迈的战士姿态出现于中国的文坛。他以他那绚烂的彩笔,历史地真实地刻画了旧中国旧社会面貌。同时又分析解剖了旧中国的疮痍。为了要"催促新的产生,对于有害于新的旧物,则竭力加以排击"①,他深切地相信社会是进化的,将来必胜于现在,青年必胜于老人,因而他对未来光明抱着无限的希望,并且把未来幸福社会的创造者寄托于当时广大的青年们身上。至于对那封建的传统思想以及卫护这种思想的复古主义者、国粹主义者,则同他们进行了坚决的斗争。他和学衡派战,和甲寅派战,并且和那背叛了革命,投靠到帝国主义与封建主义的以胡适为首的现代评论派战。最后终于受到反动势力的迫害,不得不离开了北京,跑到厦门,最后又跑到广州。

1927年北伐革命爆发了,但是这次革命由于中国共产党的领导者陈独秀犯了右倾机会主义的严重错误与中国大资产阶级以蒋介石

---

① 鲁迅:《我和〈语丝〉的始终》,见《三闲集》。

为首的国民党反动派叛变了革命,而终于遭到了失败。这次失败,又一次地给鲁迅先生以极大地刺激,动摇了他一向所信仰的进化论。过去他总以为所有的青年都是好的,但在这次国民党反动派屠杀革命青年的时候,鲁迅先生亲眼看到"杀戮青年的,就是青年。或者告密,或者亲自捕人"。鲁迅先生后来说:"过去军阀杀青年,我悲愤过,这回我还来不及悲愤,早已吓昏了,我的进化论完全破产。"①就因为这,促使鲁迅先生进一步地研究马克思主义,继续地探索解放中国、解放中国人民的道路,最后终于在思想上有了一个飞跃的前进。

(原载于1956年10月9日至11日《河南日报》)

---

① 冯雪峰:《回忆鲁迅》,第三〇页。

鲁迅是怎样走上文学道路的

鲁迅是我国历史上最伟大的文学家。但他最初并不是立志要从事文学活动的。他之走上这条路子是曾经过一段曲折的历程的。现在我们研究一下这段历程,不仅会使我们对鲁迅的伟大有着更进一步的理解,同时也会给我们以更多的启发和教育。

鲁迅13岁时,遭遇了家难,祖父因科场事件被捕入狱。为了营救祖父,家道因而中落。最初他曾避难到农村里的外祖母家,农村生活使他有机会接触到农民们。那时候的中国,已经由封建社会沦为半封建半殖民地社会。农村经济破产,农民受着地主、封建统治者的残酷剥削和压迫,所以生活非常的困苦。鲁迅后来回忆当时他的思想变化道:"我生长于都市的大家庭里,从小就受着古书和师傅的教训,所以也看得劳苦大众和花鸟一样,有时感到所谓上流社会的虚伪和腐败时,我还羡慕他们的安乐。但我母亲的母家是农村,使我能够间或和许多农民相亲近,逐渐知道他们是毕生受着压迫,很多苦痛,和花鸟并不一样了。不过我还没法使大家知道。"(英译本《短篇小说自序》)这段话非常重要。从这里我们知道鲁迅后来为什么会从事创作,以及创作的内容同他所采用的创作方法的根源。

鲁迅幼年由于家道中落,父亲患病,为了医治父亲的病,经常到当铺典当衣物,因而备受世人的冷眼。他说:"有谁从小康人家而堕入困顿的么,我以为在这途路中,大概可以看见世人的真面目。"

(《呐喊自序》)另外给他刺激更深的,是他的本家长辈一位衍太太,对他初则进行教唆,继而又造谣诬蔑,说他偷了家里的东西去变卖了。他的心灵受到了极沉重的打击。后来他追忆当时的情况道:"这实在使我觉得有如掉在冷水里,流言的来源我是明白的。倘是现在,只要有地方发表,我总要骂出流言家的狐狸尾巴来,但那时太年青,一遇流言便连自己也仿佛觉得真是犯了罪,怕遇见人们的眼睛,怕受到母亲的爱抚。"(《朝花夕拾·琐记》)

由于他对家乡那些所谓上流社会的虚伪与腐败的憎恶,所以决心要离开那里。他说:"S城人的脸早经看熟,如此而已,连心肝也似乎有些了然,总得寻别一类人去,去寻为S城人所诟病的人们,无论其为畜牲和魔鬼。"(《琐记》)从这里可以看出鲁迅正是在当时社会的轻蔑与毁谤下,深深地认识到当时社会的人情世态,并决心远走高飞,"走异路,逃异地,去寻求别样的人们"。由于经济上的困窘,当时只有南京有无须学费的学校,他因而决定到南京去。

鲁迅到南京读书的时候,正是戊戌变法那一年。他最初进水师学堂,后又转到矿路学堂。在学习期间初步接触到科学一类的科目。他在《呐喊自序》中说:"在这学堂里我才知道世上还有所谓格致、算学、地理、历史、绘画和体操,生理学并不教,但我们却看到些木版的《全体新论》和《化学卫生论》之类了。"由于这些科学知识和从译书的历史上,知道日本维新是大半发端于西方医学的事实,这样就使他产生了后来到仙台学医的思想。

另外值得注意的是,他在这年受到维新派的思想影响,开始阅读当时刚刚出版的严复译的赫胥黎的《天演论》,受到达尔文进化论的影响,明白了"物竞天择"、"优胜劣败"、"适者生存"的道理。又读到梁启超等人编的《时务报》,这使他接受了康梁等维新变法的思想,而这种思想,又表现在他平日的言论中。由于他的思想的发展变化,竟然使他一位本家老辈,有点看不惯了。为了对他这种新思想进行消毒,于是把报纸上揭载的一位朝廷中的老官僚许应骙弹劾康有为的上书,命令他抄下来去看。但鲁迅坚持了自己的观点,仍然自己不觉得有什么不对,还照旧地看《天演论》。

在南京读了四年书,鲁迅感到不论是作水兵,还是去开矿,自己却没学到真实的本领,学问是"上穷碧落下黄泉,两处茫茫皆不见",因而决定到外国去。

鲁迅是1902年到日本留学的,这时清政府已同帝国主义者订立了《辛丑条约》,国势越发危急。另一方面革命浪潮在国内已逐渐高涨,同时在日本也有许多革命党人在那里从事革命活动。鲁迅当时与不少具有革命思想的留学生往来,因而在思想上有着进一步的发展。他在1903年就毅然决然地剪掉了发辫,这实际上就是表示同清王朝决裂。另外在自己小照上题了首充满爱国激情的诗作:"灵台无计逃神矢,风雨如磐暗故园。寄意寒星荃不察,我以我血荐轩辕。"青年时代的鲁迅,这时已发出了为挽救祖国危亡,决心献出自己热血的誓言。

但鲁迅当时还是一个科学救国论者,他按照自己在南京时的理想,决定到仙台医学专门学校去学医,目的是"预备卒业回来,救治像我父亲似的被误的病人的疾苦,战争时候便去当军医,一面又促进了国人对于维新的信仰"(《呐喊自序》)。

但是在学医期间却发生了两件给他刺激很大的事。一是在一次考试时,由于成绩的优良,遭到同班一些同学的嫉忌,因而怀疑教师向他泄露了试题。到后来经过查证,虽然真相大白了,但却给他心灵上以沉重的打击,使他认识到一个弱国的留学生,在日本同学看来,当然是低能儿,"分数在六十分以上,便不是自己的能力了"。另一次是在课堂上看当时日俄战争的时事影片,一个给俄国人作侦探的中国人被日军枪毙时的情况。在场的许多中国观众,个个脸上呈现着麻木的神情。尤其使他感到难堪,而又痛心的,是和他一起看电影的日本同学中间,却在这时爆发出了一阵掌声和夹杂着"万岁"的欢呼声。这使他的思想发生了极大的变化,他觉得学医并非一件紧要事,"凡是愚弱的国民,即使体格如何健全,如何茁壮,也只能做毫无意义的示众的材料和看客,病死多少是不必以为不幸的。所以我们的第一要著,是在改变他们的精神,而善于改变精神的是,我那时以为当然要推文艺,于是想提倡文艺运动了。"(《呐喊自序》)。

鲁迅是这样一个果断的人,当他确定为祖国的前途应该从事文艺的时候,他就毅然放弃了学医,回东京从事文艺运动了。鲁迅是具有深湛的文艺素养的,幼年在家乡,读了许多中国古代文学名著。到日本后,当时梁启超正在提倡"诗界革命"同"文学革命"。同时林纾也和别人合作翻译了不少西方文学名著。对这些译作,鲁迅几乎没有不看的。鲁迅一面阅读一些译著,一面由于外文程度的提高,能直接阅读一些西方文学名著的原作。正由于他具有这样的根基,所以他才产生了从事文艺运动的意图。

但鲁迅当时要搞文艺运动的动机,并不是借此成名成家。而且他自己并不想创作,注重的倒是在绍介,在翻译,而尤其注重于短篇,特别是被压迫民族中的作者的作品。为什么要这样呢?即为了革命。因为当时革命派要推翻清王朝,尤其是光复会提出排满论。光复会中的领导人物之一章太炎,曾经写了《驳康有为论革命书》,并给邹容的《革命军》写序,把批判的锋芒直指清王朝的最高统治者光绪皇帝,说:"载湉小丑,不辨菽麦。"因此,后来和邹容同时被捕入狱。在狱中,他抱着决心献身革命的豪情,赠诗给邹容,互相勉励。诗中后四句写道:"英雄一入狱,天地亦悲秋。临命须搀手,乾坤只两头。"这深深地感动了鲁迅,也使鲁迅产生了对这位有学问的革命家的仰慕。最后,鲁迅终于和一些留日的浙江同学,请章太炎给他们讲学,而受业为章氏弟子。

为了用文艺来唤醒国人,推进革命,鲁迅在翻译外国文学时,便特别注意被压迫民族中的作家的作品,因为借他们的叫喊和反抗,可以激发一般读者的革命精神。因此,所看的俄国、波兰以及巴尔干诸小国作家的作品就特别多,也曾热心地搜求印度和埃及的作品,但是得不到。鲁迅当时除和周作人共同从事对外国小说的翻译外,他还写了一些评论并绍介欧洲摩罗派作家的论文,这就是有名的《摩罗诗力说》。他称颂赞助希腊独立,和战死的叛逆诗人拜伦;他推崇敢于反抗不合理的社会现实,塑造了为真理不惜被判为"国民公敌"的英雄形象的剧作家易卜生;也赞扬为祖国的自由解放而死在哥萨克的枪尖上的匈牙利诗人裴多菲……鲁迅总结了这些作家们的品性、言行、思维,"虽以种族有殊,外缘多别",但就其精神而论,则有共同一致之处,即"无不刚健不挠,抱诚守真;不取媚于群,以随顺旧俗;发为雄声,以起其国人之新生,而大其国于天下"。可是反过来看看我们中国,谁能够同他们相比呢?最后鲁迅以非常沉痛而悲哀的情绪发出无限的感慨道:"今索诸中国,为精神界之战士者安在?有作至诚之声,致吾人于善美刚健者乎?有作温煦之声,援吾人出于荒寒者乎?家国荒矣,而赋最末哀歌,以诉天下贻后人之耶利米,且未之有也。"他感到当时中国文艺界是一片荒芜和萧条,因而决心纠集一部分同志,来办刊物、印集子。但是张罗了一大阵,最后还是失败了。

鲁迅企图搞的文艺运动,虽没有成功,但他在章太炎的影响下,却参加了革命团体光复会,并发表了一些政论性文章,如《文化偏至论》与《破恶声论》等,抨击了当时的洋务派、维新派以及借革命之名而谋私利的假革命派。同时参与了革命活动。后来为了家庭生活问题,于1909年回到了中国。

1911年武昌起义时,鲁迅正在家乡绍兴任教。当革命胜利的消息传到绍兴后,鲁迅以极其兴奋的激情,来迎接久已盼望到来的革命。他曾把校中同学组织起来欢迎革命军,帮助维持市面秩序。但是后来领导地方的革命同志的荒谬措施和腐朽作风,却使他非常失望。不久,他就被邀到南京临时政府教育部工作去了。

辛亥革命正如毛泽东同志说的"只赶走了一个皇帝",其他却没有什么大变化,并且为时不久,原来清朝的大军阀大官僚袁世凯就篡夺了革命果实,掌握了大权,于是反过来便镇压革命派,接着又是阴谋恢复帝制的活动。这样社会更是一天天地坏下去。鲁迅这时对革命的希望幻灭了,正如他后来在《野草》的《希望》中所表现的当时的心情:"我的心也曾充满过血腥的歌声:血和铁,火焰和毒,恢复和报仇。而忽而这些却空虚了,但有时故意地填以没奈何的自欺的希望。

希望,希望,用这希望的盾,抗拒那空虚中暗夜的袭来,虽然盾后面也依然是空虚中的暗夜。然而就是如此,陆续地耗尽了我的青春。"

就在这空虚中的暗夜里,于是他采用了种种办法来麻醉自己的灵魂,使自己沉入于国民中,使自己回到古代去,这就是他之所以很长时期在 S 会馆钞录古碑的原因。直到五四运动前夜,陈独秀主编的《新青年》创刊后,发动了思想革命和文学革命运动。鲁迅这时在他的老朋友钱玄同的怂恿下,写了第一篇像春雷一样震动了思想界与文学界的小说《狂人日记》,从此一发而不可收,终于为中国文学史揭开了新的篇章,而成为中国新文学的奠基人。

鲁迅在成为中国文坛上的巨人之后,他并没有停步不前,而是继续随着历史的发展,经过多次严峻的阶级斗争的考验,在和形形色色的反动文人及人民的敌人的战斗中,不断地进行着无情的自我剖析,并努力学习无产阶级导师们的革命著作,终于由革命的民主主义者发展成为一个伟大的共产主义战士。在反动势力的压迫下,鲁迅从没有停止过战斗,即使是 20 世纪 30 年代,左联文艺在蒋介石的白色恐怖和文化围剿之下,他还是率领着革命的文学作家们,冒着生命危险,呼啸着奋勇前进,直到他生命的最后一息。他以坚韧的战斗意志,用他那锋利的投枪和匕首,为中国人民革命,建立了旷世无匹的伟大功勋。

根据以上情况可知:

(一)鲁迅到日本后,最初的学医以及后来弃医学文,在思想上始终贯穿着一条为祖国前途,为改造祖国社会的红线。他之能成为中国最伟大的文学家、思想家、革命家,就在于他没有为个人名利来打算的自私自利之心。他在专业上的改变,他从旧民主主义革命到参加中国共产党所领导的新民主主义革命,没有不是从祖国的需要和人民的利益出发的。

(二)鲁迅早年曾一度到农村中生活,与农民孩子们交往,正如瞿秋白同志所说的:"他的士大夫家庭的败落,使他在儿童时代,就混进了野孩子的群里,呼吸着小百姓的空气,这使得他真像吃了狼的奶汁似的,得到了那种'野兽性'。"(《鲁迅杂感选集序言》)这样就使他在创作中,写出了压迫者吃人的残酷性和被压迫者所遭到的惨痛的不幸。同时又由于他参加过旧民主主义革命,目睹了辛亥革命后依旧灾难深重的中国社会,因而在他笔下对当时的城乡的反映尤其深刻。他不只反映了中国社会的面貌,而且刻画出了各种人们的灵魂。对于上流社会的堕落与下层劳动人民的痛苦,他在幼年时代就已经深深地觉察到了,但那时还无法让大家知道。后来接触到西方文学,知道世界上也有与中国劳苦大众有着同样命运的人,而有些作家正为此而呼号,为此而战斗(英译本《短篇小说序言》)。后来到了五四前夕,文学革命爆发后,才使他有机会把它们写出来。

(三)鲁迅小说的创作方法是革命现实主义的。由于他在创作目的上是要用文学来改变国民的精神,也就是后来他所说的:"为了改良这人生,所以取材是多采自病态社会的不幸的人们中,意思是在揭出病苦,引起疗救的注意。"这正是鲁迅在创作方法上采用现实主义的主要原因。

(四)鲁迅在创作上所以能获得伟大的成就,根本原因自然在于他的伟大而深邃的革命民主主义和共产主义思想。其次则由于他的表现手法与艺术技巧上的成熟。他在这些方面,不只继承了中国古典文学的优良传统,而更重要的是对外国文学的充分借鉴,如俄罗斯的果戈里、波兰的显克微支等人的作品,对鲁迅的创作都有较大的影响。他自己说,他创作《狂人日记》时所仰仗的,全在先前看过的百来篇外国作品和一点医学上的知识(《我怎么做起小说来》)。

今天我们从鲁迅在文艺上所走过的道路,可以受到许多启发和教育。首先应该学习的,是他的为祖国前途,为人民利益而从事文学创作的精神。他对自己五四时期的作品,曾称之为"遵命文学",即遵奉革命前驱者的命令。我们今天不应该接受党的领导,为实现四化而进行创作吗?

其次,鲁迅的创作都是写的他所最熟悉的人物和事件,而不是凭个人臆想,或向壁虚造的。所以我们为了创作出有血有肉的人物形象与活生生的现实事态,就得深入生活,熟悉生活。

　　第三,鲁迅之所以从一个革命民主主义者发展为伟大的共产主义者,乃是不断地进行自我剖析、自我批判的结果。必须具有崇高的共产主义思想,才可能写出具有崇高思想内容的作品来。"文如其人",这是千真万确的。所以提高自己的思想觉悟,不断地改造世界观,是每一个从事文学创作的青年同志所须注意的。

　　还有,在艺术技巧上必须向古今中外的大作家们的成功作品学习,也要向民间文学作品学习,"培塿无松柏","根深者其叶必茂",不向伟大的作品学习是决写不出伟大作品的。"白手起家",在文学上是没有先例的。我们读鲁迅杂文,就会惊叹他的学问的渊博,他不知吸取别人作品中多少精华,才成就了他的作品的伟大啊!

　　　　　　　　　(原载《河南青年》1979 年第 2 期)

《野草》的思想与艺术

一

鲁迅《野草》中的《秋夜》写于1924年9月15,直到这年12月2日,又连续写了五篇,即《影的告别》、《求乞者》、《我的失恋》、《复仇》、《复仇(其二)》等。从1925年元月1日写《希望》,直到这年12月26日,又连续写了14篇,即《雪》、《风筝》、《好的故事》、《过客》、《死火》、《狗的驳诘》、《失掉的好地狱》、《墓碣文》、《颓败线的颤动》、《立论》、《死后》、《这样的战士》、《聪明人和傻子和奴才》、《腊叶》等。1926年又写了2篇:《淡淡的血痕中》、《一觉》。总共23篇,历时凡3年,而《题辞》则是写于1927年四一二反革命政变后。它和《彷徨》中11个短篇小说产生的时间完全是相同的。除此之外,鲁迅还有57篇杂文,也写于这个时期,计收入《坟》里为14篇,《华盖集》里30篇,《集外集》里13篇。所以这个时期,是鲁迅写作最勤、产量最多的时期,至于他的翻译,还不在内。

但是我们再看一看鲁迅这一时期所处的时代同环境,可以说是最险恶不过的了。当时,北洋军阀一方面反对新文化,提倡尊孔读经,同时提出整顿学风,用封建家长制来统治学校,因而发生了女师大学潮。在文化界,则有趋炎附势的买办资产阶级文人胡适为代表的现代评论派。

鲁迅当时在女师大任教,对女师大事件,是站在反封建的青年学生一边的。因而遭到现代评论派流言蜚语的诬陷与攻击。特别是由于段祺瑞反动政府镇压学生的爱国运动而发生了震惊全国的三一八惨案,鲁迅更是非常愤慨地发表了非常有力地揭露与抨击的杂文,于是,进一步遭到北洋军阀政府的免职与迫害,最后不得不离京出走厦门。

在社会方面,鲁迅对于向他请教的青年没有不是竭诚帮助的,特别是对文学爱好者,帮他们办刊物,看稿子,想办法为他们出版,使他们能很快地成长起来。但是却有少数青年,一旦少有名气,于是就认为鲁迅挡了他们的路,企图把鲁迅踏倒,这样他们就可以声名喧赫了。高长虹就是这一流人,他最初终天往鲁迅家里跑,鲁迅为他选稿子,帮他办《莽原》,到后来竟翻脸不认人,大骂鲁迅,说鲁迅是青年的绊脚石。鲁迅为此,深深感到气愤同痛心!

在家庭方面,1924年6月,因周作人的妻子羽太信子的挑拨,鲁迅与周作人分居,从此兄弟关系破裂。

鲁迅在1924、1925、1926这几年间,真可谓"外患内忧"纷至沓来,这给他的精神上的刺激是非常深重的。现实中政治的黑暗以及周围所接触的社会中人心的险恶与奸诈都不能不令鲁迅对社会前途与个人前途进行深入地思考与探索。"吾令羲和弭节兮,望崦嵫而勿迫;路漫漫其修远兮,吾将上下而求索。"这是鲁迅在《彷徨》扉页上引用《离骚》诗句的题辞。我觉得这个题辞,不但适用于《彷徨》,而且也适用于《野草》。因为这几句话,正代表了他这个时期的思想情况。

我们知道鲁迅当时还不是一个马克思主义者,尽管他在五四时期,已接触到马克思主义,并且也曾阅读了有关马克思主义的理论著作,但鲁迅对之还抱有怀疑的态度。对这一点,鲁迅在20世纪30年代写的《答国际文学社问》中讲得非常清楚。他说:

先前旧社会的腐败,我是觉到了,我希望着新的社会的起来,但不知道这"新的"该是什么;而且也不知道"新的"起来以后,是否一定就好。待到十月革命后,我才知道这"新的"社会的创造者是无产阶级,但因为资本主义各国的反宣传,对于十月革命还有些冷淡,并且怀疑。现在苏联的存在和成功,使我确切的相信无产阶级社会一定要出现,不但完全扫除了怀疑,而且增加许多勇气了。

同时在1926年11月写的《写在〈坟〉后面》又讲:

> 倘说为别人引路,那就更不容易了。因为连我自己还不明白应当怎么走。中国大概很有些青年的"前辈"和"导师"罢,但那不是我,我也不相信他们。我只很确切地知道一个终点,就是坟。然而这是大家都知道的,无须谁指引。问题是在从此到那的道路。那当然不只一条,我可正不知哪一条好,虽然至今有时也还在寻求。

这就充分说明鲁迅这时还不是一个马克思主义者,否则的话,他就无须说"至今也还在寻求",而这个意思同他在《彷徨》扉页上的题辞"路漫漫其修远兮,吾将上下而求索"的思想不是完全一样吗?

由于鲁迅当时还不是一个马克思主义者,面对当时自己所处的恶劣环境,因而精神上感到深深的痛苦,这种情况同辛亥革命后他当时的感受,颇有点近似。于是这时他所受的中外先哲的思想的影响,都冒了出来。这里边有愤世嫉俗的思想,有遁世退隐的思想,有怀疑主义,也有虚无主义……但另一方面,他的主导思想,则仍然是"进化论"。认为"将来必定胜了现在",而"青年则胜于老人"。特别是他的为祖国为人民而探索真理的精神,是始终如一的。

由于他的主导思想始终是积极的,前进的,战斗的,所以他不仅在现实中同客观存在的各种敌人进行战斗,对社会封建意识、封建传统中各种风俗习惯进行了批判,并且对自己思想中一些属于消极的因素,有碍于自己前进的东西,也毫不迟疑地进行自我剖析、自我揭露与批判,终于为他接受马克思主义奠定了有利的思想基础。

二

(一) 黑暗与光明

在《野草》的诗篇中,曾受到1928年革命文学批判家钱杏邨批判的,是其中那些带有灰色、阴暗,看不出光明而濒于绝望的调子的篇子。一言以蔽之,鲁迅当时对现实的悲观,主要是他对当时黑暗势力看得太强大,而对于当时自命为革命者,抱着深深的怀疑。他曾根据自己参加过几次革命后的经验,觉得社会并没有多大起色,因而产生怀疑与消极悲观的情绪。他在《自选集自序》中说:

> 见过辛亥革命,见过二次革命,见过袁世凯称帝,张勋复辟,看来看去,就看得怀疑起来,于是失望颓唐得很了。民族主义的文学家在今年的一种小报上说"鲁迅多疑"。是不错的,我正在疑心这批人们也并非真正的民族主义文学者,变化正未可限量呢。不过我却又怀疑于自己的失望,因为我所见过的人们事件是有限得很的,这想头就给了我提笔的力量。

这是说他在五四时期的思想情况。接着又说:

> 后来《新青年》的团体散掉了,有的高升,有的退隐,有的前进,我又经验了一回同一战阵中的伙伴,还是会这么变化。

下面接着写他这时期的心情,"只因成了散兵游勇,布不成阵了,在创作上技术虽然比过去好一点,思路也似乎较为无拘束,而战斗的意气却冷了不少,新的战友在哪里呢?"(同上)另外,他在《两地书》中对黑暗的现实,谈得很多。他在北京时期与许广平信中说:"你好像在看我的作品,但我的作品,太黑暗了,因为我常觉得惟'黑暗与虚无'乃是'实有',却偏要向这作绝望的抗战,所以很多着偏激的声音。其实这或者是年龄和经历的关系,也许未必一定的确的。因为我终于不能证实:惟黑暗与虚无乃是实有。"又在二四(信的号码)中说:

> 现在的现象是各方面都黑暗,所以有这种情形,不但治本无从说起,便是治标也无法,只好跟着时局推移而已。

又说:

> 你的反抗,是希望光明的到来吧。我想一定是如此的。但我的反抗,却不过是与黑暗捣乱。

了解了这种情况,对《野草》中比较难懂的几篇如《影的告别》、《希望》、《死火》、《失掉的好地狱》、《墓碣文》等,都可以得到解释。

先就《影的告别》这篇来说。里边首先是对天堂地狱以及你们将来的黄金世界,影都不愿去。天堂地狱这比较容易理解,因为这是宗教家对人生的结局所指出的可能归宿。以富于怀疑精神的鲁迅,当然他不信这一套,所以说"有我所不乐意的,我不愿去"。但后边所谓"黄金世界"指的是什么?李何林同志认为"这不能理解为影反对科学的社会主义理想"(《野草注释》),我觉得说鲁迅"反对科学的社会主义理想"是不对的,但应该说鲁迅对之还有点怀疑。鲁迅在《答国际文学社问》里,说过"因为资本主义各国的反宣传,对于十月革命还有些冷淡,并且怀疑"。

至于对"黄金世界"的解释,是不是指的"科学的社会主义理想"?我认为,是。鲁迅在《两地书》中讲:

> 我疑心将来的黄金世界里,也会有将叛徒处死刑,而大家尚以为是黄金世界的事,其大病根,就在人们各各不同,不能像印版书似的,每本一律。要彻底地毁坏这种大势的,就容易变成个人的无政府主义者,如《工人绥惠略夫》里所描写的绥惠略夫就是。这一类人物的命运,在现在——也许虽在将来——是要救群众,而反被群众所迫害,终至于成了单身。忿激之余,一转而仇视一切,无论对谁都开枪,自己也归于毁灭。

对于这一点理解很重要。鲁迅很清楚,自己的出身与自己的阶级属性,在将来工农政权中,自己究竟处在一种什么样的境地,自然不能不有所考虑。鲁迅是憎恶现实的黑暗,由于自己反对黑暗现实,当然很可能为黑暗所吞没。但是如果所谓黄金世界到来了,也就是光明来了,那么自己既非工农,自然也会归于消失。那么像自己这样的人在从黑暗到光明的过渡阶段,的确如影子一样,只有在明暗之

间,才能存在,但自己又不愿彷徨于明暗之间,那么怎么办呢?正如诗中所说的:

　　我不过一个影,要别你而沉没在黑暗里了。然而黑暗又会吞并我,然而光明又会使我消失。

至于对当时历史的进程究竟是黄昏,还是黎明?自己也是拿不准的。但是无论是黄昏,还是黎明,自己的前途总之只有一个结果,那就是沉没或消失。所以诗中又说:

　　呜乎呜乎,倘若黄昏,黑暗自然会来沉没我,否则我要被白天消失,如果现是黎明。

但是临别的赠品是什么呢?只有黑暗与虚空,所以诗的后边又说:

　　你还想我的赠品。我能献你甚么呢?无已,则仍是黑暗和虚空而已。但是,我愿意只是黑暗,或者会消失于你的白天;我愿意只是虚空,决不占你的心地。

所以这篇作品,充分反映出当时作者的颓唐消极情绪。但鲁迅对于青年的要求,则是"须是有不平而不悲观,常抗战而亦自卫,倘荆棘非践不可。固然不得不践。但若无须必践,那不必随便去践,这就是我之所以主张'壕堑战'的原因"(《两地书》四)。鲁迅对青年的要求,实际也就是他自己所奉行的行动的准则。

(二)希望与绝望

在《野草》中,《希望》这篇诗反映了鲁迅当时对希望与绝望两种思想的看法。他总结了从青年起,直到写这篇诗中间思想的发展过程。诗中说:

　　然而这是许多年前的事了。

　　这以前,我的心也曾充满过血腥的歌声:血和铁,火焰和毒,恢复和报仇。

很显然,这是写他辛亥革命前个人的思想情况,那时他曾参加过章太炎等所领导的光复会,从事过革命活动,企图以流血和牺牲来推翻统治中国两百多年的清王朝,要光复汉民族的大好河山,使中国从此富强起来。但辛亥革命失败了,政权又落到封建大军阀大官僚袁世凯的手中。于是心灵上受到沉重的刺激,一度曾悲观消极,在绍兴会馆抄古碑。正如他在《呐喊自序》中所说的:"我于是用了种种法,来麻醉自己的灵魂,使我沉入于国民中,使我回到古代去。……但我的麻醉法却也似乎已经奏了功,再没有青年时候的慷慨激昂的意思了。"

但到五四的前夕,他的朋友钱玄同约他为《新青年》写稿的时候,两人曾就中国的现状与前途进行过辩论。他把中国比作"万难毁坏的铁屋子",而钱玄同则认为"然而几个人既然起来,你不能说决没有毁灭这铁屋的希望"(《呐喊自序》)。鲁迅这时又认为"希望是在于将来,决不能以我之必无的证明,来折服了他之所谓可有,于是我终于答应他也做文章了"(同上)。

但是作者的希望,并未能得到圆满的实现,五四运动过后,"新青年"团体散掉了,这时他深深感到"同一战阵的伙伴,还是会这么变化"(《自选集自序》),而中国社会比过去,并不曾好多少。就在这时,作者对一向自己所赖以作为前进动力的希望,就产生怀疑。特别是自己深深感到自己的青春,就在这骗人的希望中,被"陆续耗尽"。所以诗中说:

> 而忽而这些都空虚了,但有时故意地填以没奈何的自欺的希望。希望,希望,用这希望的盾,抗拒那空虚中暗夜的袭来,虽然盾后面也依然是空虚的暗夜。

这就说明,自己对希望实现的渺茫!但是诗人明明知道自己的青春已经耗尽,而仍然继续战斗着,乃是认为"身外的青春"还是存在的。所谓"身外的青春",主要是指青年。他是把改革世界的希望,寄托在青年身上的。但是目前的青年如何呢?似乎不像过去那样地活跃了。所以他深深慨叹道:"世上的青年,也多衰老了么?"在这种情况下,作者越发感到个人孤军奋战任务的艰巨,因而唱道:"我只得由我来肉搏这空虚中的暗夜了。"作者改造社会的希望一直是在落空,那么他是不是从此绝望,而陷于消沉呢?但作者这时记起了匈牙利

爱国诗人裴多菲的诗句,而予以否定的答案。即:

  绝望之为虚妄,正与希望相同。

  从这里可以看出,鲁迅这时的矛盾心情,一方面根据过去的经验,同现实中黑暗势力的强大,因而产生了对自己过去所抱的希望的怀疑。但另一方面,自己强烈的爱国主义思想与进化论观点,不容许自己趋于悲观绝望。在这样的斗争中,终于对绝望也采取了否定的态度,而认为"绝望之为虚妄,正与希望相同"。后来他在《自选集序》中说:

  不过我却又怀疑于自己的失望,因为我所见过的人们事件是有限得很的,这想头就给我提笔的力量。

  所以终于还是要继续战斗下去。

  (三) 前进与退隐

  《野草》中的《过客》,突出地反映出作者当时思想上对于前进与退隐问题的矛盾与斗争。诗中通过老人与过客两人的对话,写出诗人对这一问题的看法与态度。

  老翁是个饱经忧患,富于人生经验的世故老人。他了解过客的来路,同时根据自己的经验,劝过客:"你已经这么劳顿了,还不如回转去,因为你前去也料不定可能走完。"他劝过客休息,过客也并不是不想休息。但总觉得有声音在前边催促他,叫唤他,使他休息不下。而老翁却说:"他似乎曾经也叫过我……叫几声,我不理他,他也就不叫了。我也就记不清楚了。"这说明老翁也曾经战斗过,但由于消极退隐,脱离了群众,因而也就再也听不到群众的呼声与时代的召唤了。现实社会的黑暗、人心的欺诈,使他对人们的挚情,不敢轻意相信,于是成为一个怀疑主义者。他劝过客:"对别人的布施。不要当真。"同时过客表示还要继续走下去的时候,他也并不强留,这都说明一个受有道家思想影响的隐者的态度。

  至于过客的思想,则是与老翁极不相同的,首先他是一个不断前进,不断探索真理的人。他问老翁:"前面是怎么一个所在么?"尽管老翁说:"前面,是坟。"但他并不因此停止自己的前进,他坚决不走回头路,他敌视旧时代的一切,说:"我憎恶他们,我不回转去!"同时由于他在长途跋涉中脚受了伤,而且也感到气力不足,但他不愿休息。原因是有声音在前面催促他,召唤他,使他休息不下。最后还是"昂了头,奋然向西走去"。

一般说来,作品中正面人物的形象,不一定代表作者个人,但是《过客》中过客的思想,实际就是鲁迅当时的思想,因而这个人物也就是他的自况。至于老翁,乃是当时隐者的典型。至于老翁的思想,在鲁迅思想中,也并不是绝对没有。正因为这样,所以鲁迅在这个时期思想中曾有过前进与退隐两种思想的矛盾斗争,而在斗争中前进的思想乃是他的主导思想,终于战胜了自己思想中曾经一度泛起来的退隐思想。鲁迅是掌握了自我剖析,自我批判的武器的。所以在他思想中一旦涌现出个人主义的消极因素时,就很快地给以批判。所以老翁与过客两人思想上的矛盾,一方面反映了当时思想界存在的矛盾,同时也反映了鲁迅世界观中所出现的矛盾,但退隐思想为前进思想所克服后,于是才反映到这篇作品中。所以《过客》这篇诗的出现,标志着鲁迅在世界观中积极的战胜了消极的,集体主义克服了个人主义的伟大胜利。

(四)虚空、虚无、虚妄

在《野草》的诗篇中,我们发现涵义相近而实不同的词汇,这就是虚空、虚无与虚妄。在《影的告别》中有这一段:

> 你还想我的赠品。我能献你甚么呢?无已,则仍是黑暗和虚空而已。但是,我愿意只是黑暗,或者消失于你的白天;我愿意只是虚空,决不占你的心地。

可知"虚空"在这里涵义是无所有,也就是什么也没有。这篇诗中的影所讲的,实际代表了作者的思想。作者当时在文坛上已负盛名,许多青年把他作为自己的导师,但作者是非常谦逊的。同时也深怕青年们受自己的影响,也遭到像自己一样不幸的打击。所以他说:

> 问题是在从此到那(按:指坟)的道路。那当然不只一条,我可正不知那一条好,虽然至今有时也还在寻求。在寻求中,我就

怕我未熟的果实偏偏毒死了偏爱我的果实的人,而憎恨我的东西如所谓正人君子也者偏偏都矍铄,所以我说话常不免含胡,中止,心里想:对于偏爱我的读者的赠献,或者最好倒不如是一个"无所有。"(《写在〈坟〉后面》)

一个"无所有",正是前边所引诗句"我愿只是虚空,决不占你的心地"的最好解释。

至于"虚无"乃是对"实有"而言的。其涵义比较广阔。在《两地书》(四)中,曾有这段话:

> 你好像常在看我的作品,但我的作品太黑暗了。因为我常觉得惟"黑暗与虚无"乃是"实有",却偏要向这些作绝望的抗战。所以很多着偏激的声音。其实这或者是年龄和经历的关系,也许未必一定的确的。因为我终于不能证实惟黑暗与虚无乃是实有。

但在《求乞者》中,却有另一种涵义:

> 我想着我将用什么方法求乞:发声,用怎样声调? 装哑,用怎样手势?……
>
> ……
>
> 我将用无所为和沉默求乞! ……
>
> 我至少将得到虚无。

很清楚,这个"虚无",是对前边的自居于布施之上者的烦腻、疑心、憎恶而言的。因为这些是自己所不愿得到的,所以后边所得到的"虚无"是自己所乐意接受的。因为虽没较好的东西,但却也没有损于自己的坏的东西,因而这个"虚无"并不是须要憎恶或诅咒的。

至于"虚妄",乃是一种具有欺骗性的东西。在《希望》中引了匈牙利诗人裴多菲的《希望之歌》:

> 希望,是甚么? 是娼妓:
>
> 她对谁都蛊惑,将一切都献给;
>
> 待你牺牲了极多的宝贝——
>
> 你的青春——她就弃掉你。

这就充分说明"希望"乃是"虚妄"。因为你曾为实现你的希望，竟至牺牲了你的青春，但结果并没有能够实现，所以它是虚妄的。但是不是因此对人生的一切都绝望了呢？诗中说：

但是，可惨的人生！桀骜英勇如 petofi，也终于对了暗夜止步，回顾着茫茫的东方了。

他说：

绝望之为虚妄，正与希望相同。

所以鲁迅在指出希望之为虚妄之外，同时也指出绝望之为虚妄，这样也就给自己为改造现实而进行战斗以新的勇气。

（五）冻灭与烧完

在《死火》中，有一段我和死火的对话，可以看出作者的战斗决心。

"你的醒来，使我欢喜。我正在想着走出冰谷的方法；我愿意携带你去，使你永不冰结，永得燃烧。"

"唉唉！那么，我将烧完！"

"你的烧完，使我惋惜。我便将你留下，仍在这里罢。"

"唉唉！那么，我将冻灭了！"

"那么，怎么办呢？"

"但你自己，又怎么办呢？"他反而问。

"我说过了：我要出这冰谷……。"

"那我就不如烧完！"

他忽而跃起，如红慧星，并我都出冰谷口外。

很清楚，死火代表了革命者，他要燃烧，要烧毁旧的世界。但由于在冰谷中，他被冰冻冻得要死，不久就可能被冻灭。可是一旦出去冰谷，熊熊地燃烧起来，就又会烧完。一个是冻灭，一个是烧完。作为一个革命者，在恶劣的环境中，不能发挥战斗作用，而只是静止、沉默、无所作为。这样就会滞息而死，如死火之被冻灭一样。所以在我要打算留下他时，他不同意，而说"那么我将冻灭"。他渴望能离开冰谷，给他以发挥自己作用的机会。所以明知自己如果燃烧起来，就会烧完,但烧完与冻灭比较起来,仍要采取前者。所以他忽而跃起如红慧星,并我都出冰谷口外。从这里看出,作者当时战斗的决心:为了战斗,即令牺牲一切,也在所不惜,也决不愿无声无息,沉默以终。

(六)**个人、群众、青年**

鲁迅在1907年发表的《文化偏至论》中,曾提出"任个人而排众数"的主张,他说:

> 诚若为今立计,所当稽求既往,相度方来,掊物质而张灵明,任个人而排众数。人既发扬踔厉矣,则邦国亦以兴起。奚事抱枝拾叶,徒金铁国会立宪之云乎?

在批判众数上,他又说:

> 由是观之,彼之讴歌众数,奉若神明者,盖仅见光明一端,他未偏知,因加赞颂,使反而观诸黑暗,当立悟其不然矣。一梭格拉第也,而众希腊人鸠之,一耶稣基督也,而众犹太人磔之,后世论者,孰不云缪,顾其时则从众志耳。

到五四时期,鲁迅这种观点,并没有多大变化。他在《热风》中说:

> 暴君治下的臣民,大抵比暴君更暴;暴君的暴政,时常还不能餍足暴君治下的臣民的欲望。
>
> 中国不要提了罢。在外国举一个例:……大事件则如巡抚想放耶稣,众人却要求将他钉上十字架。(《六十五暴君的臣民》)

而在《复仇》(其二)中,则塑造了一个为人们谋福利而又受到人们的敌视、侮辱、戏弄,终至于杀害的革改者的耶稣的形象,并刻画出他对这样愚昧的人们的一种反抗复仇的心理。作者痛斥了那些杀害耶稣的人,说:"钉杀了'人之子'的人们的身上,比钉杀了'神之子'的尤其血污,血腥。"

鲁迅前期虽然因受尼采的影响,存在着"任个人而排众数"的错误思想(这种思想到后期接受了马克思主义,才有了极大的转变),但对青年,则寄以极大的希望,他在《灯下漫笔》中把中国比做安排人肉筵宴的厨房。最后提出：

> 这人肉的筵宴现在还排着,有许多人还想一直排下去。扫荡这些食人者,掀掉这筵席,毁坏这厨房,则是现在的青年的使命。

所以在20世纪20年代,作者因惊异于青年之消沉,而作《希望》。在这篇诗中,诗人唱出：

> 然而现在何以如此寂寞?难道连身外的青春也都逝去?世上的青年也多衰老了么?

对青年的希望不可必,所以诗人非常感慨地又唱道：

> 我只得由我来肉搏这空虚中的暗夜了,纵使寻不到身外的青春,也总得自己来一掷我身中的迟暮。

所以作者对黑暗战斗的心,永远是坚强的。鲁迅这时还是进化论者,但到了1927年四一二以后,鲁迅对青年的看法,同前期就有着显著的不同了。

(七)自我剖析,与对自我剖析的怀疑

《墓碣文》中有一段话,可说是诗人对自己思想发展的剖析,即：

> 于浩歌狂热之际中寒,于天上看见深渊,于一切眼中看见无所有,于无所希望中得救。……

这段话如何理解?我的看法:第一句"于浩歌狂热之际中寒",说明自己早年曾怀有远大的抱负和磅礴的热情,这就是《希望》中所说的这一段:"我的心充满过血腥的歌声,血和铁,火焰和毒,恢复和报仇。而忽而这些都空虚了。"所谓中寒,即得了病,而病的根子,乃是由于自己的"浩歌狂热"。

"于天上看见深渊",这是富于哲理的语言。平常所谓"天上人间","天上"是人们一向认为最美好,最光明,最幸福的所在。但作者在这里,对人们所向往的所在,看出了那里的深渊。所谓深渊,即痛苦、灾难与不幸。也就是对人所期望追求的所在,表现出深深的怀疑,也就是天堂之中有地狱,美好之中有丑恶,光明之中有黑暗,幸福之中有痛苦。

"于一切眼中看见无所有"。"无所有",换句话就是虚无,也就是从一切眼中所看到的都是虚无。

"于无希望中得救",由于原来所抱的希望的破灭,因而感到无限的痛苦。当一旦把希望看作虚无的时候,这样就使自己的心情平静下来,也就是《希望》中所说的,"然而我的心很平安"。

但下边又有一段:

……有一游魂,化为长蛇,口有毒牙,不以啮人,自啮其身,终以殒颠。

而在墓碣阴面残存的文句为:

抉心自食,欲知本味,创痛酷烈,本味何能知?……痛定之后,徐徐食之。然其心已陈旧,本味又何由知?……

这一些话,正是作者对自我剖析提出疑问。所谓"不以啮人,自啮其身",是作者曾说的"我常常解剖别人,但更多的是解剖我自己"。又说"我解剖自己并不比解剖别人留情面"(《而已集·答有恒先生》)。所谓解剖自己,这就是严酷地分析检查自己思想中的缺陷、弱点与错误,找出自己的病根。

至"抉心自食"一段,也就是在进行自我剖析的时候,精神是痛苦的。

下边的"痛定之后"一段话,即当事过之后,再去分析过去的思想,那么当前所认识的是否是原来思想的本质。因此墓碣文中又说:"答我,否则离开。"从这里可以看出当时作者认为对于自己的思想,在认识上,企图达到正确的地步,是否有可能,感到怀疑。

诗的结尾,"待我成尘时,你将见我的微笑",表现了作者对现实黑暗的深切憎恶,所以对自己的毁灭,不仅不认为可悲,反而感到快慰。

作者在写这篇诗之前的半个月,曾给许广平信中说:

我说的话,常与所想的不同。至于何以如此?则我在《呐喊》的序上说过,不愿将自己的思想传染给别人。何以不愿?则因为我的思想太黑暗,而自己终不能确知是否正确之故。(《两

地书》)

这个话正可作为了解这篇诗的参考。

(八) 理想的破灭与继续的追求

《好的故事》中,作者写出了个人的美好理想和自己所处的时代的黑暗。

> 灯罩的昏暗,烟草的烟雾,和昏暗的黑夜,象征着个人当时所处的环境同时代,乃是像昏沉的夜一样的黑暗。

但是作者有着一个美好的理想,这个理想,作者把它描绘成像自己曾经经过的山阴道上所见的那样一幅极其生动而幽美的画卷。

接着作者又说:

> 当前自己所见的,比自己记忆中的原物更加生动美丽。可是当自己正在凝视它的时候,马上变了样子,遭到破坏,已非复原来的样子了。

可知这篇诗,说明作者过去曾经抱有一种很美好的理想,而现在自己所抱的理想比过去的更生动,更清楚,但是现实是黑暗的,这些理想是常常遭到毁灭而是极难成为现实的。但尽管如此,自己决不会忘掉这个美好的理想。也就是要继续地追求,尽管在这黑暗的时代。

(九) 政治预见

《失掉的好地狱》是一篇具有极深刻的政治预见性的寓言式的散文诗。

魔鬼指的是腐朽的旧时代的统治者,地狱中的鬼魂,乃是被剥削被压迫的广大人民群众,而人类乃是指的将成为新的统治者的野心家们。

作者后来对本篇曾经有过说明,他说:

> 这也可以说,大半是废弛的地狱边沿的惨白色小花,当然不会美丽。但这地狱也必须失掉,这是由几个雄辩和辣手,而那时还未得志的英雄们的脸色和语气所告诉我的。我于是作《失掉的好地狱》。(《〈野草〉英文译本序》)

茅盾曾经根据鲁迅的话解释这篇诗道:

这里那时还未得志的英雄们,是指一九二七年以后当权的国民党反动集团。《失掉的好地狱》是用的象征的手法,但可以看出这里是指的北洋军阀必然倒台,而同时预言了代替北洋军阀的蒋介石派,会比北洋军阀更坏。鲁迅对于一九二七年大革命前夕的革命形势,和风云人物所采取的保留态度,可以说是他由事实的教训(辛亥革命的失败),故而头脑比较冷静,认识到中国革命的长期性和艰苦性。但同时也不能不说他那时对于此后必然要求打倒"地狱"的新人,还没有明确的信念。(《鲁迅从革命民主主义到共产主义》,见1956年《文艺报》20号附册)

这个解释是正确的。鲁迅当时由于对俄国十月革命还持怀疑的态度,所以他那时对于此后必然要求打倒"地狱"的新人还没有明确的信念。

另外,读这篇诗还应该参照作者在这一时期所写的《灯下漫笔》中对中国历史发展的看法,进行一下比较。他当时把中国历史分作两种时代:"欲作奴隶而不得的时代"和"作稳了奴隶的时代"。在乱离的时代,人间是地狱,但这个地狱是废弛的地狱。因为统治者所掌握的国家机器已运转不灵了,统治秩序也被打乱了。但到所谓英雄出世,勘定大乱,混一宇内的时候,这个地狱又改观了,于是人民又在统治者的压迫下呻吟、宛转,也就是"到了作稳了奴隶"的时代。

(十)自我写照

《这样的战士》乃是作者的自我写照,当时他正处在四面围攻与个人孤军奋战的时期。"他毫无乞灵于牛皮和废铁的甲胄,他只有自己但拿着蛮人所用的脱手一掷的投枪",而所谓"投枪",正是他战斗中所用的那支犀利无比的笔。

当时作者的敌人乃是头上有各种旗帜,绣出各样好名称:慈善家、学者、名士……头下有各样外套,绣出各色好花样:学问、道德、国粹、民意……实际这些都是反动派,他们穿着各式外套,打着各色旗帜,用以粉饰自己,来欺骗世人的。作者一眼就看穿了他们的虚伪性与欺骗性,于是"他举起了投枪"。

由于他的枪法准确,正打中了他们的要害——心窝,因而就颓然倒地。但倒地的只是一件外套,而着外套的东西,却早已脱走,得了胜利。而这个战士却成了残害慈善家等人的罪人,但他依然举起了投枪。

最后他终于在无物之阵中老衰,寿终。他终于不是战士,但无物之物则是胜者。但他依然举起了他的投枪。

从这篇作品中所写的战士,同《过客》中的过客,在锲而不舍、坚持前进、顽强战斗的精神上颇有相同之处。而实际都是作者的自况。作者当时深深感到反动势力的强大,而孤军奋战的战士,终于是失败者。但他并不计较个人的胜利与失败,仍然不停地在继续战斗。这种顽强的战斗的精神,当时在他与许广平信中讲的也非常清楚,足资参考。他说:

我现在愈加相信说话和弄笔的,都是不中用的,无论你说话如何有理,文章如何动人,都是空的。他们即使怎样无理,事实上都着着得胜,然而世界岂真不过如此而已么?我要反抗,试他一试。(《两地书·二二》)

而在纪念三一八死难烈士的《淡淡的血痕》中,也刻画出一个叛逆的猛士形象,说:"他屹立着,能够洞见一切,记得一切,正视一切,深知一切,最后是看透了造化的把戏,他将要起来使人类苏生或者使人类灭尽这些造物主的良民们。"这同"这样的战士"一样,都是鲁迅个人的写照。

总观鲁迅从《野草》中所表现的这一时期(1924～1926)的思想,大致可分以下几个方面:

(一)对现实社会中黑暗势力的强大,有着充分的认识。正如他在20世纪30年代写的《为了忘却的纪念》中所说的"夜正长,路也正长",所以深深地感到,革命的艰巨性和长期性。

(二)这时他对苏联的十月革命同革命后所建立的苏维埃政权还抱有怀疑同保留的态度,因而在《影的告别》中,对所谓"黄金世界"自己表示不愿意去。近来有不少的鲁迅研究者,把鲁迅接受马克思主义提前到五四时期,这种看法很显然是不够实事求是的。因为同这一时期鲁迅的思想是矛盾的。鲁迅分明提出"路漫漫其修远兮,吾将上下而求索",同时又说"荷戟独彷徨"。倘若五四时期已接受了马克思主义,那还"求索"什么?还"彷徨"什么?恐怕他们对这一问题,就很难给以圆满的答案吧。

（三）鲁迅当时由于还不是马克思主义者,所以对当时中国共产党所领导的工农革命运动还没有足够的认识。但他对所曾经接触到的自命为革命者的国民党的野心家们,就已经预见到他们不过是一些人类整饬地狱的使者。在他们的整饬之下,于是被压迫的鬼魂比以往更加不幸。于是被整饬了的地狱代替了废弛的地狱。人民群众在新的统治者的统治下比着在北洋军阀统治下更加悲惨而痛苦。他的感觉,多么敏锐!认识,多么透辟!到后来,历史完全证明他的预言是多么准确。

（四）鲁迅这个时期世界观中的主导思想仍是进化论。他也正是用这种思想来支持自己在风雨如磐的黑暗现实中继续战斗,继续前进。诗中塑造的过客同战士的形象,正是作者的自况。另外,鲁迅这时仍是把改造现实的希望寄托在青年们的身上（如杂文中的《灯下漫笔》同《野草》中的《希望》、《一觉》）,也还是进化论思想的表现。

（五）鲁迅以诗人的无比的真诚,用诗歌彻底地全面地揭示了自己的内心矛盾。他写出对现实的观察同理解,写出他思想中的阴暗面,这就是怀疑、虚无和情绪上的颓废消极的因素;但他的立场毕竟是被压迫的人民立场,而改造社会、改变国民的精神是他一向所抱的宏愿。所以,虽然常常由于自己目的未能实现而失望而陷于灰心丧气,但决不绝望,而继续前进、继续战斗的决心则洋溢于《野草》的许多诗篇中。因此在悲凉颓唐中,仍显示出作者倔强的昂扬的战斗气概。而这正是他所以能在1927年四—二反革命政变后,接受现实中残酷的阶级斗争的教训,在世界观上产生了飞跃,而成为一个伟大的共产主义者的思想基础。

三

《野草》在艺术上是一种创新,是戛戛独造。这在诗歌上正如《呐喊》在小说上一样,在中国文学上是前无古人的。至于它所用的艺术手法,真可说是多种多样。

(一)象征。属于这一类的真是俯拾即是。象征实际上近于隐喻,即把不能直言的事物用另一种有关联的事物说出,读者根据作者的具体情况,即能意会出作者的深意。即如《希望》中的:

希望,希望,用这希望的盾,抗拒那空虚中的暗夜的袭来。虽然盾后面也依然是空虚中的暗夜,然而就是如此,陆续地耗尽了我的青春。

所以空虚中的暗夜的袭来,这里边就表现出感慨凄凉的情绪。作者过去曾经对未来抱着热切的希望,但结果所得到的乃是失望,因而产生了空虚之感。而暗夜正是象征自己所处的时代,像是漫漫长夜那样的黑暗。本来自己之所以积极地参加革命,乃是希望曙光的来临,其结果并不是这样。在这样的情况下,只有仍然用对未来的希望作盾牌,来对付那向自己袭来的暗夜。作者就在这战斗、希望、失望、再希望、再战斗中耗尽了自己的青春。

又如《过客》中

客:是的,这于我没有好处。可是我现在很恢复了些力气了,我就要前去。老丈你大约是久住在这里的,你可知道前面是怎么一个所在么?

翁:前面?前面,是坟。

客:(诧异地)坟?

孩:不,不,不的。那里有许多许多野百合,野蔷薇,我常常去玩,去看他们的。

这一段三人的对话,都具有象征的意味。过客所谓"前去",是指个人在人生的道路上的前进。而"前面是怎么一个所在",正是指未来的社会。究竟是什么一个社会？老翁的回答，"是坟"，不过是一般人最后的结局，他对未来是消极悲观的，而女孩则认为未来乃是美好可爱的。从这里看出三个人由于年龄、阅历的不同，对未来的想法与看法也是不同的。此外又如，《死火》中的"死火"乃是象征革命的火种，而《失掉的好地狱》中的废弛的地狱乃是象征北洋军阀统治下的中国。鲁迅在《〈野草〉英译本序》中说："因为那时难于直说，所以有时措辞就很含糊了。"所谓"措辞含糊"，就是经常采用了象征的表现手法。

（二）对比。《野草》用对比写法的地方极多。即如《过客》中用过客与老人的对比，写出年龄不同、阅历不同，因而对生活看法和态度也就截然不同。同时，借此反映出在过客思想中也曾一度有接受老人劝告的倾向，但经过自己思想中两种不同倾向的矛盾与斗争，终于克服了自己所认为不正确的，而坚持了原来的主导思想。

假如说《过客》用的是两种思想的对比，那么《希望》乃是个人今昔思想的对比。当前的是：

我的心分外寂寞。

然而我的心很平安：没有爱憎，没有哀乐，也没有颜色和声音。

可是，许多年前却不是这样。

这以前，我的心也曾充满过血腥的歌声，血和铁，火焰和毒，恢复和报仇。

从这种对比，写出早年的宏愿和期望，但结果这些都落空了。在失望之后，在无可奈何的情况下，于是心中感到分外地寂寞，从而对希望与绝望在个人思想中进行选择。通过反复地思考与斗争，而终于肯定了裴多菲的诗中"绝望之为虚妄，正与希望相同"的真理。

在《失掉的好地狱》中，把魔鬼统治时废弛的地狱同人类统治时整饬后的地狱相比较，前者是：

剑树消却光芒，沸油的边际早不腾涌；大火聚有时不过冒些青烟，远处还萌生曼陀罗花，花极细小，惨白可怜。

而后者则是一洗先前颓废的气象：

> 曼陀罗花立即焦枯了。油一样沸；刀一样铦；火一样热；鬼众一样呻吟，一样宛转，至于都不暇记起失掉的好地狱。

因而从人民群众来说，如果同是在地狱中生活，那么后者还远远不如前者，因而对前者称之为"失掉的好地狱"。

(三)讽刺。鲁迅的小说、杂文都具有极其深刻的讽刺笔调。因为他对现实中许多可笑、可鄙的人物和事态给以如实的刻画，足以发人深醒。所以他说：

> "讽刺"的生命是真实，不是曾有的实事，但必须是会有的实情。……这所写的事情，是自然的，常见的，平时是谁都不以为奇的，而且自然是谁都毫不注意的。不过这事情在那时却已经是不合理，可笑，可鄙，甚而至于可恶。但这乃行下来习惯了，虽在大庭广众之间，谁也不觉得奇怪。现在给这特别一提，就动人。

在《野草》中，具有浓厚讽刺意味的是这几篇，即《立论》、《聪明人和傻子和奴才》、《狗的驳诘》等。

在《立论》中，写他梦见在小学讲堂上预备作文，向老师请教立论的方法。老师告诉他一个故事，说明说谎的得好报，说"必然"的遭打，这就道出一条现实中的客观规律。人们往往宁愿受说谎者的欺骗，而不愿听现实中的真理。当学生问老师道：

> 我愿意既不谎人，也不遭打，那么老师，我得怎么说呢？

于是老师告诉他：

> 那么你得说啊呀！这孩子啊！您瞧多么……啊唷！哈哈！

这篇作品是对现实社会的最大讽刺。因为当时现实中普遍存在着这样的情况，俩人见面，只讲天气。但对天气也不说好坏，只说，"今天天气"，下边是"哈！哈！哈！"

至于《聪明人和傻子和奴才》，对奴才是一种讽刺和鞭笞，因为他喜欢听聪明人的廉价的安慰和同情，而拒斥并向主子揭发傻子对他真诚的用实际行动的帮助。因而他只有永远处于奴才的地位，而决不可能有改善其地位的希望。

在《狗的驳诘》中,用狗的反问"不敢,愧不如人呢!"于是它一连串说出他的势利眼,远远赶不上人的势利眼的程度。即如他这些话:

> 我惭愧!我终于还不知道分别铜和银,还不知道分别布和绸,还不知道分别官和民,还不知道分别主和奴,还不知道……

这用狗的驳诘,给现实社会趋炎附势之风以极其深刻的揭露与讽刺。

(四)含蓄。由于作者所处的时代环境的险恶,所以不能不"含糊其词"。特别有许多是具有深刻的哲理意味的,因而在乍一看来,觉得莫名其妙,但经过反复探究与仔细品味,还是可以理解的。即如《题辞》中的:

> 我自爱我的野草,但我憎恶这以野草作装饰的地面。

这就把自己对黑暗现实的憎恶,揭示出来了。

> 地火在地下运行,奔突;熔岩一旦喷出,将烧尽一切野草,以及乔木,于是并且无可朽腐。

> 但我坦然,欣然。我将大笑,我将歌唱。

所谓"地火",即指行将爆发的人民革命。一旦人民革命到来了,就要摧毁黑暗现实中腐朽的一切。作者将为此而欢欣鼓舞,从而表现出自己对人民革命的殷切期望。

又如《秋夜》中,写枣树的枝干铁似地直刺着奇怪而高的天空的情况:

> 鬼䀹眼的天空越加非常之蓝,不安了,仿佛想离去人间,避开枣树,只将月亮剩下。然而月亮也暗暗地躲到东边去了。而一无所有的干子,却仍然默默地铁似的直刺着奇怪而高的天空,一意要制他的死命,不管他各式各样地䀹着许多蛊惑的眼睛。

实际这是用拟人的写法,把天空比作当时反动的统治者,而把枣树比作倔强而毫不妥协的战士。作者当时以枣树自况,而表现了自己对当时反动势力进行顽强的不屈不挠的战斗决心。至于另外还有一些比较含蓄的例子,就不一一列举了。

最后,谈一谈鲁迅在《野草》的写作上所受的中外文学遗产的影响。我认为,从思想上他受有庄周与屈原的影响。庄子的怀疑主义、屈原的上下求索的精神,从《野草》中都有所体现;外国方面,则为尼采。鲁迅在晚清时那种"任个人而排众数"的思想,在《野草》中《复仇》(2)中还有所体现。

在写作方法上,首先是庄子那种海阔天空的想象力与对客观事物赋予以思想情感的拟人写法都给鲁迅以极大的启发。如《庄子》中河伯与北海若的对话(《秋水》)、蜩与学鸠对鲲鹏的嘲笑(《逍遥游》)、栎社给匠石所托的梦(《人间世》)、髑髅托梦给庄子以及他们的对话(《至乐》),后来作者如屈原在《离骚》中假女嬃对自己的劝诫、巫阳对自己的指示以及《卜居》、《渔父》均用对话,来写出两种不同思想的矛盾与斗争。后来陶潜的《形、影、神》的对话,以及杂诗中的"清晨闻扣门"篇,写自己与田夫的对话,表现出个人思想中出仕与退隐两种思想的矛盾,而最后还是决定采取后者,这都直接给鲁迅以启发。所以《野草》中的《过客》、《影的告别》在手法上,都与上边所举的前人诗文有着渊源关系。至于《我的失恋》之拟张衡的《四愁诗》更是显而易见的。

至于西方作者,我们试把鲁迅译尼采的《察拉图斯忒拉的序言》,与《野草》中诗篇加以对比,就会发现不论是内容同写法,都有其相似之处,即如序言二中:

"我用唱、笑、哭和吟,以赞美神,但你又给我什么做赠品呢"?

"察拉图斯忒拉听了这句话,他对圣者行一个礼,并且说,我有什么给你们呢,但不如使我赶快走吧,趁我们从你们只取了一个无有,"——于是他们作了别,一个老人,和一个男子,笑着像两个童子的笑。

而《影的告别》中不也谈到"赠品"和"虚空"吗?

又如《序言八》中,写察拉图斯忒拉只是走他的路,经过树林和薮泽时候,他听得许多豺狼的饥饿的吼声,在自己便也觉得饥饿。他于是站在一所寂寞的屋面前,在里面点着灯火。

"饥饿侵袭了我",察拉图斯忒拉说,"盗贼似的在树森薮泽间,我的饥饿侵袭我,而且在深夜。"

读到这里,就会想到《过客》中,过客对老人讲到他须要用水来补充他的血的叙述来。所以《野草》中具有象征性与哲理性的诗句,的确是受到尼采作品的影响。

总之,《野草》是鲁迅作品中比较难懂,但却表现了鲁迅在五四后到北伐前这一阶段思想的一个侧面的重要作品。过去论者已经不少,我个人的粗浅的理解,可能有不少错误,希望海内同道予以批评指正。

1981 年 5 月 22 日

(原载 1981 年《文献》)

学习鲁迅的治学精神
——鲁迅诞辰100周年纪念

一、鲁迅治学精神的渊源

所谓治学精神,主要包括态度与方法。从鲁迅治学精神的渊源来说,首先是受到清代朴学家的影响。

清代朴学,分吴皖两派。吴派学风,创始于吴县惠栋、惠士奇父子,他们研究汉儒对经学的解释,迷信汉儒的说法,认为凡古皆是,凡汉皆好。对汉儒所尊奉的家法与师说,不敢越雷池一步。

皖派学风,创始于休宁戴震,弟子有段玉裁、王念孙,到晚清继承这派学风的有俞樾、孙诒让等。他们治学,同吴派截然不同,而是崇尚"实事求是"的治学态度,不泥于家法同师说。章太炎论述这派学风,说他们"审名实,重左证,戒妄率,守凡例,断感情,汰华辞"等六项特点(《说林》中《定经师》)。总之是重证据,尚考辨,贵独创,方法缜密,态度谨严。他们治学的途径,即先从中国的古文字学入手,在掌握了它的规律之后,再开始对经学的研究,并由此而旁及诸子。倘有所创获,与师说抵触的时候,虽弟子驳难本师,亦所不避。所以这派的治学态度同方法与西方的科学精神是有其一致之处的。

鲁迅继承这派治学精神,是源于章太炎。太炎是俞樾的弟子,研精朴学,但同时还从事革命活动,立志要推翻清王朝的统治,他曾著文,对清廷大肆攻击。

由于太炎从事革命运动,所以遭到清廷的追捕,为了避祸,曾一度逃往台湾。后来回国后,他去看望他的业师俞樾,俞樾见到太炎后大发脾气。说什么"闻尔游台湾,尔好隐,不事科举,好隐则为梁鸿韩康可也,今入异域背父母陵墓不孝,讼言索虏之祸,毒敷诸夏,与人书指斥乘舆不忠,不忠不孝,非人类也,小子鸣鼓而攻之可也"。章太炎在这样情况下,后来就发表了《谢本师》,表示与俞樾脱离师生关系。

章太炎是一个革命家而兼学者,因而当他在日本主编同盟会的机关刊物《民报》时,还在东京公开讲学,鲁迅正是在这时从他受业的。所以鲁迅不仅在革命精神上受到他的激励,而且在治学态度同方法上也深受他的影响。

其次是鲁迅在早年读书时,还曾受过严格的科学训练,在南京时,曾学过采矿,并且写过《中国地质略论》。在日本仙台,又学习医学。他在《藤野先生》一文中,曾谈到藤野如何仔细批阅他的解剖学笔记,纠正他绘图的错误。并说"解剖图不是美术,实物是那么样的,我们没法改换它"。这种严格的科学态度,对鲁迅教育也很大。

鲁迅由于这两位老师的指导,所以他平生治学,态度认真、严肃,一丝不苟。

二、鲁迅前期治学的立场、观点同方法

任何一位学者,在治学上都有他的立场。即如章太炎,他在晚清从事排满运动,他的立场就是汉民族的立场。他在《与康有为论革命书》中,对清王朝进行揭露与抨击。当他还是改良主义者的时候,他曾尊清室为"客帝"。后来参加了革命,就写了《客帝匡谬》,对自己过去错误的见解,进行了纠正。特别值得注意的,由于他造了清王朝的反,因而对古代农民起义领袖如李自成、洪秀全都给以肯定。

至于鲁迅,他平生一贯的立场,首先是人民的立场,其次是民族的立场。因为中国革命是反帝反封建,所以民族的立场同人民的立

场是一致的,都是为了人民的解放同中华民族的解放。

鲁迅的弃医从文,是由于中国人民的精神麻木,为了改变国民的精神,唤醒人民群众,所以他的小说据他讲"多采自病态社会的不幸的人们中,意思是在揭出病苦,引起疗救的注意"。他的《自题小像》中的诗句,"我以我血荐轩辕"的誓言,都充分说明他的高度的爱国主义思想同人民大众的立场。

因此,他的治学决不是为学问而学问,而是从对中国历史的考察以及个人对现实生活实践的体验中发现了国民性的弱点,从而给以典型的概括,塑造出阿Q这一落后农民的形象。不仅发人深省,而且催人自新!

另外,他从历史上发现中国还是吃人的民族,因而联系到中国几千年来的封建礼教以及封建的家族制度没有不是对弱者进行吞噬的理论和措施。于是将它们联系在一起,而写出了《狂人日记》。特别后来写出的《祝福》里边的主人公祥林嫂,可以说是活活地被封建礼教与封建迷信吃掉的被压迫的妇女的典型。这种刻画多么深刻!任何一个读者读后,没有不为之惊心动魄的。

他还从中国历史上的一治一乱中,看出有史以来的广大劳动人民始终没有挣到人的地位,过的完全是奴隶生活。大乱的时候,人们慨叹着"宁作太平犬,不作乱离人",这是想作奴隶而不得的时代。待到有英雄出世,戡定大乱,统一了天下,这是作稳了奴隶的时代。为了解放人民,必须进行革命,创造出第三样的时代。鲁迅如果没有热爱人民的感情,没有人民的立场,那就决不会有这样深刻而精辟的见解。

其次,在观点上鲁迅是一个唯物主义者,所以在治学上都是从实际出发,从具体的资料出发。他从事中国文学史以及中国小说史的研究,特别是后者,前人是没有这类著作的。因此他在研究时,第一步是从事资料的收集,于是就辑成了两部书:(一)《古小说钩沉》,(二)《小说旧闻钞》。这就为他编写《小说史略》作了初步准备。

对于中国古代的长篇小说,如《三国演义》、《水浒传》、《西游记》

等,在故事的发展上以及最后的写定与完成,都曾给以必要的考证与说明。

在艺术手法上,如对《金瓶梅》、《儒林外史》的讽刺手法,对《儒林外史》的人物刻画,都曾举例阐明,并给以肯定。

《中国小说史略》是中国文学史中小说专体史的开山之作。对中国小说从先秦直到近代的发展作了简要而恰当的论述,对中国小说的各种体裁,如六朝志怪、唐宋传奇、宋元明的平话,以及长篇的章回小说等的发生发展,各个时期代表作家与代表作品,都进行了分析、阐述与评论。从今天看来,仍是研究中国小说史的必读之书。

《中国小说史略》是鲁迅在北京各大学教书时所编写的讲义,后来才出版发行。至于《汉文学史纲要》,是他在厦门大学教书时写的讲义。由于鲁迅很快就离开那里,所以这部讲义从先秦只写到汉代。对先秦诸子的流派,三百篇、楚辞的论述,对汉代诗歌方面如汉乐府,散文方面如司马迁、贾谊、晁错,辞赋如司马相如、枚乘等,论述既简明扼要,评价也恰切平允,也是研究这段文学史者所应该一读的。

此外鲁迅所受朴学的影响,还有两个方面:(一)辑佚。清代朴学家把前代已经散失的著作,从过去散见于类书以及古书的注释中抄出成书,像《三国志》裴松之注,《世说新语》刘孝标注,《文选》李善注,此外唐宋以来的类书,如《太平御览》、《太平广记》等,里边都保存了古代已散佚的著作中的文字。清代马国翰的《玉函山房丛书》就是属于这类著作。鲁迅早年的《会稽郡故书杂集》,就是把历史上会稽郡学者已经散佚的著作,从古籍中辑出而成的。(二)校勘。中国古书最初都是转抄,到宋代才有刻本。由于版本不同,在字句上往往有着歧异,因而就需要把不同的版本放在一起,进行校勘,选择其中认为正确的列入本文。这就会成为一部比较能读的书。近代学者孙诒让的《墨子闲诂》、梁启超的《墨经校释》,都是这类著作。鲁迅对嵇康的诗文非常感兴趣,所以他曾对《嵇康集》作过校订。

鲁迅上承清代朴学治学的精神,而又受到严格的科学训练,所以他不论是创作、学术研究以及翻译,在态度上是认真严肃,一丝不苟,而在方法上,则是进行收罗资料,分析比较,然后断以己意,因此结论都是比较正确可信的。正由于他对中外学术进行过认真的探讨,有着深邃的造诣,所以他从五四直到20世纪30年代,在文学论争中,如对"学衡派"、"甲寅派"、"新月派"的批判,才能够立于不败之地。

三、鲁迅在成为马克思主义者后,对学术问题的看法,比过去有了进一步的发展

马克思主义的立场、观点、方法是最进步的科学方法。辩证唯物主义同历史唯物主义是资产阶级形而上学的方法所远远不能相比的。毛主席说:"鲁迅的后期杂文,最深刻有力,没有片面性,因为他掌握了辩证法。"现在仅就他对中国文学史上的作家与作品的评论上,来说明这一问题。

(一)论人要从本质上看,不应根据表面现象来信口雌黄。即如正始时期的嵇康同阮籍,晋以后的儒者都攻击他们的行为放达,不拘礼法,败坏了名教。明末的顾炎武,在《日知录》中对正始风俗就大肆抨击。但鲁迅不是这样看法,他说魏晋这个时期的政治上的当权者,如曹操、司马懿等,他们崇奉礼教,是用以自利,实际是败坏礼教,不相信礼教的。而嵇康、阮籍这班人,由于对他们的不满,愤而走上脱落礼教。但实际他们则是承认礼教,太相信礼教了。鲁迅并引春秋时吴季札的话,"中国之君子,明于礼义而陋于知人心",鲁迅接着说:"这是确的,大凡明于礼义,就一定要陋于知人心的,所以古代有许多人受了很大的冤枉。"(《魏晋风度及文章与药及酒之关系》)鲁迅这种分析的确是非常深刻的。

(二)论人要看主流,不要斤斤计较那些细枝末节。鲁迅是反对那种"金要足赤,人要完人"的评论人的观点的。他在《题未定草》中,曾引明代东林党的创始人高攀龙的话,即"论人当观其趋向之大体。趋向苟正,即小节出入,不失为君子;趋向苟差,即小节可观,终归于小人"。在20世纪30年代,对于袁中郎评价极为分歧。有的把

他奉为"方巾气的死敌,小品文的祖师",有的又攻击他的论文,乃亡国之音,这都是极其错误的看法。鲁迅当时一方面引用《高忠宪公年谱》中引袁中郎在陕西当主考官时出的题目,有"过劣巢由"的话。监临者问他,这是什么意思。他说:"今吴中大贤亦不出,将令世道何所依赖,故发此感耳。"所以鲁迅说:"中郎正是关心世道,佩服方巾气人物的人,赞《金瓶梅》,作小品文,并不是他的全部。"(《招贴即扯》)所以当时对中郎那些不切实际的毁誉都是非常片面的。

另外,鲁迅又根据高攀龙的话,说:"推而广之,也就是倘要论袁中郎当看他趋向之大体,趋向苟正,不妨恕其偶讲空话,作小品文,因为他还有更重要的一方面在。"(同上)这个评论是非常公允的。

还有清代初年的金圣叹,后来有不少人捧他,认为他是有卓识的文学评论家。鲁迅认为,金圣叹的立场是非常反动的,他痛恶梁山泊的英雄们,所以把120的《水浒传》删去后一部分改为70回,成了一个"断尾巴蜻蜓"。而且还梦想出现一个嵇叔夜,一朝杀尽了他们。至于他的被杀,乃是当时的官绅认为他原是一个坏货的缘故。他之抬起小说传奇来和《左传》、《杜诗》并列,实不过是拾了明末袁中郎辈的余唾。而他对《水浒传》、《西厢记》的评点,恰恰把文学批评引到了邪路上去了。这是从本质上给他以否定。

(三)评论作家,当根据其作品的全部,而不应以一点来代表全部。他在《题未定草》中,批评朱光潜仅仅根据陶潜的"采菊东篱下,悠然见南山"的诗句,而说他"浑身是静穆",正是以一偏以概全的表现。陶潜诗中还有与此极其相反的"金刚怒目"式的作品,这就是《读山海经》中的"精卫衔微木,将以填沧海,刑天舞干戚,猛志固常在"的诗句。用摘句的方法,来概括诗人作品的全部风格是错误的。

(四)论人要实事求是,不以个人感情而有所轩轾。即如,章太炎是鲁迅最尊敬的老师,但鲁迅在《关于太炎先生二三事》中,既表彰了他的"七被追捕,三入牢狱"的不屈不挠的革命精神,认为"这才是先哲的精神,后生的楷模",但同时也不讳言他到晚年"脱离群众,渐入颓唐,参与投壶,接受馈赠"的缺点。不过鲁迅又说:"但这不过是白圭之玷,并非晚节不终。"这真是马克思主义的评论,是非常全面而具有说服力的。

又如刘半农,他是鲁迅多年的朋友,刘半农死后,鲁迅在《忆刘半农君》中,赞扬他在五四文学革命时期,很打了几次大仗。虽然有人批评他的为人是浅,但他的浅却如一条清溪,纵有多少沉渣和腐草,也不掩其大体的清。这比那满是烂泥的深渊,要好得多。但又指出后来身据要津,于是就写起打油诗,弄起烂古文。最后说:"我爱十年前的半农而憎恶他的近几年。这憎恶是朋友的憎恶,因为我希望他之作为战士,长是十年前的半农,他的为战士,即使'浅'罢,于中国更为有益。"这种评价是多么的深刻而公允。不但具有深厚的感情,而且闪耀着真理的光芒,给我们树立了评论人物的典范。

鲁迅20世纪30年代的杂文,的确达到了思想性与艺术性高度统一的地步。杂文的内容所涉及的非常广泛,但无不具有他的真知灼见。只有精研马列主义,纯熟地掌握了唯物论辩证法,才能达到这种境地。

目前在我国学术界有所谓资料与理论学术派,我认为二者不应截然分离。而应该把二者结合起来。收集资料是研究的第一步。有了资料就应该更进一步对资料用马列主义的观点多方面进行分析研究,从而发现其规律,这才是研究学术的完整过程。而鲁迅的治学方法,正是给我们树立了好的典范。现在我们纪念鲁迅应该在治学精神上,在立场观点、方法上很好地向他学习。

(原载《河大函授通讯》1981年第4期)

读鲁迅《汉文学史纲要》

——鲁迅先生 100 周年诞辰纪念

《汉文学史纲要》这部鲁迅著作,一向不曾为读者所重视。我之读这部书,还是在四人帮被粉碎之后,为了批判四人帮在批儒评法中对鲁迅所进行的肆意歪曲时,才把它浏览一过,觉得里边极多精义卓识,但还没有深读。直到最近,才重新加以仔细地研索,深深感到这部著作,其论述虽限于从先秦到西汉,但它却处处显露出作者的真知灼见,从而为我们树立了研治文学史方面的范例。现借纪念鲁迅先生一百周年诞辰之际,来谈谈自己对它的点滴体会。

这部书是鲁迅在厦门大学任教时写的讲义,据《两地书四一》中说:

我的功课,大约每周当有六小时,因为语堂希望我多讲,情不可却。其中两点是小说史,无须预备;两点是专书研究,须预备;两点是中国文学史,须编讲义。看看这里旧存的讲义,则我随便讲讲就很够了,但我还想认真一点,编成一本较好的文学史。(《鲁迅全集》第9卷第98页)

现在全集中的这部书,就是鲁迅先生当时编的讲义。从第一篇《自文字至文章》到第十篇《司马相如与司马迁》,可以说从先秦到西汉。遗憾的是鲁迅在厦门大学只呆了半年,一九二七年初就离开了那里到中山大学任教去了,所以这部书没有完成,这不能不说是一大损失。但即此十篇,内容也是极其丰富多彩的,从中可以学到很多东西。

晚清时候,京师大学堂已印有林传甲《中国文学史》讲义,其观点既腐朽,且识解亦极荒谬。当时周作人曾对此书进行过批判,说它"支离蒙愦,于文学之义且未明,更何论夫史"(《辛亥革命前十年间时论选集·论文学之意义及其使命及中国近时论文之失》)。五四后,文学史的著作还不多,当时流行的有谢无量的《中国大文学史》,鲁迅曾把它作为《汉文学史纲要》的参考书。但其内容庞杂,见解亦极平庸,比之鲁迅这部《史纲》则逊色得多。

这部书作为文学史来说,其特点:

一、从史的角度,来论中国文学的发展。如第一篇《自文字至文章》,说明中国文章产生的渊源。第二篇《书与诗》,《书》为中国散文之祖,《诗》乃中国韵文之祖。到后来散文发展到庄周,达到具有文艺性散文的高峰;诗歌发展到屈原,又成为诗歌上划时代的杰作。因此,第三篇为老庄,第四篇为屈宋。

二、以点带面,重点突出。整个《汉文学史纲要》都是用的这样写法。即如老庄是重点,但对于道家之后的儒墨,也都有所论述。并谓:"儒者崇实,墨家尚质,故《论语》、《墨子》,其文辞皆略无华饰,取足达意而已。"论到《孟子》,则谓:"生当周季,渐有繁辞,而叙述则时特精妙,如墙间乞食一段,宋吴氏(《林下偶谈》)极推称之……"(《鲁迅全集》第8卷第270页)并在这篇的结尾,把周季的思潮分为四派,即(一)邹鲁派,(二)陈宋派,(三)郑卫派,(四)燕齐派。这样把晚周诸子都涉及了。

在《屈原及宋玉》一章里,也讲了荀况,并及唐勒、景差等。至于论汉代文学各章,均仿此。

三、对先秦作品之为后人伪托者,则进行了辨伪。自唐以来,对古籍的伪作,不少学者加以辨证,至清代学者如阎若璩之于《古文尚书》、姚际恒之于过去的伪书、康有为之于新学伪经,都有不刊之作。因为辨伪成为风气,鲁迅在《汉文学史纲中》中对古文字以及古文学作品,于不能置信者,也都给以考证。

如对许慎《说文解字》中"黄帝之史仓颉……初造书契"这一看法认为是不可靠的。《汉文学史纲要》中驳之云:

> 要之文字成就,所当绵历岁时,且由众手,全群共喻,乃得流行,谁为作者,殊难确指,归功一圣,亦凭臆之说也。(《鲁迅全集》第8卷256页)

认为文字的产生,乃群众的创造,这是非常精辟的见解。

又如传说中古代的韵文,多系后人伪托,《汉文学史纲要》中说:

> 今所传有黄帝《道言》(见《吕氏春秋》)、《金人铭》(《说苑》)、颛顼《丹书》(《大戴礼记》)、帝喾《政语》(《贾谊新书》),虽并出秦汉人书,不足凭信,而大抵协其音,偶其词,使读者易于上口,则殆犹古之道也。(《鲁迅全集》第8卷257页)

又如对屈原的《卜居》、《渔父》,而考为"或后人取故事仿作之"。于《招魂》则谓"司马迁以为屈原作,然辞气殊不类"。

对宋玉的作品,《汉文学史纲要》中说:

> 其称为赋者则九篇,(《文选》四篇,《古文苑》六篇,然《舞赋》实傅毅作)大率言玉与唐勒、景差同侍楚王,即事兴情,因而成赋,然文辞繁缛填委,时涉神仙,与玉之《九辨》、《招魂》及当时情景颇违异,疑亦犹屈原之《卜居》、《渔父》,皆后人依托为之。(《鲁迅全集》第8卷280页)

其它如对《诗序》、《古文尚书》以及《庄子·杂篇》等,均曾有所辨证,不具引。

四、对作品思想与艺术的渊源流变的阐述。文学史的作用,最主要的一条即在对作品的渊源及流变给以阐明,从而说明其承前启后的作用,给读者指出如何借鉴古人的作品。《汉文学史纲要》中对此非常注意。

首先是思想内容,《汉文学史纲要》论秦汉人作品非常注意其思想渊源,即如汉代的晁贾,《汉文学史纲要》即指出其学术来源说:

> 晁贾性行,其初盖颇同,一从伏生传《尚书》,一从张苍受

《左氏》。错请削诸侯地,且更定法令;谊亦欲改正朔,易服色;又同被功臣贵幸所谮毁。为文皆疏直激切,尽所欲言;司马迁亦云:"贾生晁错明申商。"(《鲁迅全集》第8卷第290~291页)

又如论东方朔,举其临终时诫子的话,谓:"又黄老意也。"而论司马迁则谓:

> 而太史职守,原出道家,其父谈亦崇尚黄老,则《史记》虽缪于儒术,固亦能远绍其旧业者矣。(《鲁迅全集》第8卷第308页)

说明司马迁的观点之源于道家,不仅由于其职守的关系,而且有其家学的渊源。

在艺术方面,尤注意其渊源流变,即如论屈原的《离骚》,《汉文学史纲要》中说:

> 然则骚者,固亦受三百篇之泽,而特由其时游说之风而恢宏,因荆楚之俗而奇伟;赋与对问,又其长流之漫于后代者也。(《鲁迅全集》第8卷第280~281页)

又如论到《卜居》、《渔父》在设问上对后来作者的影响道:

> 而其设为问难,履韵偶句之法,则颇为词人则效,近如宋玉之《风赋》,远如相如之《子虚》、《上林》,班固之《两都》皆是也。(《鲁迅全集》第8卷第276页)

这说明了《离骚》的渊源发展同演变,多么简明而扼要。又如论司马相如在辞赋上的成就与影响道:

> 盖汉兴好楚声,武帝左右亲信,如朱买臣等,多以楚辞进,而相如独变其体,益以玮奇之意,饰以绮丽之辞,句之短长,亦不拘成法,与当时甚不同。故扬雄以为使孔门用赋,则贾谊升堂,相如入室。班固以为西蜀自相如游宦京师,而文章冠天下。盖后之扬雄、王褒、李尤,固皆蜀人也。(《鲁迅全集》第8卷第305~306页)

说明相如之赋承前人,而又有新的创造。由于他以辞赋显,于是西蜀辞赋作者继起,而文章冠天下。

五、运用比较的方法,阐明作家作品在思想内容以及艺术风格上的异同。研究学术,贵乎比较。通过比较看出异同,进而再探索所以产生异同的原因,于是对作家作品就会有着深入的理解。古人所谓"参考比较,融会贯通",实为治学的经验之谈。《汉文学史纲要》中对作家作品有许多精辟的见解,都是通过这种方法而得出的。即如对《诗》、《骚》的比较,先说它们不同的地方:

> 实则《离骚》之异于《诗》者,特在形式藻采之间耳。时与俗异,故声调不同;地异,故山川神灵动植皆不同;惟欲婚简狄,留二姚,或为北方人民所不敢道……

但内容也有相同的地方,书中说:

> 若其怨愤责数之言,则三百篇中之甚于此者多矣。

接着又说明它们的关系,并引刘勰《文心雕龙》之言,作为证明道:

> 楚虽蛮夷,久为大国,春秋之世,已能赋诗,风雅之教,宁所未习,幸其固有文化,尚未沦亡,交错为文,遂生壮采。刘勰取其言辞,校之经典,谓有异有同,固雅颂之博徒,实战国之风雅,"虽取熔经义,亦自铸伟辞……故能气往轹古,辞来切今,惊采绝艳,难与并能"(《文心雕龙·辨骚》),可谓知言者已。(《鲁迅全集》第8卷第276~277页)

另外对贾谊和晁错的学术思想以及遭遇也有较详细地比较,前边已有所论及,兹不赘。

六、对作品的思想与艺术均极重视。一面注意作品的思想,一面对艺术成就也并不忽略。即如对于庄周,对他的思想曾给以扼要的论述:

> 故自史迁以来,均谓周之要本,归于老子之言。然老子尚欲言有无,别修短,知白黑,而措意于天下;周则欲并有无修短白黑而一之;以大归于"混沌",其"不谴是非","外死生","无终始",胥此意也。中国出世之说,至此乃始圆备。(《鲁迅全集》第8卷第272页)

同时,对于他的艺术成就,则称赞备至:

> 著书十余万言,大抵寓言,人物土地,皆空言无事实,而其文则汪洋辟阖,仪态万方,晚周诸子之作,莫能先也。(《鲁迅全集》第8卷第270~271页)

《汉文学史纲要》中对于《古诗十九首》中,《玉台新咏》题名枚乘作的九首中引了三首,即《西北有高楼》、《行行重行行》、《迢迢牵牛星》等,对这些作品评之谓:

> 其词随语成韵,随韵成趣,不假雕琢,而意志自深,风神或近楚《骚》,体式实为独造,诚所谓"畜神奇于温厚,寓感怆于和平,意愈浅愈深,词愈近愈远"者也。稍后李陵与苏武赠答,亦为五言,盖文景以后,渐多此体,而天质自然,终当以乘为独绝矣。(《鲁迅全集》第8卷296页)

可谓推赞备至矣。

对司马相如的赋,也盛加赞许,《汉文学史纲要》中说:

> 然其专长,终在辞赋,制作虽甚迟缓,而不师故辙,自摅妙才,广博闳丽,卓绝汉代,明王士贞评《子虚》、《上林》,以为材极富,辞极丽,运笔极古雅,精神极流动,长沙有其意而无其材,班张潘有其材而无其笔,子云有其笔而不得其精神流动之处云云,其为历代评骘家所顷到,可谓至矣。(《鲁迅全集》第8卷第306~307页)

对司马迁《史记》则谓:

> 恨为弄臣,寄心楮墨,感身世之戮辱,传畸人于千秋,虽背《春秋》之义,固不失为史家之绝唱,无韵之《离骚》矣。惟不拘于史法,不囿于字句,发于情,肆于心而为文,故能如茅坤所言:"读《游侠传》即欲轻生,读《屈原》、《贾谊传》即欲流涕,读《庄周》、《鲁仲连传》即欲遗世,读《李广传》即欲立斗,读《石建传》即欲俯躬,读《信陵》、《平原君传》即欲养士"也。(《鲁迅全集》第8卷第308页)

由此可见,鲁迅对凡是具有情感与艺术高度统一的作品,而为几千年来大家所公推的大作家,则无不阐明其卓越的成就,而予以肯定与赞许。

综上所述鲁迅这部《汉文学史纲要》的特点:

一、对于史料的采用是审慎的,不可信的作品、不可信的说法都要给以考证与辨析,而不轻易相信与盲从。

二、根据中国文学的发展,有重点地把能以反映时代精神而在艺术上有卓越成就的作家与作品予以分析评论,而对次要的作家与作品也有所涉及,从而显示出中国文学在发展中各个时期的特色。

三、对作品的体裁、思想内容以及艺术成就和艺术手法,阐明其渊源流变,指出前人在继承与发展上的巨大成就,从而给读者指出如何向古人学习的正确道路。

四、在内容与形式、思想与艺术上,书中凡认为二者统一的作品无不给以肯定,但并未表明二者之间的主次关系。

由于鲁迅当时还不是一个马克思主义者,所以书中只论到政治、社会以及各个民族、各个地区的风俗、民情、语言等等对作家与作品的影响。但对经济与文学的关系,则从未提及,至于阶级关系,则更不会谈到了。

此外,在创作方法上,也没有谈到象"现实主义"、"浪漫主义"为后来一般治文学史者常常用以作为评论古人作品的说法。而在《汉文学史纲要》中对这方面毫未涉及。可知用近代西方文学中的创作方法去往中国古代文学作品上套,可能当时鲁迅认为是不太恰当的。

总之,仔细研读鲁迅这部著作,对我们治文学史,在态度方法上,会受到极大的启发与教益。同时把这部《汉文学史纲要》同当前出版的中国文学史比起来,也可以看到对文学史的研究亦是随着时代的发展而发展的。但在20世纪20年代,鲁迅这部著作,比着同时期其他人的同类著作,不论在认识的深度与广度上,都应该说是戞戞独造,而为他人同类著作所难以企及的!

(原载《人文杂志》1981年第5期)

《鲁迅与河南》序

今年是伟大的文学家、思想家与革命家鲁迅先生诞生100周年。刘增杰同志在教学之暇,用数年之力,撰写了《鲁迅与河南》一书,献给读者,作为对我们崇敬的先哲的诚挚的纪念。

鲁迅先生生前并不曾在河南工作过;但是鲁迅先生和我省的关系,还是十分密切的。刘增杰同志写的《鲁迅与河南》这部书,对史实详加稽考,对事理深入分析,平实审慎,细大不捐。从书中我们可以看出鲁迅先生的伟大精神。

由于这部书论述方面较广,未能一一列举,现仅就其中最重要的几个方面,来谈谈我的粗浅看法。

一、鲁迅先生早期的主要论著发表于《河南》杂志。众所周知,鲁迅先生在日本仙台读书时,曾因看到日俄战争影片受到刺激,而决心弃医从文的。但他和几位朋友准备出版的刊物,因种种原因而流产了。正在这时,我省流亡东京的革命党人编辑出版了鼓吹革命的刊物《河南》。鲁迅先生和他的朋友打算提倡文艺运动而写就的论文,竟借《河南》这个刊物而逐一问世了。

鲁迅先生当时不仅从革命家章太炎问学,并且还参加了他所领导的革命组织"光复会",因此鲁迅先生的政治立场完全是革命派的立场。他在《河南》上发表的论文,不仅阐发了文学对改革国民精神并借以挽救祖国命运的重要性,同时还介绍了西方"立意在反抗,指归在动作"的摩罗派诗人。除此之外,还大力宣扬科学对救国的重要性,并系统地介绍了达尔文的"进化论",批判了中国传统的儒道两家的复古主义与退婴思想。在政治主张上,沉重地打击了洋务派与维新派"富国强兵"与"金铁园会"的谬论。鲁迅先生当时的这种先进思想与文学革新主张,实际上起到了"五四"时期文化革命的思想先驱的作用。这些光辉论著,竟有机缘发表在《河南》杂志上,不能不说是我们河南省的极大光荣。因此,我们更应以此自励,努力学习鲁迅著作,发扬鲁迅精神。

二、鲁迅先生生平在交游方面,同我们河南省"五四"后不少作家有着极其亲密的师友关系。首先是曹靖华先生,靖华先生是我国精通苏联文学的有数专家,他最初由于介绍王希礼翻译《阿Q正传》,同鲁迅先生开始建立了友谊。以后书信往返,友谊日益加深。靖华先生在鲁迅先生的鼓励与帮助下,对苏联文学名著如《铁流》、《第四十一》等进行了认真的介绍。这不仅对中国文学,并且对中国革命的发展,都产生了较大的影响。同时,靖华先生对鲁迅先生也是非常热爱和敬佩的。他曾收到鲁迅先生手札数百通,他对之异常地珍惜。当他从苏联回国时,千方百计地来加以保护,使之不致遗失。因而给我们保留下鲁迅先生这部分有价值的精神财富。尤其值得重视的是,鲁迅先生逝世后靖华先生写了大量的纪念和回忆的文章,阐发了鲁迅先生对中国文学与中国革命作出的伟大贡献。所以他们二人生平的真挚友谊,的确是中国文学史上一段有意义的佳话!

其次是徐旭生。在1925年左右,鲁迅先生主办《语丝》及《莽原》时,徐旭生正在主办《猛进》。他们在批判封建思想与抨击北洋军阀的斗争上,立场完全是一致的。因而他们当时曾有过一段较亲密的交往。可惜的是,到后来鲁迅先生在中国共产党的领导下成为伟大的共产主义者,而徐旭生则停止在旧民主主义革命阶段,未能进一步地发挥他的斗争精神,这是非常值得惋惜的。

另外是鲁迅先生与当时河南的青年作家,如徐玉诺、冯沅君、王品青、尚钺、荆有麟、翟永坤、武者(罗绳武)等的关系。他们有的是鲁迅先生的学生,有的是晚辈。从本书的叙述中,可以看出鲁迅先生对他们思想上的关切、创作成就上的肯定以及将来发展上的期望。鲁迅先生对于后学者这种勤恳培育、耐心指导、诲人不倦的崇高精神实在令人钦佩。

至于河南的进步人士、革命青年,不论是从事文学或从事革命实际工作的,对鲁迅先生则都是衷心仰慕的,在先生逝世后,无不同声哀悼。河南报刊发表痛哭先生的逝世、介绍先生的生平、表率先生的学行、阐发先生伟大精神的作品层出不穷。这就充分证明了伟大的鲁迅精神如河岳,如日星,万古长存,光照人间。

今年是鲁迅先生的百年诞辰,刘增杰用这部内容丰富、记叙翔实的著作作为对先生的纪念;同时希望我省的广大人民特别是青年,进一步学习鲁迅精神,用鲁迅先生锲而不舍、韧性战斗的精神,为我国的四化大业,做出出色的贡献。

1981 年 1 月 30 日于河南师大

注:《鲁迅与河南》,刘增杰著,1981 年河南人民出版社版。

继承并发扬鲁迅现实主义精神的优良传统

鲁迅是我国文学史上空前的伟大作家,他以杰出的现实主义作品为我国文学史开辟了一个新的历史时代,而成为我国新文学的奠基人。

今年是先生诞辰的 100 周年,为纪念先生,似应对先生在文学上的光辉业绩,从各方面进行研究和探索,以便加以继承并发扬。我想对先生在创作上的现实主义精神,谈谈个人的粗浅体会。

从文学史上看,任何一位伟大作家,他们的伟大成就都不是一空依傍,凭空而来的,是继承了前人的遗产,而又加以发扬的结果。鲁迅先生自然也不例外,他创作上的现实主义精神是继承并发扬了中外文学遗产中的优良传统的产物。

先就我国来说,从《三百篇》直到近代,几千年来的文学史,作为创作的主流的乃是现实主义。《三百篇》中的国风和二雅,里边都反映了人民群众和当时士大夫们对现实生活所发出的欢愉与愁苦的心声,也反映了当时时代的精神同面貌。汉代学者根据这部作品,总结出治世、乱世与亡国之音的理论,说明它反映了当时社会的全貌,确实是时代的一面镜子。如果这些作品离开了现实主义,是不可能产生出这样的巨大效果的。

《三百篇》以后的诗人,如楚国的屈原,汉代乐府作者,魏晋时期的嵇康、阮籍和陶潜,唐代的杜甫、白居易,直到清代的龚自珍,尽管在创作方法上,如屈原也用了浪漫主义的表现方法,但基本精神则是现实主义的,其余的就更不必说了。以上这些诗人,都关心政治的污隆,关心人民的疾苦,他们置身于现实和人民群众中,他们的作品基本上代表了人民群众,唱出了时代的最强音。鲁迅在创作上提出"为人生而文学",并说:"我的取材多采自病态社会的不幸的人们中,意思是在揭出病苦,引起疗救的注意。"这种创作精神,不正是继承了我国《三百篇》以来历代诗人们的现实主义的优良传统吗?

在小说方面,鲁迅对中国小说的发展有着极其深刻的研究。他的《中国小说史略》是中国小说史的开山之作。他对晋朝的志怪,唐宋的传奇,宋元明的评话,尤其是为广大人民所传诵而脍炙人口的长篇作品如《三国演义》、《水浒传》、《西游记》,以及杰出的现实主义作品《儒林外史》、《红楼梦》等,从思想倾向到艺术手法,无不给以深刻的分析与精辟的论述。他在 20 世纪 20 年代的杂文《论睁了眼看》中,曾痛斥过已往那些反现实主义作品,称之为"瞒和骗的文艺";而且希望文坛上出现一批闯将,创造出一个文艺的新时代。

鲁迅不止精通中国文学,对外国文学也曾深入地加以钻研。还在他留学日本的时候,就发表了《摩罗诗力说》,对西方的浪漫派诗人拜伦、雪莱以及普希金等作过详细的评介。特别赞扬了他们敢于反抗,破坏一切旧事物,而勇于创新与不懈地追求个人理想的战斗精神。后来他又特别推崇波兰的显克微支同旧俄的果戈理。因为他们站在被污辱与被损害的小人物,也就是被压迫的人民的一边,对那些压迫者的丑态与罪恶,给以有力地讽刺与鞭答。

鲁迅到了后期,更是对苏联十月革命后新现实主义文学,在理论与创作上进行了大力地宣扬,并集聚力量给以介绍。

所以鲁迅在创作上,不论是哪一种体裁,没有不是植根于深厚的中外遗产的土壤中,吸取其精华,结合本国的现实,以个人天纵之资,对人民、民族热烈的爱与对敌人无比的恨,抒发出自己的所见、所感与所想,而开放出绚丽多姿、灿烂无比的花朵。

下边试就他的小说、杂文及旧体诗,来看看它们是如何体现了现实主义的创作精神的。

鲁迅早期的政治思想曾经受到维新派改良主义的影响。他之到仙台学医就是这种思想的具体体现。但当他发现精神麻木的国民,即令身体如何苗壮,也只能作示众的材料和看客时,才决定丢弃医学,而从事文学运动,借以改变国民的精神。而在政治倾向上后来就抛弃了改良主义而走上革命的道路,参加了章太炎等人所领导的革命组织光复会。

在辛亥革命前,鲁迅对革命是抱着高昂的激情与殷切的希望的。他后来在《希望》中讲到,那时的心情是"充满过血腥的歌声;血和铁,火焰和毒,恢复和报仇"。后来革命的高潮终于到来了,鲁迅当时在家乡绍兴教书,为了迎接革命,曾经组织学生成立武装纠察队。后来清廷垮台了,新政府建立了,但不久袁世凯就篡夺了革命果实,于是一切都又走上了回头路。鲁迅这时陷于深沉的幻灭与苦闷中,在这时期,他曾埋头在绍兴会馆抄古碑,借此来麻醉自己,把自己沉浸入国民中。

从表面看来,鲁迅这时是消极沉默,好像是无所作为,而实际是在回顾体察,对自己所经历过的道路以及中国历史的发展,尤其是辛亥革命的失败,进行了分析与总结。至于当时社会的黑暗、上流社会的堕落与下层人民的不幸、知识分子的脆弱与分化以及国家民族的未来命运,成为他进行深入思考的重要课题。

待到1917年,他的老朋友钱玄同约他为《新青年》写稿的时候,尽管他有过把中国比作万难毁坏的铁屋子的消极看法,但这时他对如何来改革中国社会的问题,似乎已获得了初步的答案,这就是在中国须要掀起一个文化革命运动。

本来在1904年,鲁迅离开仙台回东京时,曾打算借文学运动来改变国民的精神。他同周作人、许寿裳等准备办个刊物,后来为资金问题而流产了。但他们为刊物而准备的论文以及翻译的外国小说,后来有机会都一一的发表了。但由于中国革命高潮的到来,国人的注意力正集中在革命与反革命两种力量的搏斗上,所以他们的论文与译作都为当时时代的浪潮所淹没了。

但到五四的前夕,中国文化革命的高潮在各种条件上都已具备,而且也孕育成熟了。鲁迅在反孔教与反古文学新的革命形势下,发表了他的震人心弦的《狂人日记》,像春雷一样惊醒了世人的迷梦。接着又发表了《孔乙己》、《药》,由于表现的深切和格式的特别,于是深深激动了当时青年读者的心。从此一发而不可收,直到20世纪20年代,共写了几十篇短篇,出版了两部集子:《呐喊》和《彷徨》。

鲁迅之所以成为中国现代文学的奠基人,主要由于这两部小说的辉煌成就。而这种成就,正由于他的伟大的现实主义创作精神。他在20世纪30年代,对向他请教的青年作者在创作上的教导是,选材要严,开掘要深。这的确是他的甘苦之言和经验之谈。

所谓选材要严,就是要能从广泛的社会生活中选取有典型意义的题材。所谓开掘要深,就是要找出事物的本质。但如何发现本质?就是要对人物与生活进行深入地探索与挖掘,对问题找出其历史的民族的文化的各种方面的根源。只有这样才能够抓着事物的本质,写出发人深省或动人心魄的作品,从而促使人们对社会进行积极的改革。下边仅从《狂人日记》、《祝福》、《孔乙己》、《阿Q正传》等篇为例,略作说明。

反孔教运动,实际在晚清,革命派的学者们都已开始发生了。即如章太炎的《诸子学略说》,把孔子作为"国愿",认为他是一个湛心利禄、言行不符的伪君子。而刘师培的《攘书》、《罪纲篇》,对三纲之说,早已进行了批判。直到《新青年》杂志创刊后,陈独秀、易白沙都写了不少反孔教文章,但都不及鲁迅的《狂人日记》攻击封建道德与家族制度那样深刻而有力。他借狂人的嘴说:"我翻开历史一查,这历史没有年代,歪歪斜斜的每页上都写着'仁义道德'几个字。我横竖睡不着,仔细看了半夜,才从字缝里看出字来,满本都写着两个字是'吃人'!"并说他的妹子是被家人吃掉的,在当时自己也可能吃过她的几片肉,这是多么惊心动魄的语言。

待到《祝福》发表后,鲁迅写祥林嫂一步步从物质到精神被逼着走向灭亡的过程,而其根源,则是封建礼教与封建迷信,总之是封建制度造成的。祥林嫂曾为赎罪,把自己的工资捐出去作庙里的门槛,满以为这样就会得到神和人的宽恕,但仍然不能参与准备福礼的劳动。同时,柳妈对她讲的将来她到阴间后两个丈夫还要争夺她的话,更给她以沉重地打击。祥林嫂的遭遇,让我们看到一个多么善良的劳动妇女,由于死掉了丈夫,最后竟被封建礼教同封建迷信活活吃掉了。这样的一篇小说,抵得上多少篇声讨孔教的文字啊!

对于科举制度,从晚明以来,学者如顾炎武、黄宗羲,小说家如吴敬梓、蒲松龄、曹雪芹都曾对之进行过揭露与抨击,但比之鲁迅的《孔乙己》就显得太一般化了。因为他们对科举制度的攻击,不外:(一)认为不能为国家培养并选拔出真正的人才;(二)反映出醉心于功名的,在失败后的痛苦与丑态;(三)揭露在考试时出现的种种舞弊的黑暗现象。

但鲁迅这篇作品,却写出了一个善良的人在这样的制度下,成为一个肩不能挑、手不能提、不能自食其力的废物。最后由于偷书,受到权势者对他施加的一种不应有的惩罚,终于成为残废,穷困而死。这种对问题的揭露,比前人就深刻多了。

至于《阿Q正传》,它与《药》可以说是两篇有关联的作品。它们都反映出辛亥革命之所以失败以及人民的愚昧。而更值得注意的是《阿Q正传》中的主人公阿Q,他的精神胜利法,的确写出了我国国民的弱点。鲁迅到日本留学后,即同许寿裳谈到他对中国国民性问题的探索,而《阿Q正传》,正是他长期对这一问题的探索所得到的结果。也可以说是他对中国民族的历史与现实社会的考察与分析中所得到的结果。他揭露国民性的弱点,正是要人们认识这种弱点,而积极地彻底地改掉这种弱点。同时,在新中国成立后的今天,这种弱点在人民群众中是否都已消失了呢?还是值得我们深思的问题。

所以鲁迅的小说,篇篇都蕴藏着他对中国社会深广的忧愤,因而他的现实主义是深化了的现实主义,是过去许多现实主义作家所不能企及的。

鲁迅的杂文,从内容上看,范围非常广阔,真可以说包罗万象。在思想上,他到后期特别是20世纪30年代,已成为纯熟的马克思主义者了。而在艺术上,从杂文来说,已达到无与伦比的至境。在创作方法上,则始终贯彻着革命现实主义的精神。

在前期,鲁迅对社会的未来还抱着探索的态度,所谓"路漫漫其修远兮,吾将上下而求索"。而在后期,则以百倍的信心,认为共产主义的将来是一定会实现的。就在国民党的两种残酷的"围剿"下,对革命者禁锢得比罐头盒还要严密的时候,鲁迅在纪念五烈士的文章中指出革命的长期性与艰巨性,所谓"夜正长!路也正长!"但同时则坚信将来一定会有再记起他们的时候的。在日寇入侵,国民党反动派的上层人物对民族前途已丧失了信心,而不得不乞灵于佛法保护时,鲁迅则指出,从历史上直到现在,作为民族的脊梁的大有人在,他们有信心,不自欺。要想了解他们,状元宰相的文章是不足为据的,要自己去看地底下。"心事浩茫连广宇,于无声处听惊雷",鲁迅坚信,中国人民在中国共产党领导下,是一定能够战胜敌人,取得最后的胜利的。

鲁迅当时正是运用了马克思主义的科学方法,对当时形势的深入分析,与左联战友们一道,对强大的敌人进行了反"围剿"的艰苦战斗,终于取得了胜利,而成为共产主义的巨人。

鲁迅的几十篇旧体诗,特别是20世纪30年代所写的,刻画出了一个共产主义者的崇高形象。他嘲笑讽刺国民党的头子们那种争权夺利的丑态,所谓"静默十分钟,各自想拳经"。揭露他们镇压革命,但革命者并未被他们斩尽杀绝,而仍是前仆后继地在继续战斗。所谓"血沃中原肥劲草,寒凝大地发春华"。他们的文化"围剿"造成了"风生白下千林暗,雾塞苍天百卉殚"的荒凉萧瑟的景象,但鲁迅对中国共产党所领导的苏区则抱着歌颂的态度,而是"愿乞画家新意匠,只研朱墨作春山"。至于他给自己的画像,则是"横眉冷对千夫指,俯首甘为孺子牛"。鲁迅这些诗歌,已充分说明他对革命现实主义的创作方法,已运用得多么纯熟。而其根源乃在于他是一个伟大的共产主义者。作为伟大的文学家是植根于伟大的思想家与伟大的革命家的基础之上的。

综上所述,我们可以看到,鲁迅的现实主义创作精神是继承了中外文学遗产中的现实主义传统而又进一步发展的结果。由于他对现实生活的洞察力与他对未来社会所抱的崇高理想,所以他与果戈理比较起来,同样以狂人为题材,都采取了日记体的形式,并且都命名为《狂人日记》。鲁迅的创作显然受到果戈理的启发,但两个狂人所追求的以及发狂的原因则迥然不同。所以后者比前者"忧愤深广"。因此,我们说鲁迅的现实主义比之果戈理的就深化得多了。没有伟大的思想就不会产生伟大的作品,这是一个颠扑不破的艺术规律。所以鲁迅的现实主义的伟大作品,不仅给中国文学开辟了一个崭新的时代,而且在创作方法上给世界文学树立了一个光辉的范例。

(原载江西《星火》1981年9月号)

鲁迅评论人物浅谈

评论人物是社会上一种极通常的现象。就历史来看，从先秦直到现在，不论圣贤哲人、文人学者，他们在现实生活中，往往通过对历史上的或并世人物的评论，来表达自己对人生与社会各方面问题的看法和主张，借以改革现实。春秋末叶的孔丘，为了维护当时的社会秩序，推行他认为正确的一套伦理道德，于是根据鲁国的历史资料，写了部《春秋》，从对这一阶段的历史人物评价中，揭示出他的善恶标准和他对善恶的褒贬。范宁《榖梁传集解序》中说它"一字之褒，宠踰华衮之赠，片言之贬，辱过市朝之挞"，而孟轲曾颂扬这部书，说什么"孔子成《春秋》而乱臣贼子惧"，把孔子的功劳比之于禹抑洪水，周公兼夷狄，驱猛兽。

后来的史学家都深受孔丘《春秋》的影响，像汉代司马迁的《史记》、宋代司马光的《资治通鉴》和朱熹的《通鉴纲目》以及明末王夫之的《读通鉴论》等，没有不是通过对历史人物或并世人物的评论来彰往察来，借古喻今，企图用自己的观点和主张，来教育世人改造社会的。当然这些书的作者，不论是史学家或思想家，都是封建时代的人物，尽管里边不乏独到的精辟的见解，但也必然要受到时代的阶级的局限，因为里边虽然有精华，但也存在不少的糟粕，所以现在看来，对于他们对历史人物的评论，不能不给以重新的估价。

鲁迅是中国现代伟大的文学家、思想家和革命家，他同上边所说的史学家不同,不是通过一部史学著作来表现他对历史人物与并世人物的评论。但他有16本杂文集,而这些杂文都是鲁迅一生中精心之作。由于他揭露现实,批评社会,因而涉及对历史人物和并世人物的评论。这些评论,体现了他改造社会,挽救祖国,解放人民的崇高的理想。因此对鲁迅的评论人物的立场、观点及方法,需要加以仔细地分析与研究,使我们更好地向他学习。

任何人评论人物,都要有自己的立场,因为所谓是非、善恶,都是站在一定阶级立场上来进行判断的。春秋时的墨子站在被压迫的劳动人民的立场上,提出"兼爱"的理论与主张。但站在统治者立场上的孟轲,就大骂他是"无父",是"禽兽"。历史上领导农民起义的领袖,历来的封建统治者无不斥之为盗贼。所以历史上许多是非善恶的争论聚讼,看起来好像是"公说公有理,婆说婆有理",似乎很难评出个一定的善恶来。但是如果用马克思主义的阶级观点加以分析就不难迎刃而解了。

鲁迅评论人物,立场一向很鲜明。他的一贯立场就是广大被压迫人民的立场和中华民族的立场。鲁迅由于生于晚清,当时帝国主义列强不断入侵,瓜分中国的声浪正在甚嚣尘上。当时中国人民在帝国主义、封建主义的双重压迫下,过着灾难深重、牛马不如的生活,所以鲁迅在早期就发出了"我以我血荐轩辕"的壮烈誓言。他要为挽救民族、解放人民献出自己的一切。他在1906年离开仙台,回到东京,抛弃医学,从事文学,是由于他认为要振兴民族必须改变国民的精神,而改变国民精神最重要的方法莫如文学。他介绍西方摩罗派的诗人是因为他们是"立意在反抗,旨归在动作"。他赞扬拜伦是"不克厥敌,战则不止",称颂修黎,说他是"求索而无止期,永进而不退转"。这都是从人民立场赞扬了他们的反抗黑暗、同情压迫而坚毅不拔的战斗精神,用以启发、教育全国人民,为着解放自己,挽救祖国,必须向他们学习。

在"五四"文化革命的时代,鲁迅对反对新文学的顽固派林纾、刘师培之流称之为"现在的屠杀者","杀了'现在',也就杀了'将来',

将来是子孙的时代"。这种人民立场,又是何等的鲜明!

在20世纪20年代中期,北洋军阀段祺瑞的御用文人章士钊以及依附他的现代评论派陈西滢等,他们都是助纣为虐、为虎作伥之辈。他们制造了女师大事件,接着又制造了"三一八"惨案。鲁迅站在当时被压迫与被屠杀的青年们的立场上,对他们的残暴行径与鬼蜮的伎俩给以无情地揭露与鞭笞。

20世纪30年代鲁迅已成为马克思主义者,在中国共产党的领导下,参与了反"围剿"的战斗。他对新月派梁实秋、第三种人、自由人、民族主义分子以及论语派林语堂等的评论,立场更是非常鲜明,战斗的精神更加坚决,所以评论人物的是非善恶无不从人民立场出发,以人民的利害为分辨判断的唯一标准。

鲁迅是一个唯物主义者,由于他吸取了进化论中的发展观点和中国先秦哲学中的朴素辩证法,因此对人物的观察与分析是非常深刻的。特别到了后期,更是纯熟地掌握了辩证唯物论与历史唯物论,因而对人物的评论越发深刻精辟。现在试从以下几点加以阐明:

一、评论人物,首先从主流上来辩其邪正。他曾引明末东林党的主要人物高攀龙的话道:

> 吾闻之:凡论人,当观其趋向之大体。趋向苟正,即小节出入,不失为君子;趋向苟差,即小节可观,终归于小人。又闻:为国家者,莫要于扶阳抑阴,君子即不幸有诖误,当保护爱惜成就之;小人即小过乎,当早排绝,无令为后患……①

20世纪30年代对袁中郎的评论,有些人捧他,同时也就有人攻击他。不论前者或后者,对他可以说都没有正确的理解。鲁迅当时很为中郎鸣不平,当他引了上面顾宪成的一段话后,接着又说:

> 推而广之,也就是倘要论袁中郎,当看他趋向之大体,趋向苟正,不妨恕其偶讲空话,作小品文,因为他还有更重要的一方

---

① 《招贴即扯》,见:《鲁迅全集》第六卷第181页。

面在。正如李白会做诗,就可以不责其喝酒,如果只会喝酒,便以半个李白,或李白的徒子徒孙自命,那可是应该赶紧将他"排绝"的。

中郎还有更重要的一方面么?有的。万历三十七年,顾宪成辞官,时中郎"主陕西乡试,发策,有'过巢由'之语。监临者问'意云何?'袁曰:'今吴中大贤亦不出,将令世道何所倚赖,故发此感尔'"(《顾端文公年谱》下)。中郎正是一个关心世道,佩服"方巾气"人物的人,赞《金瓶梅》,作小品文,并不是他的全部。

此外,对于党社的评论,也同评论个人一样须看其主流,也就是以大多数人的表现为准,而不应以支流代主流,以少数人代多数人。明末的张岱,在《与李砚翁》信里,对东林党人中某些少数人的表现,大肆攻击,因而不分青红皂白,把整个东林都说得一无是处。鲁迅对此深不以为然,他说:

然而他的严责东林,是因为东林党中也有小人,古今来无纯一不杂的君子群,于是凡有党社,必为自谓中立者所不满,就大体而言,是好人多还是坏人多,他就置之不论了。或者还更加一转云:东林虽多君子,然亦有小人,反东林者虽多小人,然亦有正士,于是好像两面都有好坏,并无不同,但因东林世称君子,故有小人即可丑,反东林者本为小人,故有正士则可嘉,苛求君子,宽纵小人,自以为明察秋毫,而实则反助小人张目。倘说:东林中虽亦有小人,然多数为君子,反东林者虽亦有正士,而大抵是小人。那么,斤量就大不相同了。①

这是评论党社必须看主流的最好说明。

二、论人要根据人物所处的时代、环境,从本质上来看其是非善恶,不应简单地从表面现象上来人云亦云,信口雌黄。最突出的例子是正始时期的嵇康及阮籍,他们处在魏晋易代之际,由于对现实的不

---

① 《题未定草》(九),见:《鲁迅全集》第六卷第349页。

满,所以表现为行为放达,脱落礼教,因而从晋以后,一些儒者对他们无不大肆攻击,说他们败伦丧纪,乃名教的罪人。甚至把后来胡人的入侵、中原的沦丧,也都算到他们的账上。顾炎武的《日知录》中的《正始风俗》就对他们大加诽毁。实际上这是非常错误的,鲁迅根据当时政治的情况来对他们进行评论,所以讲得最透避、最中肯,他说:

季札说:"中国之君子,明于礼义而陋于知人心。"这是确的,大凡明于礼义,就一定要陋于知人心的,所以古代有许多人受了很大的冤枉。例如嵇阮的罪名,一向说他们毁坏礼教。但据我个人的意见,这判断是错的。魏晋时代,崇奉礼教的看来似乎很不错,而实在是毁坏礼教,不信礼教的。表面上毁坏礼教者,实则倒是承认礼教,太相信礼教。因为魏晋时所谓崇奉礼教,是用以自利,那崇奉也不过偶然崇奉⋯⋯于是老实人以为如此利用,亵渎了礼教,不平之极,无计可施,激而变成不谈礼教,不信礼教,甚至于反对礼教。——但其实不过是态度,至于他们的本心,恐怕倒是相信礼教,当作宝贝,比曹操司马懿们要迂执得多。①

这是多么深刻的评论!这样就抓住了历史人物精神的本质,与一般只看到表面现象,即大发议论,横加诋訾的人们,不是有着云泥之别吗?

三、论人要全面考察,不应即其一端,以概全盘。即以陶渊明而论,过去有不少人不看他的全集,只就其几篇散文,或几首诗歌就把他说成是一个纯粹超尘绝俗的隐者。鲁迅对此深不以为然,认为这是异常片面的看法。他说:

又如被选家录取了《归去来辞》和《桃花源记》,被论客赞赏着"采菊东篱下,悠然见南山"的陶潜先生,在后人的心目中,实在飘逸得太久了,但在全集里,他却有时很摩登,"愿在丝而为履,附素足以周旋,悲行止之有节,空委弃于床前",竟想摇身一

---

① 《魏晋风度及文章与药及酒之关系》,见:《鲁迅全集》第三卷第391页。

变,化为"阿呀呀,我的爱人呀"的鞋子,虽然后来自说因为"止于礼义",未能进攻到底,但那些胡思乱想的自白,究竟是大胆的。就是诗,除论客所佩服的"悠然见南山"之外,也还有"精卫衔微木,将以填沧海,刑天舞干戚,猛志固常在"之类的"金刚怒目"式,在证明着他并非整天整夜的飘飘然。这"猛志固常在"和"悠然见南山"的是一个人,倘有取舍,即非全人,再加抑扬,更离真实。①

因此,为了了解作家的全貌,他认为读选本不如读全集,他说:

  读者的读选本,自以为是由此得了古人文笔的精华的,殊不知却被选者缩小了眼界。即以《文选》为例罢,没有嵇康《家诫》,使读者只觉得他是一个愤世嫉俗,好像无端活得不快活的怪人,不收陶潜《闲情赋》,掩去了他也是一个既取民间《子夜歌》意,而又拒以圣道的迂士。②

由此可见,要全面地认识一个人,的确不容易。而最重要的,在能力求作详细地考察,否则以一偏概全,那么所得出的结论,是会像鲁迅所说的"近乎说梦的"。

四、论人决不以私人感情为转移,而是从实际出发,用一分为二的方法,实事求是地既肯定其历史上的功绩,同时也批评其存在的缺点与错误,例如对于章太炎。

章太炎是鲁迅的业师,是他平生极尊敬的前辈。章太炎逝世后,当时上海小报曾发表一些奚落讽刺他的文章。鲁迅当时非常气愤,在病中写了《关于章太炎先生二三事》,表扬了章太炎早年那种排满斗争的革命业绩。文中说:"考其生平,以大勋章作扇坠,临总统府之门,大诟袁世凯的包藏祸心者,并世无第二人;七被追捕,三入牢狱,而革命之志终不屈挠者,并世亦无第二人。"接着他评论道:"这才是

---

① 《题未定草》(六),见:《鲁迅全集》第六卷第336页。
② 《选本》,见:《鲁迅全集》第七卷第131页。

先哲的精神,后生的楷范。"这种称颂毫不过分。但同时对章太炎晚年的"脱离民众,渐入颓唐"以及"参与投壶,接受馈赠"也并不给以掩饰。但认为这也不过"白圭之玷,并非晚节不终"。这种评论是多么的平允和恰切啊!

其次,又如对刘半农,在"五四"时期他是鲁迅的好友,但到20世纪30年代,由于两人政治倾向的歧异,而分道扬镳了。刘半农死后,鲁迅在《忆刘半农君》中给他以符合实际的科学评价。一面肯定他在文学革命时期"活泼勇敢,很打了几次大仗",同时也指出他的"活泼,有时颇近于草率,勇敢也有失之无谋的地方"。在论到某些人(实际指的是胡适)批评他为人是"浅"时,鲁迅辩解道:

> 不错,半农确是浅。但他的浅却如一条清溪,澄澈见底,纵有多少沉渣和腐草,也不掩其大体的清。倘使装的是烂泥,一时就看不出它的深浅来了;如果是烂泥的深渊呢,那就更不如浅一点的好。

这不仅给刘半农的"浅"作了恰当的辩解,同时对诋毁他的胡适,也给了深刻的鞭答。

文中接着又指出刘半农后来渐渐地据了要津,因而也就与世俗同流合污了。鲁迅对此毫不客气地批评他道:

> 我爱十年前的半农,而憎恶他的近几年。这憎恶是朋友的憎恶,因为我希望他常是十年前的半农,他的为战士,即使"浅"罢,却于中国更为有益。

由于当时一些资产阶级文人在刘半农死后,大捧其作打油诗,搞烂古文,正如鲁迅在另一篇文中所说的,他"这时更为包起来作为医治新的'趋时'病的药料了"(《趋时和复古》),所以在这篇文章的最后说:"我愿以愤火照出他的战绩,免使一群陷沙鬼将他先前的光荣和死尸一同拖入烂泥的深渊。"这篇评论,写得深刻、全面,生动而又形象,体现了马克思主义者评论人物的科学态度。

以上所述,充分说明鲁迅的人民立场是多么的鲜明了!他的一生,始终是以人民的利害为利害,他的爱憎纯粹是从人民的利害观点出发的。他之评论人物,不论古今,正如毛泽东同志所说的"首先看他对人民的态度如何"来进行判断。同时,他论人物从不求全责备,而是像明代高攀龙所说的,要观其趋向之大体,也就是看他的主流如何。因此对人民的敌人和他们的帮凶们,鲁迅是从不宽容,而是穷追猛打的。直到在《死》一文中写的遗嘱中,还说:"我的怨敌可谓多矣,倘有新式人问起我来,怎么回答呢?我想了一想,决定的是:'让他怨恨去,我也一个都不宽恕。'"这表现出一个人民战士的顽强态度!

五、评论人要借古谕今,评论古人正是为了讽谕今人。即如前面所举诸人,关于嵇阮,他说他们看起来是毁坏礼教的人,实际是非常信奉礼教的。而自命为尊崇礼教的,倒恰恰是借此以营私,正是他们才是礼教的罪人。这正是暗指当时国民党反动派打着孙中山三民主义的旗号,大杀共产党人,说共产党人破坏了三民主义,而实际他们才是背叛了孙中山的三民主义,是破坏人民革命的罪人。

对陶潜的评论,是针对当时朱光潜教授的超现实的美学论而发的。对袁中郎的评论,乃是针对林语堂等的论语派大捧袁中郎,实际是歪曲了袁中郎而发的。所以鲁迅的评论古人对现实都是具有鲜明的针对性,随时随地都足以发人深思的。

总之,鲁迅评论人物,观察全面,分析深入,评论准确而公允,因而对读者能够产生长远的启发与教育的作用,确实为他同时代的人们所不易企及的。我们学习鲁迅评论人物,首先要从人民立场出发,排除私人的爱憎,而出之于公心。其次要学习马克思列宁主义,掌握辩证唯物论与历史唯物论,抱着实事求是的态度,把人物放在所处的一定的历史环境中进行细致的考察与分析,以一分为二的方法,肯定其功绩,而批判其错误,这样庶几乎不致有背于人物的真实面貌与历史的真实情况。司马迁在《孔子世家》的后边写道:"高山仰止,景行行止,虽不能至,心向往之。"我对鲁迅先生亦然。

1981 年 10 月 1 日
(原载 1982 年《学习与纪念》)

鲁迅与胡适

本文考察了鲁迅与胡适之关系始末,比较研究之后指出,他们在生长环境、早期思想以及治学方法等方面曾有着相似之点,因而,"五四"时期,他们在思想革命、文学革命中曾是互相配合、目标一致的战友;20世纪20年代,在治学上一度是互相帮助、共同商讨的同道。但是,由于思想信仰与政治立场上的严重分歧,20世纪30年代以后,他们终于彼此站在敌对的方面去了。文章就他们走上对立面开始的时间问题以及对导致他们分道扬镳的时代因素和个人因素都作了具体分析。

一

对历史人物进行比较,认识就会更加深刻,了解就会更加全面,特别是同时代的人物,彼此又有一定的关系,这就越发有必要了。过去的史迁,就采取两人或几人同传的办法,其用意恐怕就在此。

鲁迅生于1881年,胡适生于1891年,小鲁迅10岁,但他们在五四前夕,都在《新青年》上发表文章,后来都是《新青年》杂志社编辑委员会中的委员。当时在思想革命、文学革命中,可以说是同一战壕中的战友。在提倡新文学,改革古文学,提倡新道德,反对旧道德上,两人都是互相配合,目标一致,为中国历史的发展作出了卓越的贡献。

五四运动的高潮过后,新青年团体散掉了,胡适很显然向右转了。至于鲁迅,仍坚持站在反封建的阵地上来捍卫五四文化革命的果实。但就在这一阶段,胡适从事中国小说的考证工作,而鲁迅由于在北京大学讲授小说史课,也在进行中国小说史的研究。他们在这方面,还互相协助,共同商讨,在成绩上互相肯定,尽管鲁迅对胡适的政治倾向以及在提倡"整理国故"上有所非议,但就个人的学术研究上,应该说还是有共同语言的,同道的。

关于女师大事件,鲁迅当时与现代评论派阵西滢、徐志摩等进行了斗争。胡适个人当时并未卷入这个漩涡中,尽管他同陈、徐的关系比较密切,观点比较接近,但他的态度还是比较客观的,他曾经企图从中调停,希望彼此互相了解,以达到息事宁人的目的。从这里可以看出鲁迅同胡适这时还没有像对陈源那样成为正面的敌人。直到1927年蒋介石叛变革命后,经过了清党,国民党大杀共产党人和革命群众之后,由于时代这一巨大变化,于是在中国知识分子中,又出现了一次新的分化。语丝社中除少数人如鲁迅外,其余的都同现代评论派合流了。特别是左联成立后,鲁迅参加了这一无产阶级的文艺团体,到20世纪30年代他不仅同胡适决裂了,并且同语丝社中老朋友钱玄同、刘半农、林语堂等也分道扬镳了,从此一直到他逝世。

鲁迅同胡适曾经是战友,后来在治学上一度是同道,但最后竟走上了对立面。其所以如此,应该说他们在思想上曾经有过相同之处,但也存在着不少分歧。随着历史的与个人思想的发展,于是从战友竟变成了敌人。其所以如此,原因不仅有时代的因素,同时也有个人的因素,本文即试图就这些问题,根据史实来加以探索。

二

鲁迅同胡适两人,家庭出身是很相似的,都是属于没落的封建官僚家庭。鲁迅的祖父,曾作过翰林,后因科场案被逮,因而家道中落,曾经有个时期鲁迅竟被目为乞食者。胡适的父亲作过台湾的知州，父亲去世后家道也因而中落。

其次，两人所处的时代虽然相差10年，但在接受时代新思潮方面，却又有相似之处。鲁迅于18岁到南京读书，正是戊戌变法那一年，他读到《时务报》，接受了维新派的思想，尤其值得注意的是，他接触到严复所译的赫胥黎的《天演论》，从而"进化论"思想成为他前期世界观中的主导思想和批判旧世界的思想武器。胡适于1904年到上海读书，由于读到《天演论》，对里面的新思想感到倾服，于是把他原来名字"洪骍"改为"适"，号"适之"。他一生中也是笃信进化论的，他平生一贯主张的一点一滴的改良主义，反对根本解决的革命论，以及他对马克思主义的攻击，其思想根源都在此。当然，"进化论"对他们两人都曾经起过积极作用，因而在反对封建文化上，取得了理论根据。但同时把这种生物学上的理论通则，完全用到社会科学上，就出现了问题。胡适始终是庸俗进化论的坚信者。鲁迅在思想发展上，也曾经历过一个艰苦的自我斗争过程。其原因，也由于"进化论"给他的局限与束缚，直到1927年四一二反革命政变后，目睹同是青年而分为两大阵营，于是他的思路才因此轰毁。后来又由于创造社对他的"挤"，看了几种科学的文艺论，并且译了一本普列汉诺夫的《艺术论》，以纠正他——还因他而及于别人——的只信进化论的偏颇(《三闲集序言》)。

正因为两人都是进化论的信奉者，所以在五四时期，在反对封建道德和古文学上步调是一致的。即如对妇女的贞操问题上，最初是周作人译了日本的谢野晶子的贞操论，接着胡适发表了《贞操问题》，不久鲁迅又发表了《我之节烈观》，这都是用摆事实讲道理的方法，对封建伦理道德进行了有力抨击的文章。又如关于父子问题，胡适在《每周评论》上发表了《我的儿子》一诗，后来引起争论。胡适对汪长禄的信，进行了论辩。后来鲁迅在《新青年》上发表了《我们现在怎样做父亲》，用进化论的观点，阐明了作父亲的对儿子应持的态度，在思想认识上，较胡汪两人的看法要深刻得多了。

在文学革命方面，胡陈发难以后，一时有钱刘的响应，鲁迅当时就写了白话小说《狂人日记》，他后来集他这一时期的小说，命名为《呐喊》。在对复古派的战斗中，他们步调也是一致的。即如林纾是反对这一运动的，他在《论古文之不当废》一文中说：

  知腊丁不可废则马班韩柳亦有其不宜废者，吾识其理，乃不能道其所以然，此则嗜古者之痼也。

又说：

  呜呼有清往矣！论文者独数方姚，而攻掊之者麻起，而方姚卒不之踣。

胡适在与陈独秀书中，针对林氏的吾识其理乃不能道其所以然的话，抨击他说："此如留声机器，何尝不能像留声之人之口吻声调，然终是一付机器，终不能道其所以然也。"接着并直指出其"方姚卒不之踣"一语为不合文法，可谓不通。他说：

  古文凡否定动词之止词，若系代名词，皆位于不字与动词之间，如"不我与"、"不吾知也"、"未之有也"、"未之前闻也"，皆是其例。然踣字乃是内动词，其下不当有止词，故可言"而方姚卒不踣"，亦可言"方姚卒不因之而踣"，"却不可言方姚卒不之踣也"。林先生知"不之知"、"未之闻"之文法，而不知"不之踣"之不通。此则学古文而不知古文之所以然之弊也。

这对复古派确是一个沉重的打击。

鲁迅在《现在的屠杀者》中，对复古派也进行了抨击，他说：

  做了人类想成仙；生在地上要上天；明明是现代人，吸着现在的空气，却偏要勒派朽腐的名教，僵死的语言，侮蔑尽现在，这都是"现在的屠杀者"。杀了"现在"，也便杀了"将来"。——将来是子孙的时代。（《热风》）

此外，《新青年》杂志社很推崇易卜生，在《新青年》四卷第六期发行了易卜生专号。其所以推崇易卜生的原因，是由于易卜生敢于说真话，敢于抨击黑暗的现实，对不合理的道德、法律和宗教敢于揭发抨击，鲁迅在清末发表的《摩罗诗力说》中，论拜伦时，就曾对伊孛

生作过简单的介绍,拿他与拜伦相比,他说:

> 伊氏生于近世,愤世俗之昏迷,悲真理之匿耀,假《社会之敌》以立言,使医士斯托克曼为全书主者,死守真理,以拒庸愚,终获群敌之谥。自既见放于地主,其子复受斥于学校,而终奋斗,不为之摇。末乃曰,吾又见真理矣。地球上至强之人,至独立者也!其处世之道如是。

易卜生《国民公敌》中主人公斯铎曼医生的敢于坚持真理,反对庸俗的大无畏精神,正是五四时代革命派所大力提倡的。胡适当时发表了《易卜生主义》,特别对斯铎曼医生的敢于同愚昧的群众进行斗争的精神进行了赞扬,说:

> 易卜生一生的目的,只是要社会极力容忍,极力鼓励,斯铎曼医生一流的人物,要社会上生出无数永不知足,永不满意,敢说老实话,攻击社会腐败情形的"国民公敌"。要想社会上有许多人都能像斯铎曼医生那样宣言道:"世上最强有力的人,就是那个最孤立的人。"(《新青年》四卷六期)

鲁迅在《随感录四十六》中说:

> 不论中外,诚然都有偶像。但外国是破坏偶像的人多;那影响所及,便成功了宗教改革,法国革命。旧偶像愈摧破,人类便愈进步;……那达尔文、易卜生、托尔斯泰、尼采诸人,便都是近来偶像破坏的大人物。

接着他还引了易卜生《国民公敌》中斯铎曼医生的话:

> 我告诉你们,是这个——世界上最强壮有力的人,就是那孤立的人。

由此可见,他们当时在推崇易卜生思想上是相同的,而在易卜生思想中,认为当时最应提倡的,乃是敢于不顾一切,敢于同现实的错误同黑暗进行斗争的像斯铎曼医生那样的人,他们也是相同的。可是,胡适后来不仅不敢同黑暗作斗争,并且成了黑暗的附着物。鲁迅却在坚持真理同恶势力进行不屈不挠的战斗上,酷似斯铎曼医生,他在20世纪20年代不仅保持了"五四"时期的战斗精神,并且到了20

世纪30年代有了更进一步的发扬。

另外,在治学方法上,两人都受清代朴学家的影响甚深。鲁迅早年曾从章太炎问学,故深明清儒治学方法,蔡元培说:

> 鲁迅先生本受清代学者的濡染,所以他杂集会稽郡故书,校《嵇康集》,辑谢承《后汉书》,编汉碑帖六朝墓志目录,六朝造象目录等,完全用清儒家法,惟彼又深研科学,酷爱美术,故不为清儒所囿,而又有他方面的发展。(《鲁迅先生全集序》)

至于胡适,他是提倡"整理国故"的,在方法上,他是盛赞清儒的治学方法的。他在《清代学者治学方法》一文中,介绍了他们的方法,他认为,从宋代的程朱到明代的王阳明,再到清代的汉学家,在方法上发生了两次巨大的变化,他说:

> 程朱的归纳手续,经过陆王一派的解放,是中国学术史上的一大转机。解放后的思想,重新又采取程朱的归纳精神,重新经过一番朴学的训练,于是有清代学者的科学方法出现,这又是中国学术史的一大转机。

他认为清代学者不论是研治文字学、校勘学,或是考订学所用的方法,都是符合西方逻辑学中的归纳法与演绎法的,因而他认为这是科学方法,他根据钱竹汀、王念孙父子在声韵训诂上的创见和他们所用的一套考证的方法,而得出两点:(一)大胆的假设;(二)小心的求证。

由此可知,鲁迅同胡适在治学的方法同精神上是有其一致之处的。

第三就是他们都喜欢从事中国小说史的研究。胡适写了十多篇古典小说考证的文章,而鲁迅则写了一部《中国小说史略》,同时在小说史的研究上,两人曾经互相帮助,互相商讨。这从《鲁迅书信集》中给胡适的信里,可以看出。

最后,他们二人都是为蔡元培所器重而受到蔡元培的知遇的人,正因为这样,在20世纪30年代蔡元培同宋庆龄组织了中国民权保障同盟,他们都曾参加了这个组织。后来由于胡适靠近蒋介石,而背离了该同盟的根本原则,而被开除出盟。

三

从上边所谈可见,鲁迅与胡适在环境、思想以及治学方法同倾向等方面有着相似之点,所以他们才能曾经一度成为战友同治学上的同道。但同时他们二人也存在着相异之点,所以到最后就走上了敌对的道路。

首先,在对广大劳动人民的态度上两人是很不同的。他们二人尽管都出身于没落的官僚地主家庭,但鲁迅由于幼年家庭的败落而受到世人的冷眼,又因曾寄居外祖父家里,同农民接近并且同他们交朋友,这使他理解到农民的痛苦。以后又由于读到东欧像波兰、俄罗斯的文学作品,使他更了解中外劳动人民遭遇的不幸,产生了为他们的解放而效力的宏愿(《英译短篇小说序》)。后来,又从劳动人民身上看到了高尚的品质,给自己以深刻的教育(《一件小事》)。特别是1927年蒋介石的叛变革命,以及苏联社会主义事业的伟大成就,使他深刻地认识到"唯有无产者才有将来",到这时,鲁迅才真正背叛了自己出身的阶级而走向了无产阶级。

至于胡适,他从幼年就受到封建教育的影响,瞧不起人民群众。后来到美国留学,受到资产阶级思想意识的侵蚀,他脱离人民群众。由于逐渐发展变化,他终于成为当时统治者的一员,而站在人民革命的对立面。

鲁迅由同情劳动人民,中间经过自我解剖,克服了小资产阶级的个人主义,终于成为集体主义者。胡适虽然挂着民主主义的招牌,到后来却倒退而成为蒋家王朝的御用学者。

其次,对中国传统的儒家思想的态度,两人也极不相同。

鲁迅曾受学于章太炎,受到他的反孔教思想的影响。在晚清,他对孔子的文学观就已进行过批判(《摩罗诗力说》)。"五四"时代,他的小说《狂人日记》,曾成为当时反孔教的号角。20世纪20年代他对段祺瑞政府的尊孔读经政策进行了抨击(《十四年的读经》)。20世纪30年代针对伪满及蒋介石的尊孔逆流,进行了揭示(《在现代中国的孔夫子》)。鲁迅当时从人民立场出发,一针见血地指出:

> 孔夫子曾经计划过出色的治国的方法,但那都是为了治民众者,即权势者设想的方法。为民众本身的,却一点也没有。这就是"礼不下庶人"。成为权势者们的圣人,终于变了"敲门砖",实在也叫不得冤枉。

要不是站在无产阶级立场来分析考察,决不会发出这样异常精辟的议论。

至于胡适,则始终是孔子的信徒。在"五四"反孔高潮的时期,他也曾称赞吴虞为"双手打倒孔家店的老英雄"(《吴虞文集序》),但却在他写的《中国哲学史大纲》中,对孔子反盛加称道,说:"孔子所处的时代是一个邪说横行,处士横议,天下无道的时代。"正因为这样,孔子要想把无道变成有道,所以才栖栖皇皇地到处奔走,因而他称孔子为"有志于政治改良的实行的政治家"。

胡适在政治上是主张一点一滴改良的改良主义者,因而孔子实际是胡适所信奉的祖师。20世纪30年代胡适正热衷给蒋介石帮忙的时候,周作人曾写信给他,劝他"汔可小休"。他的答复是:"我的神龛里有三位大神,一位是孔仲尼,取其'知其不可而为之',一位是王介甫,取其'但能一切舍,管取佛欢喜',一位是张江陵,取其'愿以身为蓐荐,使人寝处其上,溲溺垢秽之,吾无间焉,有欲割取我身鼻者,吾亦欢喜施与'。嗜好已深,明知老庄之旨,亦自有道理,终不愿以彼易此。"(《胡适致周作人》,见《胡适来往书信集》中)

胡适在传统思想上是孔子的信徒,在政治上又是一个改良主义者,那么他自始至终都是站在权势者的立场来看待问题。20世纪20年代他参加北洋军阀段祺瑞的善后会议,20世纪三四十年代成为新军阀蒋介石的御用学者,也就丝毫不足怪了。

四

鲁迅与胡适,他们之间的关系从发展上看究竟如何呢?前边已经说过"五四"时期他们曾经是战友,20 世纪 20 年代曾经是同道,20 世纪 30 年代则成为对立面。其所以如此,是有其历史演变过程的。

"五四"时期,他们都是《新青年》团体中的人物,都是反封建的战士。不过,在这时鲁迅对胡适还是有看法的,他在《忆刘半农君》中曾谈到他们办《新青年》时举行编辑会的情况:

> 《新青年》每出一期,就开一次编辑会,商定下一期的稿件。其时最惹我注意的是陈独秀和胡适之。假如将韬略比作一间仓库罢,独秀先生的是外面竖一面大旗,大书道:"内皆武器,来者小心!"但那门却开着的,里面有几枝枪,几把刀,一目了然,用不着提防。适之先生的是紧紧的关着门,门上粘一条小纸条道:"内无武器,请勿疑虑。"这自然可以是真的,但有些人——至少是我这样的人——有时总不免要侧着头想一想。半农却是令人不觉其有"武库"的一个人,所以我佩服陈胡,却亲近半农。

另外,根据沈尹默的回忆,当时为了钱(玄同)和刘(半农)两人在《新青年》上发表的那两封双簧信曾引起一番争论。胡适要自己来掌握编辑大权,由于鲁迅提出"倘若由你来编,我们都不投稿"的抵制,才算平息。虽然如此,但在对付共同敌人时,彼此还是可以互相配合的。

到了 20 世纪 20 年代,他们两人在研究中国古典小说上,还是互相帮助,共同商讨的。即如在 1922 年 8 月 21 日,鲁迅给胡适信中,送给他关于考证《西游记》的资料。后来鲁迅在另一封给他的信中,又谈到一些有关《西游记》考证的资料。胡适在 1923 年写的《西游记考证》中,对于考索孙行者故事的来源时,曾说明在这个问题上受到鲁迅的指点。

特别是胡适于 1922 年 3 月写的《五十年来之中国文学》一文的

稿子,曾请鲁迅审阅,因为里边曾论述到"五四"文学革命的经过,并对当时两派论争有所评论。鲁迅在1922年8月21日给胡适信中说:

> 前日承借我许多书,后来又得来信。书都大略看过了,现在送还,谢谢。
>
> 大稿已经读迄,警辟之至,大快人心!我很希望早日印成。因为这种历史的提示,胜于许多空理论。但白话的生长,总当以《新青年》主张以后为大关键,因为态度很平正。若夫以前文豪之偶用白话入诗文者,看起来总觉得和运用"僻典"有同等之精神也。(《鲁迅书信集》上卷第48页)

这里说明,他们在治学上互相商讨与肯定,关系还是很好的。同时,鲁迅在1924年前后所写的《中国小说史略》以及同年在西安讲演的《中国小说的历史的变迁》中,都曾引用胡适在小说考证方面的说法。即如对《水浒传》谈到关于金圣叹删去招安以后的许多回时,鲁迅说:

> 至于金圣叹为什么要删"招安"以后的文章呢?这大概也就是受了当时社会环境底影响。胡适之先生说:"圣叹生于流贼遍天下的时代,眼见张献忠、李自成一般强盗流毒全国,故他觉强盗是不应该提倡的,是应该口诛笔伐的。"这话很是。就是圣叹以为用强盗来平外寇,是靠不住的,所以他不愿听宋江立功的谣言。(《中国小说的历史的变迁》第四讲)

对于《红楼梦》,他说:

> 迨胡适作考证,乃较然彰明,知曹雪芹实生于荣华,终于苓落,半生经历,绝似"石头",著书西郊,未就而殁;晚出全书,乃高鹗续成之者矣。(《鲁迅全集》十卷本卷八,第198页)

对于《镜花缘》,他说:

> 书中关于女子之论亦多,故胡适以为"是一部讨论妇女问题的小说",他对于这个问题的答案,是男女应该受平等的待遇、平等的教育、平等的选举制度(详见本书《引论》四)。(《鲁迅全

集》卷八,第 211 页)

同时,胡适在 1928 年写的《白话文学史》自序中,对鲁迅《中国小说史略》也作了全面的肯定与赞扬,他说:

> 在小说的史料方面,我自己也颇有一点点贡献。但最大的成绩,自然是鲁迅先生的《中国小说史略》。这是一部开山的创作,搜集甚勤,取材甚精,断制也甚谨严,可以替我们研究文学史的人节省无数精力。

这个评论是非常恰切的。

关于《中国小说史略》问题有一桩公案,在这里不能不提一提。在 1925 年,由于女子师范大学学生反对校长杨荫榆事件,引起了语丝社与现代评论派的斗争。当时语丝社以鲁迅为首,是站在女师大学生的一边的。而现代评论派的陈源以及徐志摩等是站在杨荫榆一边的。这场斗争是革命青年反对封建统治和封建压迫的斗争。陈源及其一伙对鲁迅等极尽其造谣诽谤、诬蔑构陷之能事。其中最足令鲁迅发指的就是,说鲁迅的《中国小说史略》是抄袭日人盐谷温的著作,初则"用思想界的权威"来暗指鲁迅,说什么:

> 很不幸的我们中国的批评家,有时实在太宏博了,他们俯伏了身躯,张大了眼睛在地面上寻找窃贼,以致整大本的剽窃,他们倒往往视而不见。要举个例么?还是不说吧,我实在不敢再开罪思想界的权威。(《现代评论》2 卷 50 期《闲话》)

接着又在《晨报副刊》上发表的致志摩的信中,却直然指出鲁迅《中国小说史略》的根据都是日本人盐谷温的《支那文学概论讲话》里面小说一部分。

对此,鲁迅在《不是信》(见《华盖集续编》)中,曾经给陈源以有力的驳斥与反击。直到 20 世纪 30 年代,鲁迅在《且介亭杂文二集后记》中还追述到这件事,他说:

> 在《中国小说史略》日译本的序文里,我声明了我的高兴,但还有一种原因却未曾说出,是经十年之久,我竟报复了我个人的私仇。当一九二六年时,陈源即西滢教授,曾在北京公开对于我的人

身攻击,说我的这一部著作是窃取盐谷温教授的《支那文学概论讲话》里面的"小说"一部分的;《闲话》里的所谓"整大本的剽窃",指的也是我。现在盐谷教授的书早有中译,我的也有了日译,两国的读者,有目共见,有谁指出我的"剽窃"来呢?呜呼!"男盗女娼"是人间大可耻事,我负了十年"剽窃"的恶名,现在总算可以卸下,并且将"谎狗"的旗子,回敬自称"正人君子"的陈源教授,倘他无法洗刷,就只好插着生活,一直带进坟墓里去了。

1936年10月,鲁迅逝世后,中外革命人士无不同声哀悼,这时死心塌地为蒋介石效命的无耻文人苏雪林给胡适写信,用泼妇骂街的态势向鲁迅肆意攻击,企图让胡适带头来对鲁迅及左联进行讨伐。胡适当时虽然已站在蒋介石的一边,曾经受到鲁迅的讥弹与讽刺,但他毕竟对鲁迅是有所了解的,他在复苏雪林信中说,他同情她的愤慨,但不同意她对鲁迅所施行的人身攻击。特别指出她在信中所附的致蔡元培的信稿中近于骂街的话,说她"未免太动火气(下半句尤不成话),此是旧文字的恶腔调,我们应该深戒"。

后边他又谈到评论人的态度问题时,涉及10年前关于陈源诬蔑鲁迅剽窃盐谷温的书时,说道:

> 凡论一人,总须持平,爱而知其恶,恶而知其美,方是持平。鲁迅自有他的长处,如他的早年文学作品,如他的小说史研究,皆是上等工作。通伯先生(按:陈源)当日误信一个小人张凤举之言,说鲁迅之小说史是抄袭盐谷温的,就使鲁迅终身不忘此仇恨。现今盐谷温的文学史,已由孙俍工译出了,其书是未见我和鲁迅小说研究以前的作品,其考据部分,浅陋可笑,说鲁迅抄盐谷温,真是万分的冤枉!盐谷一案,我们应该为鲁迅洗刷明白,最好是由通伯写一篇短文,此是"gentle man(绅士)的臭架子"值得摆的。如此立论,能使敌党俯首心服。(《胡适来往书信选》中)

这种态度多少还有点"实事求是",但陈源并未能这样做,而且他也没有这样认错的勇气。

下边须要谈的还有两个问题:(一)鲁迅与胡适走上对立面,究竟从什么时候开始。我认为在 20 世纪 30 年代以后,也就是鲁迅成为马克思主义者参加左联以后。因为 1925 年,鲁迅曾与现代评论派陈西滢、徐志摩等进行过斗争,但同胡适还没有发生过直接冲突。就在 1927 年,鲁迅到广州后,曾去香港讲演,题目是《无声的中国》。里边讲道:"要恢复这多年无声的中国,是不容易的,正如命令一个死掉的人道'你活过来!'我虽然并不懂得宗教,但我以为正如想出现一个宗教上之所谓'奇迹'一样。"下边就提到了胡适,说:

> 首先来尝试这工作的是"五四"运动前一年,胡适之先生所提倡的"文学革命"。(《三闲集》)

这对胡适的提倡文学革命是肯定的。同时,在 1928 年胡适写的《白话文学史自序》中,对鲁迅的《中国小说史略》也作了全面的肯定与赞扬,这都说明他们当时彼此之间,还没有达到互相敌视的地步!否则,他们是不会这样讲的。

1927 年底鲁迅去上海,1928 年曾与创造社关于"革命文学"问题进行了论争。后来语丝社中一部分人确与现代评论派合流。同时,在文艺观与政治倾向上,新月派的梁实秋代替了现代评论派的陈西滢,直接对鲁迅进行攻击。他们参与了当时的文化"围剿"。鲁迅这时对新月派也进行了有力的反击同批判。特别对胡适的取媚蒋介石,支持他的对日寇的不抵抗主义,与瞿秋白两人写了不少杂文,进行了揭露与讽刺。所以鲁迅这一时期对新月社与胡适的斗争,实际是属于反文化"围剿"斗争的一个方面。

其次是 1932 年 12 月在上海的宋庆龄、蔡元培、鲁迅、杨杏佛发起成立的"中国民权保障同盟",这是一个反对蒋介石法西斯统治,任意屠杀革命青年同人民的统一战线的政治组织。当时宋庆龄任会长,蔡元培为副会长,后来北平、上海均设有分会,而胡适则为当时北平分会的负责人。1933 年杨杏佛被暗杀,鲁迅曾写《悼杨铨》一诗,胡适后因背叛了该盟的规章原则,为蒋介石的黑暗统治涂脂抹粉,于是被开除出盟。当时瞿秋白曾用鲁迅的笔名"干"在《申报·自由谈》上发表的《王道诗话》中,有"文化班头博士衔,人权抛却说王权,朝廷自古多屠戮,此理今凭实验传"的诗句,对他进行了讽刺。

到了这时,他们两人已完全站在斗争的对立面了。

五

根据以上论述,可知鲁迅同胡适两个人的关系,随着时代的发展而产生变化。但其根本原因,则由于两人早期对人民的态度就大不相同。一个同情人民群众的疾苦,站在人民立场,抱着为解放人民而献身的宏愿,因而最初参加旧民主主义革命,"五四"后参加了新民主主义革命,终于成为马克思主义者、无产阶级的友人以至于战士;一个是统治者的立场,虽然也曾深深感到国家的危亡,企图改造客观现实,但始终未能摆脱中国传统的儒家那套改良主义的束缚,其结果,不能不依附于反动的统治阶级,最后成为蒋介石王朝的御用文人。

其次,鲁迅随着客观形势的发展,用自我解剖、自我改造的方法来克服个人思想中非无产者的思想因素,卸去因袭的重担,终于成为伟大的共产主义者。而胡适则始终抱着实验主义、个人主义,坚持资产阶级立场,敌视马克思主义,这就是他在政治上日趋堕落,最后成为人民敌人的最大原因。

其三,鲁迅和胡适在"五四"文化革命时期能成为同一战线上的战友,是由于反封建道德与封建文学有着一致的倾向的缘故。在20世纪20年代,研治中国小说史时,两人能成为相互商讨的同道,是由于在治学方法同兴趣上也有着共同语言的缘故,但终究由于思想信仰与政治立场上的严重分歧,最后终于彼此站在敌对的方面去了。

在中国近代史上,近乎他们二人这种事例是不胜枚举的,即以鲁迅来说,他同他的弟弟周作人,和早年的至友钱玄同的先后关系,不同他与胡适的先后情况相同吗?从这里就更足以证明鲁迅的伟大了!

1982年元月11日于不舍斋

(原载《社会科学辑刊》1983年第3期)

鲁迅反孔思想的发展

鲁迅的反孔,始于在日本留学的时候。五四前夕,曾以小说《狂人日记》震动当时中国的思想界,被世人目为一声春雷。20世纪20年代,批判了段祺瑞的御用文人章士钊尊孔读经的谬论;20世纪30年代又抨击了蒋介石政府与日本帝国主义的尊孔祀孔的反动意图。鲁迅的反孔是始终如一,非常彻底的,决不像有些人,早年反孔,但到后来又转向尊孔。

鲁迅的反孔,在各个时期,有其不同的内容与重点;同时从他思想的发展来看,随着时代的变化与鲁迅个人学问阅历的日进,各个时期的批判又有其不同的深度与广度。20世纪30年代,鲁迅曾写过这样一段文字:

> 这是有一天的事情。学监大久保先生集合起大家来,说:因为你们都是孔子之徒,今天到御茶之水的孔庙里去行礼罢!我大吃了一大惊。现在还记得那时心里想,正因为绝望于孔夫子和他的之徒,所以到日本来的,然而又是拜么?一时觉得很奇怪。而且发生这样感觉的,我想决不止我一个人。①

我们知道,自从1894年中日战争中中国战败之后,一时瓜分中

---

① 《且介亭杂文二集·在现代中国的孔夫子》。

国之说甚嚣尘上。而"救亡图存"为当时中国先进人士所公认的当务之急。但如何"救亡"？如何"图存"？比较了解中西情况的，认为只有舍旧谋新，一方面要批判中学的无用，一方面要大力提倡向西方学习。而当时的代表人物就是严复。他在甲午之后发表的《救亡决论》中，痛斥了当时中国学者穷年累月所致力的考据、词章等学问。他说：

> 吾得一言以蔽之，曰"无用"，非真无用也，凡此皆富强而后，物阜民康，以为怡情遣兴之用，而非今日救弱救贫之切用也。

至对于宋明以来所谓"周、程、张、朱、深宁、东发"等的义理之学，他说：

> 夫如是，吾又得一言以蔽之，曰"无实"，非果无实也，救死不赡，宏愿长赊，所托愈高，去实滋远。徒多伪道，何裨民生也哉！故由后而言，其高过于西学而无实；由前而言，其实繁于西学而无用。均之无救危亡而已矣。

鲁迅早年在南京读书时，即接触到严复所译赫胥黎的《天演论》，深受其影响。至于严复在甲午后所发表的一系列的救亡图存的论文，自然对他的影响也很大。而他所渴望到日本留学的原因，乃是他前面所讲的，"正因为绝望于孔夫子和他的之徒，所以到日本来的"。因而对于当时弘文学院的学监让中国学生到御茶之水的孔庙去拜孔，产生了怀疑与反感。这就充分说明当时的鲁迅，认为要救国就得丢开中学，向西学学习。要仍然沿袭孔子及其之徒那老一套，中国是没有前途的。

鲁迅最初是从"救亡图存"的目的上对孔子及其之徒的学术产生了绝望的情绪，而要向西方寻求真理。至于从理论上开始对孔学进行批判，乃是他读到章太炎的反孔论文之后。章太炎在晚清是一个"有学问的革命家"。他由于发表了《驳康有为论革命书》和为邹容的《革命军》作序，而被关进上海西牢。这件事是有名的"苏报案"，当时曾闻名中外。鲁迅对章太炎是深为敬佩的，章太炎出狱后，到东京主编《民报》，又发表了一系列具有战斗性的革命论文，深为鲁迅所爱读。因此到 1908 年,章氏在日本讲学,鲁迅就同其弟周作人以及钱玄同、许寿裳等向章氏问学,成为章氏的弟子。

章太炎在 20 世纪初是反孔的,尤其在 1908 年在《国粹学报》上发表《诸子学略说》,对孔子及其之徒多所揭发和抨击。鲁迅当时深受这篇文章的影响,直到 20 世纪 30 年代他写历史小说《出关》时,还沿用章太炎对老子的看法。他说:

> 老子的西出函谷,为了孔子的几句话,并非我的发见或创造,是三十年前,在东京从太炎先生口头听来的,后来他写在《诸子学略说》中,但我也并不信为一定的事实。①

鲁迅当时一方面接受了进化论思想,同时也受到西方摩罗派诗人的影响。用西方这种新的观点来考察中国传统思想和孔子及其之徒的文学观,因而感到他们的荒谬与固陋,于是发为文章,给以批判。

即如用进化的观点来批判道儒两家的复古主义的错误思想道:

> 吾中国爱智之士,独不与西方同,心神所注,辽远在于唐虞,或迳入古初,游于人兽杂居之世;谓其时万祸不作,人安其天,不如斯世之恶浊阽危,无以生活。

接着,批判这种看法的不符合实际:

> 其说照之人类进化史实,事正背驰。盖古民蔓衍播迁,其为争抗勤劳,纵不厉于今,而视今必无所减;特历时既永,史乘无存,汗迹血腥,泯灭都尽,则追而思之,似其时为至足乐耳。倘使置身当时,与古民同其忧患,则颓唐侘傺,复远念盘古未生,斧凿未经之世,又事之所必有者已。

因之他抨击这种思想:

> 故作此念者,为无希望,为无上征,为无努力,较以西方思理,犹水火然;非自杀以从古人,将终其身更无可希冀经营,致人

---

① 《且介亭杂文末编·〈出关〉的"关"》。

我于所仪之主的,束手浩叹,神质同陨焉而已。①

这是对儒道两家的复古主义的有力抨击。

其次,他又以西方摩罗派诗人的敢于抨击现实,反抗现实的精神,来观察中国文学,认为孔子的"思无邪"之说,给后来作者以极大的束缚,因而在中国古代诗歌中,很难找到像西方摩罗派那样的作品。他说:

> 如中国之诗,舜云言志;而后贤立说,乃云持人性情,三百之旨,无邪所蔽。夫既言志矣,何持之云?强以无邪,即非人志。许自由于鞭策羁縻之下,殆此事乎?然厥后文章,乃果辗转不逾此界。其颂祝主人,悦媚豪右之作,可无俟言。即或心应虫鸟,情感林泉,发为韵语,亦多拘无形之囹圄,不能舒两间之真美;否则悲慨世事,感怀前贤,可有可无之作,聊行于世。倘其嗫嚅之中,偶涉眷爱,而儒服之士,即交口非之。况言之至反常俗者乎?

这时我国的古文学,在儒家思想的束缚下,所出现的不死不活的状态,不外是颂祝主人,悦媚豪右,和一些可有可无的东西充斥于文坛。在古代作家中,他只肯定了一个屈原,他说:

> 惟灵均将逝,脑海波起,通于汨罗,返顾高丘,哀其无女,则抽写哀怨,郁为奇文。茫洋在前,顾忌皆去,怼世俗之浑浊,颂己身之修能,怀疑自遂古之初,直至百物之琐末,放言无惮,为前人所不敢言。

但对他的作品,还认为有不足之处:

> 然中亦多芳菲凄恻之音,而反抗挑战,则终其篇未能见,感动后世,为力非强。②

鲁迅当时介绍西方摩罗派诗人,并且用西方文艺的观点,来批判孔子的"思无邪"的文艺思想,从而指出这种思想对中国文学所产生

---

① 《坟·摩罗诗力说》。
② 《坟·摩罗诗力说》。

的恶劣影响,并拿屈原与西方的摩罗诗人相比,这一切,就鲁迅来说,决不是"为艺术而艺术",而是在当时推翻清王朝统治的斗争高潮中,为促进革命的发展而作的。对于这一点,鲁迅在他的杂文《杂忆》中讲得很清楚,他说:

> 其实,那时 Byron 之所以比较的为中国人所知,还有别一原因,就是他的助希腊独立。时当清的末年,在一部分中国青年的心中,革命思潮正盛,凡有叫喊复仇和反抗的,便容易惹起感应。那时我所记得的人,还有波兰的复仇诗人 Adam Mickiewicz,匈牙利的爱国诗人 Petöfi Sándor;飞猎滨的文人而为西班牙政府所杀的厘沙路——他的祖父还是中国人,中国也曾译过他的绝命诗。Hauptmann,Sudermann,Ibsen 这些人虽然正负盛名,我们却不大注意。①

所以鲁迅当时要比较详细地介绍"立意在反抗,指归在动作"的摩罗派诗人,其中尤其对于拜伦、雪莱、密可微支、裴多菲等作了比较深刻的论述。此外并以西方这些诗人作品的精神为标准,评价中国之文学,从而批判了孔子的文学观对于中国文学所产生的影响。其所以如此,乃是借西方诗人的精神来激励国人起来进行革命斗争。由此可见,鲁迅这一时期对孔子的批判,完全是在当时革命浪潮的推动下进行的。其中心目的,在鼓励读者解放思想,勇敢地进行反抗,推翻腐朽的清王朝。

辛亥革命后,1915 年陈独秀创办《青年杂志》,接着又改为《新青年》。由于反对康有为主张把孔教作为国教列入民国宪法的建议,于是又掀起了一个反孔运动,这一运动当时曾被时人称为"打倒孔家店"运动。当时写文章最多、态度鲜明而坚决的,为陈独秀、吴虞等人。陈独秀的文章,从社会制度与道德规范上指出,孔教思想与民主国家是冰炭不能相容的。若依孔教思想,则中华民国就不能存在;若

---

① 《坟·杂忆》。

依中华民国的新制度,则孔教必须推翻。

吴虞则从中国学术思想发展上指出中国古代的封建专制主义,其根源全在孔教。今日为打破封建专制的腐朽思想,必须推翻孔教的统治地位。此外,还有其他学者的反孔文章,一时形成了反封建主义的革命浪潮。

鲁迅这时首先发表了他的第一篇白话小说《狂人日记》,接着又发表了抨击封建礼教的杂文,如《我之节烈观》、《我们现在怎样做父亲》等,批判了封建礼教中所谓夫为妇纲、父为子纲的不平等的道德规范。而在当时思想界文艺界影响最大的,则为《狂人日记》。

这篇小说,塑造了一个患迫害狂病的主人公狂人的形象,用他病中的日记,痛斥了封建家族制度的弊害,而里边最能震撼读者的是这一段话:

凡事总须研究,才会明白。古来时常吃人,我也还记得,可是不甚清楚。我翻开历史一查,这历史没有年代,歪歪斜斜的每叶上都写着"仁义道德"几个字。我横竖睡不着,仔细看了半夜,才从字缝里看出字来,满本都写着两个字"吃人"。

中国几千年来为孔子及其之徒所宣扬的封建礼教不外是"仁义道德",而在这"仁义道德"的美名下,不知害死了多少人。从另一意义上看,这些死者都是被人吃掉的。而构成这种吃人惨剧的就是封建礼教。这篇小说发表后,大开了人们的视野,加深了人们的思路。从此,"礼教吃人"与"吃人礼教"成为人们经常讲的惯用语。同时,人们从历史上所看到的数不尽的臣死君、子死父、妇死夫的惨剧,无一不是封建礼教造成的,因而推翻封建礼教、打倒孔家店成为一时的高潮。

但从当时反孔的论文以及创作来说,影响最大的则首推鲁迅的《狂人日记》。这篇作品深刻地揭露了封建礼教的本质是压迫者对被压迫者从思想上进行钳制的紧箍咒,乾隆时期戴震所谓的"以法杀人犹有怜之者,以理杀人其谁怜之?"是针对程朱的理学而言的,这虽道出了理学的本质,但还有点不彻底。《狂人日记》用形象的笔墨才彻底揭穿了封建礼教吃人的本质。

鲁迅所以会有这样精辟的见解,我认为一方面是由于他继承了乾隆以来中国进步的思想家反理学、反孔教的步步发展、层层深入的思想潮流;而另一方面,则又受到西方的先进文艺思潮、欧洲摩罗诗人的探讨真理、敢于反抗、勇于斗争的精神以及从俄罗斯传到日本的托尔斯泰的人道主义精神的影响。

这种人道主义,其具体内容,后来周作人曾发表《人的文学》一文进行阐发。他说:

> 人的问题,从来未经解决。女人,小儿更不必说了。如今第一步先从人说起,生了四千余年,现在却还讲人的意义,重新要发现人,去辟人荒,也是可笑的事。但老了再学,总比不学要胜一筹。我们希望从文学上起首提倡一点人道主义思想,便是这个意思。

鲁迅当时正是用这样的观点来对中国的家族制度以及封建礼教给人们造成的悲惨现象进行了揭露与批判的。他当时不仅用小说,而且用杂文,在他后来写的《灯下漫笔》中,真是大声疾呼:

> 所谓中国的文明者,其实不过是安排给阔人享用的人肉的筵宴。所谓中国者,其实不过是安排这人肉筵宴的厨房……因为古代传来而至今还在的许多差别,使人们各各分离,遂不能再感到别人的痛苦;并且因为自己各有奴使别人,吃掉别人的希望,便也就忘却自己同有被奴使被吃掉的将来。于是大小无数的人肉的筵宴,即从有文明以来一直排到现在,人们就在这会场中吃人,被吃,以凶人的愚妄的欢呼,将悲惨的弱者的呼号遮掩,更不消说女人和小儿。

他最后号召青年们:

> 扫荡这些食人者,掀掉这筵席,毁坏这厨房,则是现在的青年的使命!

五四时期,鲁迅正是从这种人道主义观点来分析中国的社会现实以及所以构成那种黑暗现实的历史根源,从而指出封建的家族制度与卫护此制度的封建礼教为造成这种吃人社会的根源,因而在反封建儒家思想这一战役中,作出了最强有力的一击,收到了克敌制胜的伟大效果。

五四的革命高潮过去后,一方面由于中国共产党的成立,革命有了新的发展;另一方面封建统治势力还依然存在,因而封建思想又有了回潮。首先是"学衡"派揭起了抨击新文化的旗帜,重点是在攻击白话文学。这派的主要人物则为梅光迪、胡先骕、吴宓等。当时革命派以鲁迅为首曾给以有力的反击。接着就是北洋军阀政府段祺瑞的御用文人章士钊重新发行了《甲寅》,其矛头也是针对着新文学。尤其是他以教育总长的身分,颁布了整顿学风与全国小学设置读经科目的通令。而其所任命的女子师范大学校长杨荫榆对学生进行封建家长式的统治,因而引起进步青年学生的反抗,后来发展成女师大事件。接着由于日本帝国主义的军舰因支持奉军遭到失败,于是日帝联合英美,向中国政府提出无理要求而激起北京爱国学生的愤慨,于是他们集会抗议,会后向政府请愿,遭到段祺瑞卫兵的枪杀,造成了震动全国的"三一八惨案"。

以上这些事件充分说明,反动的封建势力一方面在意识形态领域里向进步的革命的新思潮进行反扑,同时在政治上又对进步的革命力量进行专政与镇压。

鲁迅在这样封建势力猖狂复古倒退的时候,为捍卫"五四"文化革命的成果,对当时的逆流进行了勇猛的反击。他对"学衡"派写了《估〈学衡〉》与《"一是之学说"》,对"甲寅"派写了《答 KS 君》与《再来一次》,对女子师范大学校长施行的一套封建家长式的管理,发表了《坚壁清野主义》、《寡妇主义》,对章士钊的下令规定小学读经科目,写了《十四年的"读经"》,对"三一八惨案",写的文章更多,如《无花的蔷薇之二》、《死地》、《可惨与可笑》、《记念刘和珍君》等。后来又发表了批评林语堂的文章《论"费厄泼赖"应该缓行》,其战斗性达到了顶峰。

在以上的杂文中,批判"学衡"派的文章真如鲁迅自己讲的:"因为从旧垒中来,情形看得较为分明,反戈一击,易制强敌的死命。"①在他的一击后,敌人就威信扫地了。

至于章士钊,则揭露其思想倒退与品质堕落的经济根源,鲁迅说:

> 我虽然未曾在"孤桐先生"门下钻,没有看见满桌满床满地的什么德文书的荣幸,但偶然见到他所发表的"文言",知道他于法律的不可恃,道德习惯的并非一成不变,文字语言的必有变迁。其实倒是懂得的,懂得而照直说出来的,便成为改革者;懂得而不说,反要利用以欺瞒别人的,便成为"孤桐先生"及其"之流"。他的保护文言,内骨子也不过是这样。

接着便用讽刺的口吻,指出:

> 如果我的检验是确的,那么,"孤桐先生"大概也就染了《闲话》所谓"有些志士"的通病,为"老婆子女"所累了,此后似乎应该另买几本德文书,来讲究"节育"。②

对于章士钊的提倡尊孔、读经、复古,鲁迅一针见血地指出,这一类读经者是明知道读经不足以救国的,也不希望人们都读成他自己那样的,但是要些把戏,将人们作笨牛看则有之,读经不过当一回耍把戏偶尔用到的工具。同时揭露这些提倡读经者:

> 大抵是聪明人,而这聪明,就是从读经和古文得来的。我们这曾经文明过而后来奉迎过蒙古人满洲人大驾了的国度里,古书实在太多,倘不是笨牛,读一点就可以知道,怎样敷衍、偷生、献媚、弄权、自私,然而能够假借大义,窃取美名。再进一步,并可以悟出中国人是健忘的,无论怎样言行不符,名实不副,前后矛盾,撒诳造谣,蝇营狗苟,都不要紧,经过若干时候,自然被忘得干干净净;只要留下一点卫道模样的文字,将来仍不失为"正

---

① 《坟·写在〈坟〉后面》。
② 《华盖集续编·再来一次》。

人君子"。况且即使将来没有"正人君子"之称,于目下的实利又何损哉?①

这把中国自古以来的儒者之徒以及辛亥革命后提倡尊孔读经的"正人君子"们的假面具,可以说彻底戳穿了。

至于《论"费厄泼赖"应该缓行》,则总结了辛亥革命的失败经验,对反革命必须采取"即以其人之道,还治其人之身"的作法,才能使历史不致倒退,好人不致遭殃。

从以上论述,可知鲁迅在反孔教、反封建传统思想方面是如何地再接再厉,穷追猛打,坚决而又彻底了。

到了20世纪30年代,日本帝国主义发动了九一八事变,占领了东北,接着又向华北步步进逼,同时中国共产党所领导的人民革命,在江西建立了根据地,成立了苏维埃政权。国民党反动派这时提出"先安内而后攘外"的反动政策,对苏区进行军事"围剿",在白区进行文化"围剿"。在思想上,国民党反动派除了提出一个主义、一个党、一个政府之外,大力提倡尊孔与读经,企图用封建儒家思想来驯服当时的青年,使之俯首贴耳,为他们效命。

另外,日本帝国主义这时在东北又树立了傀儡政府满洲国,于是又大造"王道乐土"的舆论。在日本帝国主义奴役下的傀儡政权也大力地提倡尊孔读经。国民党反动派与日帝目的不同,用意不同,但他们提倡尊孔读经,则是毫无二致的。

鲁迅当时已是一位成熟的马克思主义者,是左联领导人之一,正是在这一反"围剿"的斗争中,成了中国文化革命的伟人。在这一时期,他针对蒋政权与日帝的尊孔读经论,发表了一系列的杂文,用马克思主义的显微镜,对孔子及其之徒权势者们进行了揭露抨击与嘲讽。

在《儒术》中,鲁迅指出,在蒙古人入主中国建立政权后,孔子之

---

① 《华盖集·十四年的"读经"》。

徒们如何"卖经,献教",而在生活上得到比一般平民较为优越的待遇。鲁迅在篇末特别提出,在1934年5月20日及次日,上海无线电播音由冯明权播讲的《颜氏家训·劝学篇》中的一段话,意思是:"易习之伎,莫如读书。"但知读《论语》、《孝经》,则虽俘虏,犹能为人师,居一切别的俘虏之上。鲁迅评道:

  这种教训,是从当时的事实推断出来的,但施之于金元而准,按之于明清之际而亦准。现在忽由播音,以"训"听众,莫非选讲者已大有感于方来,遂绸缪于未雨么?

最后又说:

  "儒者之泽深且远",即小见大,我们由此可以明白"儒术",知道"儒效"了。①

这是多么有力的讽刺与鞭笞!

《不知肉味与不知水味》引《申报》的报告说,当时祀孔时曾演奏中和韶乐二章,所用乐器,因欲扩大音量起见,不分古今,凡属国乐器一律配入,其谱一仍旧贯,并未变动。聆其节奏,庄严肃穆,不同凡响,如听三代以上的承平雅颂,亦即我国民族酷爱和平之表示也。鲁迅指出:

  但为"扩大音量起见",也只能这么办,而且和现在的尊孔的精神,也似乎十分合拍的。"孔子圣之时者也","亦即圣之摩登者也",要三月不知鱼翅燕窝味,乐器大约决非"共四十种"不可。

鲁迅从《论语》中的"子在齐闻韶,三月不知肉味"到当时国民党官员的祀孔,大奏其古代韶乐的曲子,听者当然会同当年的孔子一样,"三月不知鱼翅燕窝味的"。可是正当这些国府大员不知鱼翅燕窝味的时候,在浙江余姚农村,发生了农民因争井水而发生斗殴打死人命的事件。

---

① 《且介亭杂文·儒术》。

鲁迅在这里非常感慨地说：

> 闻韶，是一个世界，口渴，是一个世界。食肉而不知味，是一个世界，口渴而争水，是又一个世界。自然，这中间大有君子小人之分，但"非小人无以养君子"，到底还不可任凭他们互相打死，渴死的。①

从不知肉味到不知水味，一面抨击了当时统治者的祀孔，同时揭露了当时被剥削压迫的农民的悲惨处境，两相对比，是颇足以令人深思的。

《在现代中国的孔夫子》是针对当时日帝同国民党不约而同地提倡尊孔而发的。文中论述了孔子在生前跑来跑去，是颇吃些苦头的。虽然曾经贵为鲁国的警视总监，而又立刻下野，失业了。并且为权臣所轻蔑，为野人所嘲弄，甚至为暴民所包围，饿扁了肚子。并且后来还曾发出"道不行乘桴浮于海"的慨叹。但死了以后，运气却大为好转，权势者用种种白粉，给他来化妆，一直抬到吓人的高度。但是从人民群众的眼里，他的文庙比着供奉释迦牟尼的佛寺来说，却实在可怜的很。

所以孔子在中国是权势者捧起来的，他们之所以要捧孔子，其目的是利用他来敲开自己幸福的大门。因之，他死后总是当着敲门砖的差使。鲁迅讲到这里，并举出极近的史实，像袁世凯，为了帝制要尊孔，军阀们如孙传芳复兴了投壶之礼，甚至连自己也数不清金钱和兵丁和姨太太数目的张宗昌，也重刻了《十三经》，但幸福之门仍然对谁也没有开。

为什么人民群众对孔子如此冷漠，而权势者向来一例地尊孔呢？从孔子本身来说，不是没有原因的。鲁迅用马克思主义的阶级分析的观点来说明道：

> 不错，孔夫子曾经计划过出色的治国的方法，但那都是为了

---

① 《且介亭杂文·不知肉味和不知水味》。

治民众者,即权势者设想的方法,为民众本身的,却一点也没有。这就是"礼不下庶人",成为权势者们的圣人,终于变了"敲门砖",实在也叫不得冤枉。①

这真是一语破的之论。只有站在人民群众的立场,用马克思主义观点方法去分析孔子,评价孔子,才能得出这样精辟而正确的结论。

在中国近代思想史上,封建阶级的文人,普遍地尊孔是不用说了。资产阶级的文人,当他们要革封建主义的命的时候,往往是反孔批判封建统治思想的,但由于他们先天带来的不彻底性,后来往往又重新走上尊孔的老路上去,看起来似乎是有点讲不通,实际是毫不足怪的,资产阶级同封建阶级都是轻视人民群众,害怕人民群众的。当人民群众在新民主主义思想的领导下,要推翻旧的不合理的社会秩序时,他们就惊惶失措,最后为了要企图挽回思想界既倒的狂澜,就不得不乞灵于几千年来传统的孔子之道了。

只有一开始就站在人民立场上、民族立场上,把一生献给民族解放、人民解放的伟大事业的鲁迅,才能随着时代发展而不断地求索前进,对危害中华民族与人民解放事业的孔子之道,从怀疑到批判,运用种种新的思想武器,从进化论到人道主义,最后是马克思主义,步步深入,越批判越彻底,终于指出孔子是权势者利益的代表。而代表广大被压迫的中国人民利益的思想家鲁迅,用历史唯物主义的观点而给以正确的评价,自然与资产阶级学者的评价,有着云泥之别。这正是鲁迅之所以被称为"伟大的思想家"的根本原因之一。

1983年7月12日

(原载《鲁迅研究》1984年第4期)

---

① 《且介亭杂文二集·在现代中国的孔夫子》。

鲁迅与蔡元培

郭老在三十多年前,写过一篇《鲁迅与王国维》。文中说,他在近代学人中最钦佩的是鲁迅与王国维。说他们二人的著作"倒真是虽与日月争光可也的一对现代文化上的金字塔"。他对他们二人在时代、出身以及在学术上所走的道路进行了比较。认为他们二人有很多相似之处。但在政治上,却走了极其相反的道路。其所以有这样不同的原因,郭老认为差不多就判别在他们所有的这个朋友关系上面。而在两人所交结的朋友中,对他们二人影响最大的,就王国维来说是罗振玉,就鲁迅来说是蔡元培。文中说:

> 这位有名的自由主义者,对于中国的文化教育界的贡献相当大,而他对于鲁迅始终是刮目相看的。鲁迅的进教育部,乃至进入北京教育界,都是由于蔡元培的援引。一直到鲁迅的病殁,蔡元培是尽了没世不渝的友谊的。蔡鲁之间的关系,在我看来,差不多有点像罗王之间的关系。或许不正确吧,然而他们相互间的影响却是相反。

郭老这篇文章,曾引起我极大的兴趣。罗振玉与王国维的关系,且不必说。鲁迅与蔡元培的友谊,确实如郭老所说,是"没世不渝"。其原因在哪里?应该说在学术思想上、政治思想上,有其一致或相近之处,否则,是不可能达到这样的地步。因此,本文拟从这些方面进行初步的探讨。

鲁迅和蔡元培都是绍兴人，同时蔡元培又是光复会的发起人同领导者。鲁迅在日本时曾参加过这个革命组织，当时可能是通过章太炎或许寿裳的介绍。但在辛亥以前，蔡元培最初在上海从事革命活动，曾组织中国教育会并创办爱国学社同爱国女校。"苏报案"发生，章太炎被捕，邹容自动投案，蔡元培先期避祸去青岛，爱国学社随之停办。1905年，同盟会在东京成立，由日到沪的何海樵介绍蔡元培加入，并任蔡元培为上海分部负责人。蔡元培1907年赴德留学，1911年辛亥革命后返国。孙中山就任临时大总统，组织临时政府时，蔡元培被任命为教育总长。所以在辛亥革命前，鲁迅在日本，蔡元培在上海，鲁迅1909年回国后，初在杭州，后又回绍兴。这时蔡元培在德国，所以他们没有认识的机会。他们的认识，是在蔡元培任教育部长之后。据许寿裳讲：

> 中华民国元年一月一日，临时政府成立，定都南京，蔡先生任教育总长。……我被蔡先生邀至南京帮忙，草拟各种规章，日不暇给，乘间向蔡先生推荐鲁迅，蔡说："我久慕其名，正拟驰函邀请。现在就托先生——蔡先生对我每直称先生——代函敦劝，早日来京。"我即连写两封信给鲁迅，说蔡先生殷勤延揽之意。——不久，鲁迅来京了。我们又复聚首。（《亡友鲁迅印象记》一〇节《入京和北上》）

鲁迅于1922年到教育部，初任部员，教育部迁北京后，任社会教育司第二科科长。蔡元培因不满意于袁世凯的独裁专断，愤而辞职，拟赴欧考察教育。鲁迅于其离京前，与许寿裳等设筵为其饯别。

1917年，蔡元培应黎元洪、范源濂电邀，由欧返国，任北京大学校长。据《鲁迅日记》，此后他们经常书信往来，并互相访问。1920年鲁迅曾被邀到北大兼课，讲授《中国小说史》，1927年6月，蔡元培任大学院长，同年12月，鲁迅由广州到达上海。蔡元培知其抵沪后，即聘其为大学院特约著作员。

1932年12月，宋庆龄、蔡元培等发起组织"中国民权保障同盟会"，翌年元月17日召开成立大会，选鲁迅为执行委员，会上通过了宣言、任务和章程。鲁迅当时积极参加了同盟会的活动。当时日寇加紧入侵，国难日深，蔡元培在当日会上为书一笺给鲁迅，书七绝二首：

> 养兵千日知何用，大敌当前喑不声，
> 汝辈尚容说威信，十重颜甲对苍生。

> 几多恩怨争牛李，有数人才走越胡，
> 顾犬补牢犹未晚，只今谁是蔺相如？

抒发其对蒋介石对外投降、对内镇压的卖国政策的不满。

1936年10月19日，鲁迅在上海逝世，蔡元培与宋庆龄等组织治丧委员会，主持丧葬事宜，并为执绋送葬。蔡元培在墓地上致悼词，随后又担任鲁迅纪念委员会主席，让《鲁迅全集》得以早日问世。在他所写的《序言》中，除称赞鲁迅的学术及创作外，对鲁迅的杂文评价极高，他说：

> 其文体除小说三种、散文诗一种、书信一种外，均为杂文与短评。以十二年光阴，成此许多的作品，他的感想之丰富，观察之深刻，意境之隽永，字句之正确，他人所苦思力索而不易得当的，他就很自然的写出来，这是何等天才！又是何等学力！

最后并推评鲁迅为"新文学的开山"。这个论断是非常正确的。所以郭老讲："影响到鲁迅生活颇深的人，应该推数蔡元培先生吧。"这个看法，也是很有见地的。

鲁迅对蔡元培，平生始终是非常尊敬的，在日记同书信中谈及蔡元培时，总以"先生"称之。章太炎是鲁迅的业师，但鲁迅对章太炎的言论行谊还不免时有微辞，而对蔡元培则从无贬言，其原因固然由于蔡元培是他的乡前辈，并且曾在一起共事，而根本原因还是在学术思想以及政治态度上有其一致之处。下边即试图在这些方面来探讨一下他们的异同。

首先，我觉得他们二人在总的政治倾向上是相同的，这就是高度的爱国主义与革命的民主主义。蔡元培是鲁迅的前辈，他同鲁迅的祖父一样,在科第上同是晚清的翰林。在那时,以具有这样地位的人而走上推翻清王朝的革命道路的,可谓绝无而仅有了。蔡元培的思想也是经历过一个发展过程,就像章太炎一样,最初也是变法维新的拥护者,到庚子以后,深感清廷的腐败,已不足以图治,同时又感于国事之日急,于是在上海创办中国教育会、爱国学社。1904年组织了革命团体"光复会",并被推为会长,后又参加同盟会,进行革命活动。辛亥革命后,任教育总长之职,但因看到袁氏的独裁专断,遂坚决辞职,到南方参加了二次革命的筹划工作。袁氏垮台后,出任北京大学校长,对该校进行整顿与改革,聘请了具有革命思想的人物,提倡思想自由、言论自由,赞助了"新青年"团体所提倡的文化革命运动。

北伐革命后,由于他对蒋介石的面目还认识不清,一度担任了国民党政府中较高职务。但后来鉴于蒋介石对革命者的残酷屠杀,特别在"九一八"后,蒋介石所搞的"攘外必先安内"的对内镇压对外投降的卖国政策,他于是遂与宋庆龄组织了"人权保障同盟",反对蒋介石的法西斯统治与特务统治,而积极主张抗日,并对当时被捕的共产党人如胡也频、丁玲等进行营救。到后来他对马克思主义、中国共产党逐渐有所了解,在对国共两党的合作上,曾直接或间接地加以促成,吴玉章同志在《纪念蔡孑民先生》一文中,总结蔡元培的一生值得纪念的有四点:

(一)1903年,上海爱国学社、南洋公学等风潮,开始了中国学生的革命运动。孑民先生实中国初期知识分子学生运动的重要发起人,此堪纪念者一。

(二)欧战期间,蔡氏与李石曾、吴玉章在法组织一华法教育会,发展留法勤工俭学会。一时以勤工俭学赴法留学者不下千人。当时适值苏联十月革命爆发,马列主义为当时青年所欢迎,因而为中国共产党造就了许多优秀干部,这也应归功孑民先生倡导勤工俭学之力,此可纪念者二。

(三)五四时期的彻底地不妥协地反封反帝的文化革命与政治革命运动,为中国历史开辟一新纪元。虽然这是时代所产生的必然结果,而蔡先生领导之功,实不可没,此可纪念者三。

(四)九一八后,蒋介石屠杀爱国青年同共产党人,推行其对内镇压、对外投降的政策,孑民先生与宋庆龄、杨杏佛发起组织人权保障大同盟,以企图为国家、民族保存一二分元气。当时反动派暗杀杨杏佛,并用恐吓信来威胁他,但他仍不屈不挠地为保障人权而奋斗。此堪纪念者四。

以上的总结评价,的确是非常得全面而扼要。所以对蔡元培的逝世,毛泽东同志曾向其家属发出唁电,深致哀悼。称他为"学界泰斗"、"人世楷模",同时,在延安还举行了对他与吴承任先生的追悼大会。周总理给他的挽联为:"从排满到抗日战争,先生之志在民族革命。从五四到民权同盟,先生之行在民主自由。"这个评论,也是非常恰当的。

蔡氏生于浙东,在民族思想与民主思想上是继承并发扬了从晚明黄黎州以来浙东学派的优良传统,而鲁迅同样是如此,这是他们互相契合的原因之一。在明末王思任的《与马士英书》中的名言:"吾越乃报仇雪耻之乡,非藏垢纳污之地也。"(《明季南略》卷十)正代表了浙东人的高度的爱国主义与民族主义思想。而蔡元培与鲁迅,正是这种思想的继承与发扬光大者。

具体到学术思想,蔡元培对儒家的看法同鲁迅对儒家的看法大略相近而不尽同。鲁迅是彻底批孔的,他认为,儒家那一套"仁义道德"是"吃人的礼数",而蔡元培在《对于方针的意见》中竟用孔孟及《礼记》、《大学》中的话。显然,蔡元培在思想上并未彻底摆脱掉儒家思想的束缚。至对经学的看法上,蔡元培因受章实斋"六经皆史"观点的影响,所以对之并不认为是神圣不可侵犯,像韩愈所说的"曾经圣人手,议论安敢到"(《赴江陵途中寄赠王二十……》)。因此,他对学校中读经这个课目,主张:

> 为大学国文系的学生,讲一点《诗经》,为历史系的学生,讲一点《书经》与《春秋》,为哲学系的学生,讲一点《论语》、《孟子》、《易经》与《礼记》,是可以赞成的,为中学学生选几篇经传

的文章,编入文言文读本,也是可以赞成的。若要小学生也读一点经,我觉得不妥当,认为无益而有损。(《对于读经问题的意见》)

这是对20世纪30年代一部分复古主义者,如何键之流,曾提出自小学起凡学生都应在《十三经》中选出一部或一部以上作为读本的问题而发的。当时,《教育杂志》曾为此出过一期讨论读经问题的专号。蔡元培的见解,是比较正确的。他把经书分为文学、史学同哲学,而让大学文科的几个系科,从研究历史的角度上去进行探讨,同时对于中学选出部分篇子列入文言文的课本,也是无可厚非的,而坚决反对小学读经,是很正确的。在20世纪20年代,当章士钊长教育部时,曾提倡读经,那时有不少人反对,鲁迅一针见血地指出:

这一类的主张读经者,是明知道读经不足以救国的,也不希望人们都读成他自己那样的;但是,要些把戏,将人们作笨牛看则有之,"读经"不过是这一回耍把戏偶尔用到的工具。(《十四年的读经》)

这真把当时执政者的用心彻底戳穿了。

至于在大学里让从事文科几个专业的学者读一点经书,鲁迅也并不反对,他在厦门大学所编的《汉文学史纲要》中的第二篇即《书与诗》后边把孔颖达的《尚书正义》与《毛诗正义》列为参考书。由此可见,把经书作为学术研究的资料,鲁迅是赞同的。

毛泽东同志论到五四文化革命的成就时说:

五四运动所进行的文化革命,则是彻底地反对封建文化的运动,自有中国历史以来,还没有过这样伟大而彻底的文化革命。当时以反对旧道德,提倡新道德;反对旧文学,提倡新文学为文化革命的两大旗帜,立下了伟大的功劳。(《新民主主义论》一三《四个时期》)

我们试就"反对旧道德,提倡新道德;反对旧文学,提倡新文学"这两方面,来看看鲁迅与蔡元培两人的观点是否一致。

蔡元培是一个民主主义者,同时也是一个自由主义者。他在作教育总长后,确定教育方针时,把清末学部所定的五项教育宗旨,就删去其中"忠君"与"尊孔"两项。他说:"忠君与共和政体不合,尊孔与信仰自由有违,可以删去。"(《对于教育方针之我见》)

至于妇女问题,正如蔡氏自己所说的:"我是素来主张男女平等的。九年(按:1920)有女学生要求进校,以考期已过,姑录为旁听生。及暑假招考,就正式招收女生。"(《我在北京大学的经历》)他之重视女权,主张男女平等,最初是受清代学者俞正燮的影响。他曾说:"余自十余岁时,得读余先生之《癸巳类稿》及《存稿》而深好之。历五十年,而好之如故。"他所以崇拜俞正燮的最主要的有二点:(一)认识人权;(二)认识时代。而认识人权,即是把女子当作"人"来看待。他说:"从古以来,'寝床'、'寝地'之诗,'从夫'、'从子'之礼,男子不禁再娶,而寡妇以再醮为耻。种种不平,从未有出而纠正之者。俞先生从各方面为下公平之判断。"俞正燮在他的著作中最突出的是反对男子要求女子贞烈。他在《贞女说》中说:"男儿以忠义自责,可耳。妇女贞烈,岂是男子荣耀也!"蔡元培另外当然也受到西方资本主义文化的影响。他是反对女子在丈夫死后守节的,当他第一个夫人王昭去世后,媒者纷集,其遂提出条件为:(一)女子须不缠足者;(二)须识字者;(三)男子不娶妾;(四)男死后,女可再嫁;(五)夫妇如不相合,可离婚。媒者无一合格。且以后两条为可骇(年谱1901年)。从这里就充分显示了他的男女平等的思想。

关于妇女的解放问题,1919年女师大学生李超,因为经济问题和婚姻问题,抑郁而得了肺结核,终于死去。李超的死完全是封建制度与封建思想所造成的。因此当时曾震动了舆论界。胡适为此曾为李超作传,论其致死之由。同时在追悼李超的会上,蔡元培还发表了演说,首先谈到李超的死,是由于经济问题。他说:

> 如贫富不均,与财产特权特别占有,不知牺牲了多少人的权利与生命,李女士不过其中的一人罢了。要是改变现在的经济组织,实行那"各尽所能,各取所需"的公则,再有与李女士一样好学的人,要求学便求学,还有什么障碍呢?(《在李超女士追悼

会上的演说》)

由此可见,蔡氏在当时已经注意到女子要解放,不单纯是受教育问题,而且已经注意到社会上的经济组织须要进行改革的问题了。

至于对于礼教吃人,鲁迅在五四前夕所写的《狂人日记》中,已经作了淋漓尽致的揭发。接着,他又发表了《我之节烈观》,对孔子以后的儒者轻视妇女与要女子守节的一套杀人不见血的软刀子,进行了彻底的批判。在最后,他大声疾呼:"要除去于人生毫无意义的痛苦,要除去制造并赏玩别人苦痛的昏迷与强暴。"特别到了20世纪20年代,他又写了《祝福》,用祥林嫂这个活生生被封建礼教与封建制度迫害而死的妇女形象,对旧道德的吃人,进行了强烈的控诉。

至于对妇女的解放,鲁迅当时同样也注意到经济问题,不过并不像蔡元培所提的只是未来的理想,而是鼓励女界同胞,要学天津青皮那样,为争取经济权而进行韧性的战斗。

关于提倡新文学,反对旧文学的问题,蔡元培在20世纪初在上海办《俄事警闻》与《警种》两报纸的时候,据他自己讲:"每日有白话文与文言文论说各一篇。但那时候作白话文的缘故,是专为通俗易解,可以普及常识,并非取文言而代之。"(《新文学大系序》)但到1906年在译学馆任教习时,他给学生出的国文题,已有《论我国言文不一致之弊》(年谱据《杂记》手稿)。在五四前夕,陈独秀、胡适等提倡文学革命的时候,他在教育思想上,虽是主张学术思想自由,不同的派别可以兼容并收的,但当顽固派对革命派进行诋毁与攻击的时候,他是不惜挺身而出,站在革命派的一边来讲话的。他在《致公言报并答林琴南君函》中指出,文言白话二者只是形式的不同,内容上是可以一样的,他举出严复所译的《天演论》、《法意》同《原富》以及林琴南本人所译小仲马、迭更司、哈葛德等人的小说,原文都是白话,而他们译为文言。蔡氏质问他道:"公能谓公及严君之所译,高出于原本乎?"这个质问,林琴南是无辞以对的。

其次,林琴南书中称当时革命派所提倡的新道德,蓄意拿历史上路粹用造谣手段诬蔑攻击孔融的话来强加给革命派,蔡氏一面指出

这些话纯属造谣,并说明北京大学对教师在公私两方面所持的态度,并指出:

> 公曾译《茶花女》、《迦茵小传》、《红礁画桨录》等小说,而亦曾在各学校讲授古文及伦理学等,使有人诋公为以此等小说体裁讲文学,以狎妓奸通争有夫之妇讲伦常者,宁值一笑欤?然则革新一派即偶有过激之论,苟于校课无涉,亦何必强以其责任归之于学校耶?

这个反击,措词虽极温和,但确实是非常有力的。

至于对当时革命派与反动派的斗争,蔡元培根据历史的发展与客观的需要,断定革命派一定会取得胜利。他说:

> 白话是用今人的话,来传达今人的意思,是直接的,文言是用古人的话,来传达今人的意思,是间接的。间接的传达,写的人与读的人,都要费一番翻译的工夫,这是何苦来?我们偶然看见几个留学外国的人,写给本国人的信,都用外国文,觉得很好笑,要是写给今人看的,偏用古人的话,不觉得好笑么?

另外,他又举欧洲各国的例子,在16世纪以前,写的读的,都是拉丁文,而在中学,希腊文同拉丁文都是主要科目。后来,都渐渐不用希腊文同拉丁文,而用本国文了。日本维新初年出版的书多用汉文,到近来几乎没有不是言文一致的。因此他断定白话派一定占优胜(《国文之将来》)。

至于鲁迅是中国新文学的开山,他在反击反动派的斗争中也发挥了极大的威力。在《现在的屠杀者》中,讽刺那些反动派说:"白话鄙俚浅陋,不值识者一哂之者也。"说他们还不能像《镜花缘》中君子国的酒保一般"酒要一壶乎,两壶乎,菜要一碟乎,两碟乎"的终日高雅,却只能在呻吟古文时,显出高古品格;一到讲话,便依然是"鄙俚浅陋"的白话了。四万万中国人嘴里发出来的声音,竟至总共"不值一哂",真是可怜煞人(《热风》)。

所以在反对古文学,提倡新文学上,他们也基本是一致的。

最后是两人对美术的爱好与提倡。鲁迅在童年时,就喜欢绘画。

他在课余的时候,经常描摹绣像小说上的插图。尤其是对《山海经》上的插图,非常喜爱。长妈妈给他弄到这部书,他不禁欢喜若狂。当他任职教育部时,碰到蔡元培部长不但喜爱美术,并且在修订教育方针时提出了"以美育代宗教"的主张,这就越发增加了他对美术的兴趣。至于对美术的作用上,鲁迅显然也曾受到蔡元培的影响。蔡元培对美术的看法,很显然同晚清王国维的观点有极其相似之处。王国维因受德国哲人康德、叔本华哲学的影响,认为美术之所以能予人以无限愉快的原因,就因为这是一种超功利主义的东西的缘故。他说:

> 然物之能使吾人超然于利害之外者,必其物之于吾人无利害之关系而后可。而言以明之,必其物非实物而后可,然则非美术何足以当之乎?(《红楼梦评论》)

至于蔡元培,也曾受康德美学论的影响(《自写年谱》手稿),他说:

> 纯粹之美育,所以陶养吾人之感情,使有高尚纯洁之习惯,而使人我之见,利己损人之思念以渐消沮者也。盖以美为普遍性,决无人我差别之见能参入其中。(《以美育代宗教说》)

又说:

> 要之,美学之中其大别为都丽之美,崇闳之美(日本人译言优美、壮美),而附丽于崇闳之悲剧,附丽于都丽之滑稽,皆足以破人我之见,去利害得失之计较,则其所以陶养性灵,使其日进于高尚者,因已足矣。(同上)

鲁迅最初对美术的观点,实深受蔡元培氏的影响。在1913年任职教育部时,写的《拟播布美术意见书》中论到美术的功用时,曾这样说:

> 实在美术诚谛,固在发扬真美以娱人情,比其见利致用,乃不期之成果。沾沾于用,甚嫌执持。

很显然,这种近于超功利的观点,分明是受了蔡元培的影响。但到鲁迅成为马克思主义者的时候,他对美术的观点,同这时就大不相同了。他在《〈艺术论〉译本序》中借普列汉诺夫的话批判了资产阶级的超功利主义的美术观。他说：

> 详言之，即普列汉诺夫之所究明，是社会人之看事物和现象，最初是从功利的观点的，到后来才移到审美的观点去。在一切人类所以为美的东西，就是于他有用——于为了生存而和自然以及别的社会人生的斗争上有着意义的东西。功用由理性而被认识。但美则凭直感的能力而被认识。享乐着美的时候，虽然几乎并不想到功用，但可由科学底分析而被发见，所以美底享乐的特殊性，即在那直接性，然而美的愉乐的根柢里，倘不伏着功用，那事物也就不见得美了。并非人为美而存在，乃是美为人而存在的——这结论，便是普列汉诺夫将唯心史观者所深恶痛绝的社会种族、阶级的功利主义的见解，引入艺术里去了。（见《二心集》）

而在20世纪30年代，鲁迅在驳斥梁实秋否定文艺的阶级性的时候，曾讲过这样的名言，即"饥区的灾民，大约总不去种兰花，像阔人的老太爷一样，贾府上的焦大，也不爱林妹妹的"（《"硬译"与"文学的阶级性"》），这就是对普列汉诺夫美学观点的具体运用。

综上所述可知，鲁迅与蔡元培之所以在一起工作之后，虽然彼此有着上下级之别，但关系不只是有着乡谊，而且情同师友，其相互理解之深是并世无能与比的。蔡元培在晚清学术界中可以说是学贯中西，并具有先进思想的通人。他与严复、章太炎等人所不同的更在于他的见解弘通，思想能随时代的发展而发展。五四文化革命之所以能够产生发展，为中国历史开辟了一个新纪元，这虽是当时客观的时代背景造成的，但他的扶持赞助之功，也是不可没的。他虽是一个旧民主主义者，但随着新民主主义革命的发展，他逐渐对共产主义同中国共产党有所认识。当然他同鲁迅在20世纪30年代成为一个伟大的共产主义者，还有着一定的距离。但处在他当时的地位，而能毅然决然与宋庆龄、鲁迅等组织"人权保障同盟"，反对蒋介石的法西斯独裁统治，不能不说是难能可贵的。特别当国民党反动派的御用文人，如梁实秋以及苏雪林之流,简直把鲁迅当作凶恶的敌人骂得狗血喷头,特别是苏雪林与胡适及蔡元培信中对鲁迅竭尽其诬蔑、诋毁之能事的时候,蔡元培却对鲁迅的评价竟如此崇高并且以"新文学的开山"归之,在见解上是多么超卓,而态度又是多么勇敢。

由此可见,鲁迅与蔡元培两人在思想认识与政治倾向上的确像挚友一样,不仅是相互了解,而且是相互影响。在鲁迅早年,可能受到蔡元培的影响,特别在辛亥前参加旧民主主义革命时期,因为蔡元培为光复会的领袖,而鲁迅为这个团体的成员。到辛亥革命后,两人在一起工作,从而使两人彼此有着进一步的了解。即如对美术的看法,鲁迅显然受有蔡元培的影响。但到20世纪30年代,应该说蔡元培曾受到鲁迅的影响。当然还可能有其他人的影响。特别是蔡元培个人的世界观的决定,使他逐渐认识了共产党所领导的革命,并且靠近了革命。否则他在政治倾向上是不会有那样的表现的。毛泽东同志在他逝世后所发的唁电中称他为"学界泰斗,人世楷模",这个评价也是相当崇高的。

以上对鲁迅与蔡元培两人关系的论述是非常粗浅的。谬误之处,希望读者予以指正!

1982 年 8 月 2 日初稿
1985 年 4 月 17 日改定
(原载《信阳师院学报》1985 年第 2 期)

论鲁迅几篇纪念性杂文

鲁迅的 16 本杂文集是我国文学遗产中的瑰宝,同时也是我国散文发展史上无与伦比的高峰。其内容之丰富多彩,绚烂绮丽,如果详加论述,就需要写出一部汪洋浩瀚的巨著来。现在我只打算谈一下久已为世人所传诵而影响深远的几篇内容具有纪念性的篇章。

这些篇章要按作者写作的时间顺序来说有:一、《记念刘和珍君》,二、《为了忘却的记念》,三、《忆韦素园君》,四、《忆刘半农君》,五、《关于太炎先生二三事》。以上作品,从所纪念的人与作者的关系来看,前三篇为学生与同志,第四篇为朋友,最后一篇为老师。

鲁迅的前期思想是进化论,他认为"青年必胜于老年",所以青年是国家民族的未来,因而对黑暗现实的改造和创造未来的新时代的希望,全都寄托在青年们的身上了。他在《灯下漫笔》中论到中国历史的发展时指出,过去只有两个时代:一、作奴隶而不得的时代,二、作稳了奴隶的时代。同时还愤怒地指出:所谓中国的文明者,其实不过是安排给阔人享用的人肉的筵宴;所谓中国者,其实不过是安排这人肉的筵宴的厨房;这人肉的筵宴现在还排着,有许多人还想一直排下去。因而他号召广大的青年们:"扫荡这些食人者,掀掉这筵席,毁坏这厨房,则是现在的青年的使命。"

另外,鲁迅还把青年看作自己身外的青春。当他看到青年们消沉时,他非常感慨地写道:

我只得由我来肉薄这空虚中的暗夜了,纵使寻不到身外的青春,也只得自己来一掷我身中的迟暮。

　　从上边的话可知,鲁迅对青年抱着如何的殷切希望,而当他看到青年们的消沉时又是如何地感到悲哀。因此,当他看到那些具有高度的爱国思想的青年,为了祖国的前途,为了关切国家大事,挺身而出,干预政治,结果竟遭到反动派的屠杀,其伤痛悲愤之情达于极点,不是很自然的吗?而追悼这些青年烈士们的文章较早的,就是《记念刘和珍君》。

　　这篇文章是为纪念死于1926年三一八惨案的北京女子师范大学生刘和珍、杨德群等烈士而写的。这篇文章自从发表后,即为广大的革命人士所传诵。这样具有高度思想性与艺术性的纪念文章,从中国文学来说简直是空前的。鲁迅当时不仅以万丈怒火揭露控诉了封建军阀段祺瑞及其御用的无耻文人的凶狠残暴与阴险卑劣的嘴脸,同时还赞颂了以刘和珍为代表的中国爱国青年女子的干练果敢、百折不回、临危不惧并互相救护的大无畏的精神与崇高的品质,从而激励后死者要敢于直面惨淡的人生,敢于正视淋漓的鲜血,并继续奋勇前进。

　　七年之后(1933),鲁迅对1931年死于蒋介石屠刀下的左联烈士又写了《为了忘却的记念》。由于鲁迅与烈士柔石的友谊关系,当他听到柔石被捕的消息后恐被株连,曾经出走避难,当听到五烈士遇害的噩耗时,就写了篇《惯于长夜过春时》的诗篇,隔了两年又发表了这篇文章。在前一篇文中,鲁迅表现了师生的感情,而这篇则进一步倾吐出阶级的师生的以及革命同志间的感情。而在写这篇文章时,心中更其抑郁愤激而且无限沉痛,原因是从晚清以来,他耳闻目睹到不知多少革命的青年被各色各样的反动派所杀害。"梦里依稀慈母泪,城头变幻大王旗。忍看朋辈成新鬼,怒向刀丛觅小诗",尽管这些屠伯们在各个时期打着各样不同的旗号,然而他们没有不是人民的死敌,没有不是对热爱民族和人民的爱国者进行残酷迫害的。鲁迅在这篇文章的末尾沉痛地写道:

> 前年的今日，我避在客栈里，他们却是走向刑场了；去年的今日，我在炮声中逃在英租界，他们则早已埋在不知那里的地下了；今年的今日，我才坐在旧寓里，人们都睡觉了，连我的女人和孩子。我又沉重的感到我失掉了很好的朋友，中国失掉了很好的青年，我在悲愤中沉静下去了，不料积习又从沉静中抬起头来，写下了以上那些字。要写下去，在中国的现在，还是没有写处的。年青时读向子期《思旧赋》，很怪他为什么只有寥寥的几行，刚开头却又煞了尾。然而，现在我懂得了。

下边接着回顾从 20 世纪初直到 20 世纪 30 年代初自己的经历道：

> 不是年青的为年老的写纪念，而在这三十年中，却使我目睹许多青年的血，层层淤积起来，将我埋得不能呼吸，我只能用这样的笔墨，写几句文章，算是从泥土中挖一个小孔，自己延口残喘，这是怎样的世界呢。夜正长，路也正长，我不如忘却，不说的好罢。

真是一字一泪，如泣如诉，我每次读到这里，就不觉哽咽而念不下去。这不是为几个烈士而哭，而是为民族为国家而哭。凡是有一点国家民族感情的，读到这里，都不能不为之同声而哭吧。

但鲁迅这时已是一个马克思主义者，他认识到中国革命的长期性与艰巨性。他虽然指出"夜正长，路也正长"，但他坚信随着历史的发展，人民将来总归要有胜利的一天的，所以最后预言道：

> 但我知道，即使不是我，将来总会有记起他们，再说他们的时候的。……

新中国成立后，人民终于成了国家的主人，而这些先烈们的鲜血并未白流，他们的理想终于实现了。中国过去有多少纪念死者的文章，但多是从个人立场出发的，至于从民族和人民的立场出发而悼念死者的，恐怕应当首推这篇了吧。

在 20 世纪 30 年代鲁迅写的另外一篇《忆韦素园君》是对享年不永、与自己有着文字交谊的文学青年的纪念。文中描述了这位青年作家品质如何纯洁，工作如何认真，但由于人生道路的崎岖、生活条件的简陋竟至得了不治之症。文中写到他去西山探望病人的病情时，自己心中所泛起的重重思潮，他说：

> 但我在高兴中，又时时夹着悲哀：忽而想到他爱人，已由他同意之后，与别人订了婚；忽而想到他竟连介绍外国文学给中国的一点志愿，也怕难于达到；忽而想到他在这里静卧着，不知道他自以为是在等候痊愈，还是等候灭亡；忽而想到他为什么要寄给我一本精装的《外套》？……

下边接着写他忽然在病人房内的墙壁上，看见一幅陀思妥也夫斯基的大画像，因而又引起他对这位大作家与病人之间关系的议论来，他说：

> 对于这位先生，我是尊敬，佩服的。但我又恨他残酷到了冷静的文章。他布置了精神上的苦刑，一个个拉了不幸的人来，拷问给我们看。现在他用沉郁的眼光，凝视着素园和他的卧榻，好像在告诉我：这也是可以收在作品里的不幸的人。

这又是多么深刻而又恰切的比拟。特别是对死者的评价，他说："并非天才，也非豪杰，更不是高楼的尖顶，或名园的美花，但却是楼下的一块石材，园中的一块泥土。他不入于观赏者的眼中，只有建筑者和栽培者，决不会将他置之度外。"这不仅是对死者的中肯的肯定，而且是对所有活着的勤勤恳恳从事文学工作者的一种鼓励。

接着这篇纪念文章的为《忆刘半农君》。刘半农是鲁迅五四时代共同提倡文学革命的老朋友。但到运动过后，刘半农出国留学，回来后就身踞要津，作了大学的院长，和当时当权者混迹一起了。由于地位变了，于是思想意识也和过去大大地不同了。写打油诗，弄烂古文，甚至嘲笑大学入学考试时在试卷上写错别字的青年。特别是为林语堂、陶亢德等提倡幽默的《论语》、《宇宙风》等刊物捧场。这一切都是和当时鲁迅所走的方向背道而驰的。刘半农于1934年去世，当时文坛上有不少人写文来纪念他，鲁迅因应《青年界》的编者李小峰之请才写了这篇文章。

这虽是篇纪念死者的文章,但却同前边的那几篇大不相同,情绪是冷静的,语言是严峻的,对死者的一生作了极其扼要而深刻的评价,从而表现出一个马克思主义者对人物功过的分辨是多么地仔细、准确和有分寸。

文章一开始,先点明这个题目是别人给他出的,并非自己主动要写的。接着又指出他的去世,自己是应该哀悼的,因为是自己的老朋友。但这是十年前的话了,现在呢?可难说得很。这是多么冷静的语言。下边论述并肯定了他在文学革命时的功绩,同时也指出他的缺点与优点。尤其把他与当时运动中主要倡导人物陈独秀与胡适两人相比较,而得出"所以我佩服陈胡,却亲近半农"的结论。

下边从他平时言谈所反映出的思想进行了评论,从而说明当时他被某些人瞧不起的原因,是由于认为他浅。

文中由浅又论到批评他的"浅"而自命为深的人,进行了尖锐的抨击。这是一段极其深刻而又形象的妙文:

不错,半农确是浅。但他的浅,却如一条清溪,澄澈见底,纵有多少沉渣和腐草,也不掩其大体的清。倘使装的是烂泥,一时就看不出它的深浅出来了;如果是烂泥的深渊呢,那就更不如浅一点的好。

据说这是针对胡适而发的。

后边又写他出国和回国后身踞要津时的表现,感到对他不胜其惋惜。末了总结个人对他的感情,是"我爱十年前的半农,而憎恶他的近几年"。并意味深长地指出,"这憎恶是朋友的憎恶,因为我希望他常是十年前的半农,他的为战士,即使'浅'罢,却于中国更为有益"。

《关于太炎先生二三事》是鲁迅逝世前十天写的,当时他的身体已经很不好了,但仍不停地从事写作,直到他临终的前两天,还写了《因太炎先生而想起的二三事》,这就成了他的绝笔了。

太炎是鲁迅的老师,也是他早年受影响最大并且比较敬佩的老师。他是在这年6月14日病故的,此后报章杂志有不少文章对章氏进行评论,自然是毁誉不一。鲁迅在看到这些评论后,特别是那些小报上对章氏诋訾的言论,感到愤激,所以才写了这篇文章。

文章虽然名为"二三事",实际是纪念而兼评论的文章。在报纸上有人曾把章氏与苏联的高尔基相比,因高尔基也是这年六月份去世的,当时左联作家对高尔基的逝世曾给以隆重的纪念,相反的,章太炎的追悼会参加者竟不满百人,因而慨叹青年们对于本国的学者竟不如对于外国作家高尔基的热诚。

鲁迅对此,在文中作了分析和回答。认为,官绅的集会,是一般群众所不敢参加的,所以参加他的追悼会的人很少。下边就把太炎与高尔基作了比较,指出高尔基的理想后来都成为事实,他的一身就是大众的一体,喜怒哀乐,无不相通。至于太炎排满之志虽达,而其对国民教育上的理想,都成为高妙的幻想,而未能实现。以后既离群众,渐入颓唐,参与投壶,接受馈赠,于是遂为论者所不满,但也不过白圭之玷,并非晚节不终。

鲁迅在这篇纪念文中,充分赞扬了太炎的革命精神,首先指出太炎的业绩留在革命史上的,实在比在学术史上还要大。下边就列举他在革命上的具体表现,由于驳斥康有为和为邹容的《革命军》作序,而被关入上海西牢。他在牢中写的诗,曾经传诵一时,影响了当时不少的青年。直到20世纪30年代,鲁迅还能背出他当时写的《狱中赠邹容》和《狱中闻沈禹希见杀》等诗。另外是他出狱后到东京主持《民报》,发表了许多具有战斗性的文章。鲁迅称这些文章在当时"真是所向披靡,令人神往"。所以鲁迅说:"前去听讲也在这时候,但又并非因为他是学者,却为了他是有学问的革命家,所以直到现在,先生的声容笑貌,还在目前,而所讲的《说文解字》却一句也不记得了。"

鲁迅这种评价,完全是为纠正当时人把太炎看作一位国学大师,甚至是一位主张复古的醇儒,而抹煞了他过去的革命业绩同勇敢坚毅的革命精神等错误论点而发的。所以鲁迅在文中强调:

考其生平,以大勋章作扇坠,临总统府之门,大诟袁世凯的包藏祸心者,并世无第二人;七被追捕,三入牢狱,而革命之志,终不屈挠者,并世亦无第二人;这才是先哲的精神,后生的楷模。这种认识和评价,可以说超出了时人的见解万万倍。

鲁迅纪念性的散文,在表现手法上,有叙事,有抒情,有说理,还有人物刻画同情景描述等。

叙事首先是真实,决无丝毫的虚构,特别善于抓着典型的细节,给以如实的描述,再现出已往生活的图画。即如《为了忘却的记念》中,写柔石与自己的关系,从开始认识,谈及自己的名字同家乡以及他走的创作和翻译的道路。其中特别对他借钱印书办刊物和自己与他谈到人心惟危的一段,还有陪着自己上街的情况,反映出他们中间交谊的深厚。因此,鲁迅对他的牺牲特别感到痛心,所以当《北斗》创刊时,他送去了一幅珂勒惠支夫人的木刻,名曰《牺牲》,表示对柔石的纪念。其余如忆韦素园与刘半农等篇,也都是如此。

其次抒情,主要是真挚。既然是真挚,那么就因人而异了。这不仅要看个人与所纪念的人的关系,并且还要看这个人的具体表现。即如纪念刘和珍君,当时也还有别的死难的如杨德群等,但文中谈到刘的篇幅较多,而在《为了忘却的记念》中,五烈士只谈到柔石、白莽同冯铿三人,而在三人中谈柔石的最多,其次白莽,谈冯铿的最少,这就是从关系上有着远近不同的缘故。

另外,在文中对青年人与老年人又极其不同,特别是那些为人民而牺牲的烈士,鲁迅给以无限痛切哀悼之情,而对老年人如章太炎、刘半农,主要表现对他们的评价上,可知这中间都是极有分寸的。

在说理上,往往是对现实中的野蛮黑暗、种种的不合理,通过对人物的纪念,来给以揭露与抨击,如纪念刘和珍,纪念柔石、白莽等。

此外,鲁迅的纪念文是艺术性极浓的,这就表现在对所纪念的人物的刻画上。即如对刘和珍、柔石、白莽、韦素园等,他们的声容体态以及衣着活动,无不写得栩栩如生,令读者如闻其声,如见其人。这些人,确实赖鲁迅的文章而将永远活在读者的心中。最后,特别值得我们注意的是,文中对人物的评价,不仅是非常中肯,而且是极其公允。其所以能如此,即在于鲁迅在评价人物上有其客观的标准,这就是人民的利益。同时,他的对人物的爱憎也是从人民利益出发的,这里可以引用他评论高尔基的话来说明,即"他的一身,就是大众的一体,喜怒哀乐,无不相通"(《关于太炎先生二三事》),我们就拿他《忆刘半农君》中一段话,就充分可以证明了。

> 我爱十年前的半农,而憎恶他的近几年。这憎恶是朋友的憎恶,因为我希望他常是十年前的半农,他的为战士,即使"浅"罢,却于中国更为有益。

(原载山西《我的大学》1985 年第 10 期)

论鲁迅反程朱派理学思想

——为鲁迅先生逝世 50 周年纪念而作

中国的儒家思想,从孔子起,以及他的后学们,对政治以及社会上各种问题的看法和主张,基本上是为权势者设想的。所以中国的帝王,如秦始皇、汉武帝,任用的都是儒者。秦始皇的宰相李斯,就是战国末年的大儒荀卿的弟子。秦代开国后,许多政治上的措施,都是根据李斯的建议。后来,虽然曾经"焚书坑儒",但据近代学者考证,当时所焚的书,不过是民间保存的部分典籍,而坑的儒,也不过是一部分的术士,当时免于被坑的博士,还大有人在。

汉武帝任用儒者公孙弘、董仲舒之流,就罢黜了百家,独尊了儒术。以后帝王深知儒教是巩固其专制统治的最有效的工具,于是在选拔人才上,就建立了科举制度,用儒家思想作为衡量其合格与否的标准。到了宋代,周、程、张、朱五子出来以后,他们为进一步巩固封建的政治秩序,逐步构成了一整套哲学体系,为历来强者压迫弱者的"纲常名教"树立了理论上的根据。正如任继愈在他的《中国哲学史概论》中所说的:

> 二程继承了孟子、董仲舒的唯心主义观点,力图混淆自然界与社会现象的本质区别。他们说父子、君臣、天下之定理,无所逃于天地之间。把父子、君臣的封建伦理规范,说成为和自然界规律一样,都是不以人的意志为转移的万古长存的天理。……

他们所说的天理,其实就是封建社会的道德原则和封建的道德规范。他们把一切的封建的伦理道德,都说成是天理,是至善的,神圣不可侵犯的。从这一谬论出发,封建卫道者程颐,提出"饿死事小,失节事大",反对寡妇再嫁,不知有多少妇女牺牲在这两句封建的口号下。……二程的反动的唯心主义天理,就是一把杀人不见血的屠刀。(第六章第四节)

北宋二程的理论,后来又为南宋朱熹所继承,并进一步加以系统化,形成了支配中国六七百年的统治思想体系。

在南宋,不同意朱熹在治学上的方向道路的是陆九渊。他认为朱熹的"道问学"支离破碎,而他的"尊德性"则是"易简功夫",是有光辉前途的。到了明代中叶,王阳明继陆氏之学,作了进一步地发展,提出"致良知"同"知行合一"的为学宗旨。虽然陆王一派,在哲学上属主观唯心论,但比程朱派的客观唯心论,具有一定的解放精神。王阳明曾说:

夫学贵得之心,求之于心而非也,虽其言之出于孔子,不敢以为是也。(《王文成公全书·传习录中·答罗整菴少宰书》)

这种尊重自我、不轻意随别人脚跟转的独立精神,到后来王学左派中的李贽,在思想上达到了顶峰。他在从事性命之学上,主张要有自我,要走自己的路的独立精神。他在《答耿中丞书》中说:"夫天生一人,必有一人之用,不待取给于孔子而自足也。若必待取给于孔子,则千古以前无孔子,终不得为人乎?故为愿学孔子之说者,乃孟子之所止于孟子,仆方痛憾其非夫,而公谓我愿之乎?"(《焚书》卷一)

至于对当时那班挂着孔孟的招牌,自号为程朱派的道学家们,则予以无情地痛斥,他说:

孔子之疏食,颜氏之陋巷,非尧心欤?自颜氏没,微言绝,圣学亡,则儒不传矣。故曰:"天丧予。"何也?以诸子虽学。未尝以闻道为心也。则亦不免仕大夫之家为富贵所移尔矣,况继此而为汉儒之附会,宋儒之穿凿乎?又况继此而以宋儒为标的,穿凿为指归乎？人益鄙而风下矣！无怪其流弊至于今日,阳为道学,阴为富贵,被服儒雅,行若狗彘然也。(《续焚书》,见:《三教归儒说》)

这真揭露得深刻,而又骂得痛快,所以当时道学家们恨之刻骨,必欲驱之杀之而后快。最后其还是被诬陷、逮捕,而自杀于狱中。

程朱派的学说,是封建统治者所提倡,而且施之于功令的官学。虽然朝代鼎革,皇帝易姓,但程朱理学受到尊重,是永远不会变的,而且越来越要利用它来残酷地镇压那些不够驯服的奴隶们。特别是通过清初康、雍、乾三朝的文字狱,使一些具有一定民主思想的先进思想家,深刻地认识到程朱派理学是助纣为虐,为虎作伥,杀人不见血的软刀子。所以在乾隆时期,皖派的朴学大师戴震在《原善》与《孟子字义疏证》等论著中对程朱派理学为祸于人民进行了控诉与抨击。他说:

> 宋以来儒者,以己之见,更坐为古圣贤立言之意,而语言文字实未之知。其于天下之事也,以己所谓"理"强断行之,而事情原委隐曲,实未能得,是以古道失而行事乖。……呜呼！今之人其亦弗思矣,圣人之道使天下无不达之情,求遂其欲,而天下治。后儒不知情之至于纤微,无憾之为理,而其所谓理者,同于酷吏之所谓法。酷吏以法杀人,后儒以理杀人,浸浸乎舍法而论理,死矣！更无可救头！(《与某书》)

在戴震的学术思想影响下,一时在朴学家中,出现了一股反程朱派理学之风,于是引起了当时自命为卫道士的桐城派文人的攻击,作为反汉学的代表人物的就是桐城派的方植之。

到了晚清,力批程朱的,则有维新派的谭嗣同和革命派的刘师培。

谭嗣同在他的具有冲决网罗精神的《仁学》中,引明末王船山的话批判程朱的理论道:

> 王船山曰:"天理即在人欲之中。无人欲,则天理亦无从发现。见最与《大学》之功夫次第合;非如紫阳人欲净尽之误于离,

姚江满街圣人误于混也。"(二十六)

革命派刘师培,其未变节前的思想,因受西方卢梭《民约论》与中土黄梨洲《明夷待访录》以及乾嘉时戴氏的影响,所以在《攘书》中抨击程朱派理学也是不遗余力的。他在《罪纲篇》中痛斥封建道德中所谓"三纲"之说,他说:

> 夫"三纲"之说,本于纬书,附会支离莫可究诘。故秦汉以前,未闻此语。……故观于黄子《待访录》,则"君为臣纲"之说破矣。观于班氏《白虎通》,则"父为子纲"之说破矣。观于唐子《潜书》,则"夫为妻纲"之说破矣。无如三代以降,舍理论势,以势为理,舍是非而论顺逆,致名之说,深中民心,强弱相凌,日以空理相诘责,箝固民心,束缚才智,宋儒之失,岂可宥乎!嗟乎!同此椭颠方趾之伦,何容轩轾于其间,而高下之殊若此,此东原所由斥空理之祸,而以为罪浮申韩也。

晚清的维新派,除谭嗣同外,余如梁启超、康有为,他们都是反程朱的。由此上溯到荀卿,认为汉儒与宋儒(程朱一派),均系荀子之支流余裔,所以他们在当时曾开展过一个"批荀"运动。但他们是宗法公羊学的,所以依然是诵法孔子的。而革命派如章太炎、刘师培,他们不仅批评程朱,并且触及孔子,这样的反封建传统思想的洪流到了"五四"时期而达到高潮,而当时作为打倒孔家店的闯将的,则为鲁迅。

鲁迅在1918年发表的第一篇小说《狂人日记》,当时曾被视为文学革命与思想革命的一声春雷,他以如椽之大笔,塑造了一个醒悟了的患着迫害狂的狂人,形象地揭发了中国几千年来为人们所尊奉的封建礼教与家族制度乃是吃人的东西,使广大读者猛然觉醒了起来。但几千年来受到这种思想侵蚀,而且代表着特权者利益的意识形态,决不是一朝之间就会被摧垮的。

鲁迅对中国传统的儒家思想是一个具有韧性战斗精神的革命家。他反对孔教,而在孔教中,尤其憎恨宋代理学中的程朱一派。关于鲁迅的反孔教,过去我曾撰文论及,本篇拟着重地谈谈鲁迅对程朱派理学的抨击。

辛亥革命推翻了几千年的封建专制政体,后来袁世凯曾经篡夺大权,当了几天洪宪皇帝,但很快由于国人的反对而垮了。不久,康有为、张勋又曾拥戴早已下台的溥仪,重新复辟,但完蛋得更快。所以"三纲"之中,君臣一纲,在封建道德上是被打垮了。然而父子、夫妇这两纲,却是依然存在,因此在思想革命中,不能不针对它们进行揭露与抨击。对于后者,鲁迅写了《我之节烈观》和《我们现在怎样做父亲》两文。

前一篇主要是指出这种提倡妇女守节、表彰妇女节烈乃是一种害己害人昏迷和强暴行为,必须加以清除。鲁迅在论述此事的时候,首先揭露出中国从先秦一直到汉唐都没有表彰女子节烈的说法,其祸根则完全源于宋儒。

至于广大被压迫的妇女,鲁迅说:

> 只有自己不顾别人的民情,又是女应守节男子可多妻的社会,造出如此畸形的道德,而且日见精密苛酷,本也毫不足怪。但主张的是男子,上当的是女子。女子本身,何以毫无异言呢?原来"妇者服也",理应服事于人。教育固可不必,连开口也都犯法。他的精神也同他的体质一样,成了畸形。所以对这畸形道德,实在无甚意见,就令有了异议,也没有发表的机会。

鲁迅在后边还说:

> 社会上的人能用历史和数目的力量,挤死不合意的人,这一类无主名,无意识的杀人团里,古来不晓得死了多少人物。节烈的女子,也就死在这里。至于不节烈的人,便生前也要受随便什么人的"唾骂",无主名的虐待。

因此他最后呼吁:

> 要除去这虚伪的脸谱,要除去世上这害己害人的昏迷的强暴!

后一篇,是为了要批判"父为子纲"这种荒谬的道德教条而写的。文中不谈儿子对老子如何进行革命,而是谈现在的老子应该用什么观点、什么态度、什么精神来对待自己的下一代,而主张现在当父亲的,应该抱这样的态度,即"背着因袭的重担,肩着黑暗的闸门,放他们到宽阔光明的地方去,此后幸福的度日,合理的做人"。

至于在孝的问题上,鲁迅抨击道学家最有力的是在《二十四孝》一书中,把古人关于孝的故事加以篡改,如"老莱娱亲"、"郭巨埋儿"等。鲁迅说这些篡改者:

> 正如将"肉麻当有趣"一般,以不情为伦纪,诬蔑了古人,教坏了后人,老莱子即是一例,道学先生以为他白璧无暇时,他却已在孩子们的心中死掉了。(《二十四孝图》)

特别是"郭巨埋儿"的故事给他幼小的心灵震动很大,使他后来总怕听到父母的愁穷,总怕看到自己白发的祖母,总觉得她和自己不两立。这种印象,后来虽然日见其淡了,但总有点留遗,直到他祖母去世。鲁迅非常慨叹地说:"这大概是送给《二十四孝图》的儒者所万料不到的吧!"

"五四"后,反封建的浪潮还未消歇,而卫道家却又站出来,攻击当时文坛上出现的写爱情的新诗了,这就是胡梦华对汪静之《蕙的风》科以和《金瓶梅》一样的罪。鲁迅以为这种批评简直是非常荒谬的,他在《反对含泪的批评家》一文中一针见血地指出:

> 中国之所谓道德家的神经,自古以来未免过敏而又过敏了,看到一句"意中人",便即想到《金瓶梅》,看到一个"瞟"字,便即穿凿到别的事情上去。然而一切青年的心,便未必如此不净;倘若竟如此不净,则即便"授受不亲",后来也就会"瞟",以至于"瞟"以上的等等事,即便是一部《礼记》,也即等于《金瓶梅》了,又何有于《蕙的风》?

这就戳穿了中国的道学家的假面具,正由于自己的心地肮脏,因而认为青年们的心中也和他们的一样肮脏,所以看到作品中一有爱情的句子,就马上大惊小怪起来。鲁迅当时正在写《补天》这篇神话小说,他觉得胡梦华"要含泪哀求,请青年不要再写这类文字"的言语有点阴险,而又有点滑稽。于是在写小说时,就无论如何,止不住有一个古衣冠的小丈夫,在女娲的两腿之间出现了。鲁迅认为这种写法,是从认真陷入油滑的开端,因而对自己很不满(《故事新编序言》)。但也由此可以看出,他对卫道派这样的文艺批评是如何地深恶而痛绝了。

在政治上,鲁迅认为中国历史上一些朝代之所以灭亡,其主要原因是由于统治者一代一代都用儒家思想来治国,老调子唱个不完,结果是把国家唱完了,特别是宋明两代。他又明确地指出道学之为害,他说:

> 宋朝的读书人讲道学,讲理学,尊孔子,千篇一律,虽然有几个改新的人物,如王安石等等,行过新法,但得不到大家的赞同,失败了,从此,大家又唱老调,和社会没有关系的老调子,一直到宋朝的灭亡。

鲁迅是研究中国小说史的,他对宣扬程朱派理学思想的《野叟曝言》予以深刻地批判。这部小说系清乾隆时江阴夏敬渠二铭所作,书中塑造的主人公文白,号素臣,是一个以朋友为性命,奉名教若神明的人。他平生有一段大本领,是只崇正学,不信异端;有一付大手眼,是解人所不能解,言人不能言。另外还具有异术,既能易形,又工内媚,姬妾罗列,生二十四男。男又大贵,凡人臣荣显之事,为世人无所能及者,此书几毕载矣。至于它的价值,鲁迅认为:"意既夸诞,文复无味,殊不足以称艺文。但欲知当时所谓'理学家'之心理,则于中颇可考见。"接着鲁迅对它的思想渊源及产生这种思想的时代背景又作了分析论述。他说:

> 雍正末,江阴人杨名时为云南巡抚,其乡人拔贡生夏宗澜尝从之问《易》、以名时为李光地门人,故并宗光地而说益怪。乾隆初,名时入为礼部尚书,宗澜亦以经学荐授国子监助教,又历主他讲席,仍终身师名时(《四库书目》六及十《江阴志》十六及十七)。稍后又有诸生夏祖熊,亦博通群经,尤笃好性命之学,患二氏说漫衍,因复考辨以归于正。(《江阴志》十七)

鲁迅根据这些材料,作出了以下论断:

盖江阴自有杨名时（卒赠太子太傅，谥文定）而影响颇及于其乡之士风；自有夏宗澜师杨名时而影响又颇及于夏氏之家学，大率与当时当道名公同意，崇程朱而斥陆王，以"打僧骂道"为唯一盛业，故若文白者之言行际遇，固非独作者一人之理想人物矣。(《中国小说史略》第二十五篇)

可知文白这样人实为当时一般当道名公们共同理想中的人物，而且有相当广泛的代表性。这个看法，是异常精辟的。

鲁迅对这部反映程朱派理学家心理的作品，不只认为不足予称艺文，而且尖锐地指出这一部书"是道学先生的悖慢淫毒心理的结晶"。

鲁迅除了在杂文与其他著作中对一向杀人不见血的软刀子——程朱派理学进行毫不保留地抨击外，而且在小说中塑造了清末以来理学家徒子徒孙们的形象，最突出的是《祝福》中的鲁四老爷同《肥皂》中的四铭和何道统等。

《祝福》中的祥林嫂是被封建礼教和封建迷信迫害而死的，而鲁四老爷就是一个不能宽恕的杀人凶犯。鲁迅在小说一开始，就点出鲁四老爷是一个"讲道学的老监生"。下边用他的言论，如大骂以康有为为代表的新党，房里挂着"事理通达心气和平"的对联，桌上放着《近思录集注》之类的书籍，就充分证明他是个恪奉程朱遗教的人物。

祥林嫂在精神上所受的打击，最严重的有两次。一是当她第二个丈夫死后，接着又死了孩子，这已经够痛苦的了，但更大的打击是受到周围人们的歧视，特别是过年时，鲁四太太不让她参与祀神的事。小说写出她在精神上所受到的刺激，很快地反映在她的面孔与神色的变化上。至于鲁四太太不让她参与祭祀的事，乃是鲁四老爷的嘱咐。即：

　　　　这种人虽然似乎很可怜，但是败坏风俗的，用她帮忙还可以，祭祀的时候，可用不着她沾手。一切饭菜，只好自己做。否则不干不净，祖宗是不吃的。

第二次的打击是柳妈告她说的：她死后由于阴间的两个男人争

她,阎罗王把她锯开来分给他们。这样一个荒唐的迷信的说法使她现出恐怖的神色,当她听从柳妈劝说向庙祝捐了门槛以后,心情轻松了一些,以为这样不仅可以得到阴间的宽恕,也会得到阳间的原宥。但当在祝福前,正要参与拿酒壶和筷子时,立刻遭到鲁四太太的大声喝止:"你放着,祥林嫂!"她当时的精神的变化,小说中刻画得极为突出:

> 她像是受了炮烙似的缩手,脸色同时变得灰黑,也不再去取烛台;只是失神地站着。

又说:

> 这一回变化非常大,第二天不但眼睛窈陷下去,连精神也更不济了。而且很胆怯,不但怕黑夜、怕黑影,即使看见人,虽是自己的主人,也总惴惴的,有如在白天出穴游行的小鼠。否则默坐着,只是一个木偶人。不半年,头发也灰白起来,记性尤其坏,甚而至于常常忘却了去淘米。

于是不久便被鲁四老爷赶了出去,变成乞丐,最后在又一个祝福的节日,就自杀了。这篇小说用具体的人物形象祥林嫂一生的悲惨的遭遇控诉了吃人的制度和礼教,特别是程朱派的理学。正如戴东原所说:"人死于法有怜之者,死于其理其谁怜之!"

《肥皂》中刻画了20世纪20年代中国思想界的假道学家的形象,篇中的四铭、何道统与卜薇园实是其代表人物。主人公四铭用赞颂孝女的冠冕堂皇的大题目来掩盖自己不可告人的肮脏的灵魂。但这种卑鄙的心理是不可能没有破绽的。鲁迅先借其夫人用极严肃的口吻,给以无情地揭露:"我们女人怎么样,我们女人比你们男人好得多。你们男人,不是骂十八九岁的女学生,就是称赞十八九岁的女讨饭,都不是什么好心思,'咯支咯支'简直是不要脸!"继而又借何道统用开玩笑的态度给以嘲弄,这样把四铭及其同道们真正的嘴脸完全给勾勒出来了。从写作方法上可谓狙击之能手与讽刺之妙品,比之《儒林外史》真是青出于蓝而胜于蓝啊!

综上所述,反程朱派的道学,从晚明李贽起,到五四时期的鲁迅,其发展可分为三个时期：

一、李贽之攻击当时的道学，不过由于他们的虚伪，讲的是一套圣贤的大道理，而自己却不那样做，相反所追求的是功名利禄。所以李贽骂他们："阳为道学，阴为富贵。被服儒雅，行若狗彘。"

二、清乾嘉时期的戴震则从哲学上批判程朱把天理人欲认作是水火不相容的对立物，要存天理，必须去人欲，认为这是杂有佛老之见，决非古圣贤的本意。因为古圣贤是主张体民之情，随民之欲的。因此发出"酷吏以法杀人，后儒以理杀人。人死于法犹有怜之者，死于理其谁怜之！"沉痛地指出程朱派这种谬论其结果不知置多少人于死地。晚清的谭嗣同、刘师培，继戴氏之后而又进一步加以阐发。

三、"五四"时代的鲁迅，一面继承晚清以来反程朱理学的进步思想，同时受到西方的民主主义与人道主义的思想的影响，为了反封建礼教，特别对被压迫者为祸最烈的程朱理学，不仅从理论上进行了口诛笔伐，同时还运用形象的笔墨塑造出被孔教吃掉的祥林嫂形象，同时也塑造出那般程朱派理学余孽与谬种鲁四老爷以及四铭、何道统等人的形象。前者令人触目惊心，而后者则发人深省，反程朱派理学运动到了鲁迅，可以说达到了顶峰。

（原载《河南大学学报》1986 年 5 期）

鲁迅论中西文化

鲁迅生于清代末年,甲午战争的时候他已十四岁了。这次战争的失败,不只是大量的赔款,而且台湾省也是这次割给日本的。过去以天朝自居的堂堂东方大国竟然会败给蕞尔弹丸的小日本,充分证明了中国的孱弱已到了不堪一击的地步,因而瓜分中国的声浪甚嚣尘上。

当时具有爱国主义思想的先进人士看到国家民族的命运已濒临危急的时候,于是大声疾呼,提出救亡图存在目前已到了刻不容缓的地步,曾经留学英伦的严复,在天津《直报》上连续发表了《论世变之亟》、《原强》、《救亡决论》等发聋振聩的时论论文,同时康(有为)梁(启超)师弟,承道咸时期龚(自珍)魏(源)"经世派"的流风,提倡维新变法运动。而在全国思想界震动最大的是严复所译的英人赫胥黎的《天演论》。

这部书把英国生物学家达尔文研究出的生物发展的规律"进化论"的理论应用到人类社会的发展上,这就是"生存竞争,优胜劣败,适者生存"。用这样的理论,来拿中国与当时列强在政治经济文化等各方面进行比较,显然是彼优而我劣。如果全国人民不觉悟,不奋发图强,急起直追,那么中国必不免于步印度、波兰的后尘,遭到亡国灭种之祸。

鲁迅开始接受西方文化是在戊戌变法这一年他到南京水师学堂

读书的时候。他当时曾熟读严译的《天演论》,并经常阅览梁启超所主编的《时务报》。到了1902年,他在南京矿路学堂毕业后去日本留学,进了仙台医学专门学校学医。他当时深受维新思想的影响,他之所以要学医,其目的在《呐喊自序》中讲得很清楚,即学成后救治像他父亲似的被误的病人的疾苦,战争时候去当军医,一面又促进国人对维新的信仰。

但他在仙台医专并未读下去,由于在学习中受到种种刺激,他毅然舍去医学,回到东京,准备从事文学运动了。但由于资金不足,打算办的刊物《新生》未能实现。但他同他的弟弟周作人给刊物所准备的论文,以后却在河南革命党人在东京所办的刊物《河南》上发表了。而他们所译的西方小说,自筹资金却印出两册《域外小说集》。

从鲁迅在《河南》上发表的论文来看,可以了解当时他对中西文化所持的态度。

首先,他认为中国当前之所以落后而受到列强的侵凌是由于长期闭关锁国,在文化上不与外人比较优劣,因而满足固有的一切而不思进步与发展,因而停滞不前。他在《文化偏至论》中描叙这种情况道:

> 故迄于海禁既开,皙人踵至之顷,中国之在天下,见夫四夷之则效上国,革面来宾者有之;或野心怒发,狡然思逞者有之;若其文化昭明,诚足以相上下者,盖未之有也。屹然出中央而无校雠,则其益自尊大,宝自有而傲睨万物,固人情之所宜然,亦非甚背于理极者矣。虽然,惟无校雠故,则宴安日久,苓落以胎,迫拶不来,上征亦辍,使人荼,使人屯,其极为见善而不思式。有新国林起于西,以其殊异之方术来向,一施吹拂,块然踣僵,人心始自危。

在这样情况下,于是有些人"耳新学之语则亦引以为愧,翻然思变,言非同西方之理弗道,事非合西之术弗行,掊击旧物,惟恐不力,曰:将以革前缪而图富强也"。

鲁迅对于这些既不洞悉西学,而又不了解本国实际情况的洋务派同维新派,往往从表面上一知半解,生搬硬套地学习西方的人进行了批判。

首先是对洋务派的富国强兵的论调作了分析,指出他们:

> 近不知中国之情,远复不察欧美之实,以所拾尘芥,罗列人前,谓钩爪锯牙,为国家首事,又引文明之语,用以自文,征印度波兰,作之前鉴。

鲁迅根据当时的具体情况,说明他们的主张并不能救国。最后指出这班人大抵打着救国的幌子,实不过借以达到个人名利的目的。他说:

> 嗟夫,夫子盖以习兵事为生,故不根本之图,而仅提所学以干天下;虽兜牟深隐其面,威武若不可陵,而干禄之色,固灼然现于外矣!

接着,他又批判那些制造商贾,也就是提倡实业救国的主张,鲁迅一针见血地指出:

> 前二者素见重于中国青年间,纵不主张,治之者亦将不可缕数。盖国若一日存,固足以假力图富强之名,博志士之誉;即有不幸,宗社为墟,而广有金资,大能温饱。

这真是彻底地揭穿了当时洋务派一些官僚们的内心隐密。

至后来维新派所提倡的"立宪国会"之说,鲁迅早已预见到这种用金钱贿赂所选出的议员是不会给人民办什么好事的。他分析这种从事竞选者的情况道:

> 至尤下而居多数者,乃无过假是空名,遂其私欲,不顾见诸实事,将事权言议,悉归奔走干进之徒,或至愚屯之富人,否亦善垄断之市侩,特以自长营擒,当列其班,况多掩自利之恶名,以福群之令誉,捷径在目,斯不惮竭蹶以求之耳。

鲁迅讲到这里,非常感慨地说:

> 呜呼!古之临民者,一独夫也;由今之道,将顿变而为千万无赖之尤,民不堪命矣,于兴国究何与焉。

辛亥革命后,当时民国的议员不正像鲁迅在这篇文章中所刻画的形象吗？特别当北洋军阀头子曹锟贿选总统时，以五千元买一张选票，当时人们称这些贿选者为"猪仔议员"。比诸鲁迅所讲的，就更等而下之了。

鲁迅认为当时的一般对西方文化了解的不过是表现在外面的"苜叶"罢了。因此他提出他的救国方案是"掊物质而张灵明，任个人而排众数"，而最终目的乃在"立人"，"人立而后凡事举"。"至于如何立人？"鲁迅认为必须"尊个性而张精神"。

由此可见，鲁迅对西方文化是主张根据中国实际情况与西方文化本质有选择有取舍的接受。鲁迅当时已是达尔文"进化论"的信奉者，他运用这一新的思想武器批判中国传统的儒道两家的复古主义，认为他们这种思想完全有背于人类进化的史实。他说：

> 作此念者，为无希望，为无上征，为无努力。较以西方思理，犹水火然。非自杀以从古人，将终其身更无可希冀经营，致人我以所仪之主的，束手浩叹，神质同隳焉而已。（《摩罗诗力说》）

同时，鲁迅对中国几千年来为封建统治者服务的政教风俗主张师法"摩罗派"诗人如拜伦、雪莱等人的反抗战斗精神来予以摘发抨击，摧陷而廓清之。他在论文中赞扬拜伦的精神道：

> 故其平生，如狂涛，如厉风，举一切伪饰陋习，悉与荡涤，瞻顾前后，素所不知，精神郁勃，莫之制抑，力战而毙，亦必自救其精神，不克厥敌，战则不止。

对修黎（即雪莱）亦备加颂扬道：

> 况修黎者，神思之人，求索而无止期，猛进而不退转，浅人之所观察，莫可窥其渊深。若能真识其人，将见品性之卓，出于云间，热诚勃然，无可沮遏，自趁其神思而奔神思之乡。

除拜伦、修黎二人之外，他还介绍了东欧各国文坛上受他们影响的作者，如俄罗斯的普式庚、莱尔孟多夫，波兰的密克威支、斯洛伐支奇、克拉句斯奇，匈牙利的裴多飞，等等。鲁迅称以上这些作者为"精神界之战士"，但反顾中国，鲁迅无限感慨地道：

> 今索诸中国，为精神界之战士者安在？有作至诚之声，致吾

人于善美刚健者乎？有作温煦之声，援吾人于荒寒者乎？家国荒矣，而赋最末哀歌，以诉天下贻后人之耶利米，且未之有也！

但鲁迅个人，由于吸取"摩罗派"诗人的精神，对中国固有的几千年来深中于人心而阻碍社会发展的封建主义，进行了猛烈的抨击，这就是在五四时期所发表的震动思想界的小说同杂文。

到了"五四"后，鲁迅对于中国传统的封建文化特别是儒家思想，进行了不遗余力的抨击。他在一九二五年发表的《灯下漫笔》中，总结中国过去的历史为两个时代：（一）想做奴隶而不得的时代；（二）暂时作稳了奴隶的时代。同时，他又揭穿中国封建时代文明的本质道：

所谓中国文明者，其实不过是安排给阔人享用的人肉筵宴；所谓中国者，其实不过是安排这人肉筵宴的厨房。

他大声疾呼，号召青年们："掀掉这筵席，毁坏这厨房，则是现在青年们的使命。"

同时，鲁迅当时已朦胧地意识到中国将来所应走的道路，他说：

但我们也都像古人一样，永久满足于古已有之的时代么？都像复古家一样，不满于现在，就神往于三百年前的太平盛世么？自然也不满于现在的，但是无须反顾，因为前面还有路在，而创造中国历史上未曾有过的第三样时代，则是现在的青年们的使命。

另外，鲁迅对当时残民以逞的封建军阀段祺瑞以及那些为虎作伥的封建文人也都毫不留情地予以揭露，使他们卑劣的丑态暴露在广大人民的面前。

鲁迅到了1928年后，成为一个共产主义者，从此站在中国共产党的一边，同当时的新军阀以及帝国主义进行不妥协的斗争。到了20世纪30年代，他参与了左联的领导，对国民党所发动的两种反革命"围剿"进行了反"围剿"的斗争。这时他对中西文化提出了"拿来主义"的主张。所谓"拿来"，不只是对西方文化，即对中国文化，也都是一例看待。

这篇文章是鲁迅成为共产主义者之后，对中西文化所持的批判继承的态度。文章主张对外国的东西要拿来，不能像过去只是"送去"。但他举的例子，却是用一个青年得到一所旧宅子后在处理里边的东西时所应采取的态度同措施。他认为首先不管三七二十一"拿来"，但拿来之后如果怕被里边的东西污染了，徘徊不敢走进去，鲁迅骂他是"孱头"。

其次是勃然大怒，放一把火烧光，算是保持自己的清白，则是"混蛋"。

三是原因羡慕这宅子的旧主人的，而这回接受一切，欣然地蹩进卧室，大吸剩下的鸦片烟，那当然是"废物"。

下边，鲁迅提出了正确的态度与措施是占有和挑选……予以合理的处理。

最后，他提出对于中外文化遗产应该遵循的总的原则，他说：

> 总之，我们要拿来，我们要或使用，或存放，或毁灭，那么主人是新主人，宅子也就成为新的宅子。然而首先要这人沉着，勇猛，有辨别，不自私。没有拿来的，人不能自成为新人，没有拿来的，文艺不能自成为新文艺。

鲁迅在后期正是用这种原则来对待中西文化的。

我们试看他后期对中国文化的看法，我们必须理解鲁迅这时已是马克思主义者，他坚定地站在广大人民的立场上，从人民利益出发，用辩证唯物主义与历史唯物主义去分析评价一切事物，即如对中国先秦各派思想，鲁迅所赞扬的是能为民请命，拼命硬干的墨子同大禹的精神。而墨子正是以大禹治水的苦干精神作为他的教义的，正如《庄子·天下篇》中对墨子思想的论述：

> 墨子称道曰：昔禹之湮洪水，决江河而通四夷九州也，名山三百，支川三千，小者无数，禹亲自操橐耜而九杂天下之川，腓无胈，胫无毛，沐甚雨，栉疾风，置万国。禹大圣也，而形劳天下也如此，使后世之墨者，多以裘褐为衣，以跂蹻为服，日夜不休，以自苦为极，曰不能如此，非禹之道也，不足为墨。

墨派在战国时期之所以能成为"显学",以至于像孟轲所说的"天下不归于杨,则归于墨",说明当时他受到广大人民群众的信仰与拥护。由于孟轲说他为"无父",而骂他为"禽兽",以致后来中国思想在孔孟的儒家学派统治下达两千年之久,墨子精神受到歪曲而不为人所称,直到晚清才逐渐为一些学者们所推重。

鲁迅之所以肯定墨子同大禹的原因,正是为了赞扬当时的中国共产党人为解放中国人民所表现出的艰苦卓绝的革命精神。所以在20世纪30年代他所写的历史小说——《故事新编》中,用《理水》来赞扬大禹,而讽刺当时资产阶级学者否认大禹为人的荒谬怪论。同时,在《非攻》中,赞扬墨子为了保护宋国的安全,仆仆风尘奔赴楚国,说服楚王打消进攻宋国的企图。从这两篇作品中可以看到鲁迅对于先秦思想决非全盘否定,而是主张发扬大禹同墨派精神的。

其次,鲁迅在20世纪30年代为了反对某些人对当时残酷的阶级斗争,不分青红皂白而采用庄子"此亦一是非,彼亦一是非"的无是非观,于是写了《起死》,对庄子思想进行批判。而在《出关》中对于老子,鲁迅认为他是一位"徒作大言的空谈家",于是加以漫画化,送他出了关(《〈出关〉的关》)。

至于对于作为儒家祖师的孔子,鲁迅从来就是对他采取批判态度的,直到20世纪30年代,鲁迅对他的看法并没有变,不过这时,他用阶级分析的观点,深刻地指出:

> 孔夫子曾经计划过出色的治国的方法,但那都是为了治民众者,即权势者设想的方法,为民众本身的却一点也没有。这就是"礼不下庶人",成为权势者的圣人,终于变了"敲门砖",实在也叫不得冤枉。(《在现代中国的孔夫子》)

对于历史人物,鲁迅对一向为儒者所诟病的正始作家嵇康、阮籍,在称赞他们反封建统治者的精神时,引《庄子》中所载吴公子季札的话"中国之君子,明于礼仪而陋于知人心","从表面上看他们是反礼教的,实际上是承认礼教,太相信礼教。因为魏晋时所谓崇奉礼教的,乃是用以自利,那崇奉不过偶然崇奉。——于是老实人,以为如此利用,是亵渎了礼教。不平之极,无计可施,激而变成不谈礼教,不信礼教,甚而至于反对礼教"(《魏晋风度及文章与药及酒之关系》)。

鲁迅从人民立场出发,对于讲儒家学的,也并不全部加以否定。即如对晚明那班反对阉宦、反对权奸,甚至不惜牺牲生命的东林党人,也是持肯定态度的。他在《招帖即扯》中引了东林领袖顾宪成的话来评论晚明的袁中郎。同时,引中郎任陕西乡试主考时论顾宪成辞官的话,说明中郎关心世道并对具有方巾气的儒者决非一概反对的(《顾端文公年谱》)。由此也可以看到他对东林儒者的态度了。

此外,鲁迅在《题未定草之九》中,对晚明文人张岱评论东林不恰当的措辞曾给以指出并纠正,并在引谢国桢于《明清之际党社考》中,论魏忠贤虐杀东林党,评论当时社会的反映道:

> 在魏党的旗帜底下,说一两句公道话,想替诸君子帮忙的,只有几个书呆子,还有几个老百姓。

鲁迅在这里给以评论道:

> 这指的是魏忠贤使缇骑捕周顺昌,被苏州人民击散的事。诚然,老百姓虽然不读诗书,不明史法,不解在瑜中求瑕,屎里觅道,但能从大概上看,明黑白,辨是非,往往有决非清高的士大夫所能几及之处的。

鲁迅的文章是借古以喻今,并由今以例古。在 20 世纪 30 年代,左联在白色恐怖下的处境,无异于晚明的东林,鲁迅之肯定东林,决非偶然的。

鲁迅对中国过去进步文化所培育出的英雄人物,在他的《中国人失掉自信力了吗?》一文中,讲得非常清楚,他说:

> 我们从古以来,就有埋头苦干的人,有拼命硬干的人,有为民请命的人,有舍身求法的人……虽是等于为帝王将相作家谱的"正史",也往往掩盖不住他们的光耀。这就是中国的脊梁。

又说:

> 这一类的人们,就是现在也何尝少呢?他们有确信,不自欺,他们在前仆后继的战斗。不过一面总是在摧残,被抹杀,消

灭于黑暗中,不能为大众所知道罢了!说中国人失掉了自信力,用以指一部分人则可,倘若加于全体,那简直是诬蔑。

　　　　要论中国人,必须不被搽在表面的自欺欺人的脂粉所诓骗,却看看他的筋骨和脊梁。自信力的有无,状元宰相的文章是不足为据的,要自己去看地底下。

所谓筋骨和脊梁,正是指的当时的中国共产党人以及其他的革命人士。

对于西方文化,他在《三闲集序言》中,曾说明他接受马克思主义"阶级论"的原因和经过。而在《答国际文学社问》中,则说明了他在十月革命后,对苏联无产阶级建设的看法与态度。他说:

　　　　先前旧社会的腐败,我是觉到了的,我希望新社会的起来,但不知这新的该是什么,而且也不知这新的起来以后,是否一定就好。待到十月革命后,我才知道这"新的"社会的创造者是无产阶级。但因为资本主义各国的反宣传,对十月革命还有些冷淡,并且怀疑。现在苏联的存在和成功,使我确切的相信无产阶级社会一定要出现,不但完全扫除了怀疑,而且增加许多勇气了。

　　　　　　　　　　(原载《河南大学学报》1987 年 2 期)

《鲁迅思想发展论略》序

最近我在一次政治性大会的发言时,曾以《为加速精神文明建设,应大力发扬鲁迅精神》为题,谈到当前关于鲁迅研究论著的出版情况:

近年来出版界对于印行研究鲁迅论著,不像过去那样热心了。而报刊杂志刊载的关于这方面的论文,似乎也甚寥寥。

而其所以如此,我当时认为,1981年鲁迅诞辰一百周年纪念,国内报刊曾经发表大量的纪念性文章,其中具有较高的学术水平的文章,固然不少。但大部分往往流于一般性的纪念文章的老套,不免陈陈相因,内容空泛,因而在读者中产生了逆反心理。于是,对关于鲁迅研究的论文,情绪上感到厌倦,由于读者有这样的情绪,于是自然要影响到出版界的编辑同志们。

另外的一个主要原因是,由于这些年来西方的文学思潮大量输入到中国来,不少的同志醉心于西方现代派的理论。在创作上如朦胧诗以及荒诞派的戏剧和小说等。因而对于五四后以鲁迅为代表的现实主义文学传统大有予以鄙薄与否定的倾向。

现在回想起来,还有一个主要的原因,当时没有论及,即鲁迅的作品,不论小说或杂文,渐渐为当前一般青年所不懂。这自然由于时代相去稍远,当时的社会现实,现在的青年知道的很少。而鲁迅作品在思想上的深广度以及讽刺的笔调与幽默的风格,更为今天青年所不易理解。既然对鲁迅作品读之甚少,知之又不深,那么对研究鲁迅的论著,自然更不会感到兴趣了。针对这种情况,我认为当前要发扬鲁迅精神,对青年们进行共产主义思想教育实为刻不容缓之举。

赵明同志很早就从事鲁迅研究,近几年来,又为河大中文系高年级同学开设"鲁迅研究"的专题课。而这本《鲁迅思想发展论略》就是他多年研究的成果。由于很快要付印问世,所以让我在书的前边写几句话。

这部书稿,我大致阅读以后,深深觉得是一般学人阅读鲁迅著作与了解鲁迅精神的向导。

鲁迅著作,从今天的青年们看来,真是浩如烟海,不禁有"望洋兴叹"之感。如果说仅仅为了粗知表面,而不去探索其奥蕴,那么看几篇小说,读几篇杂文,那自然容易得多。但若作纵深的挖掘,进一步作系统的理解,那就不是如蜻蜓点水般的浅尝辄止所能奏效的了。因此,要想对鲁迅作全面的系统的理解,首先必须对鲁迅原著进行系统的阅读,而系统的阅读,如欲钩要提玄,融会贯通,得事半功倍的效果,又必须对鲁迅一生的思想发展,先有一个大致的理解,即了解其一生中各个时期的思想主流,那么再回观其作品,不论小说或杂文,自然就无不迎刃而解,涣然冰释了。

关于鲁迅思想发展,过去论者极多,但赵明同志对前人的看法,决不是无根据的赞同或否定,而是用马克思主义的科学方法,对鲁迅著作进行了仔细的分析、概括,就个人的理解而予以论断。这样,书中的观点与前人不论或同或异,都是经过个人的思考而得出的,决非一般因袭雷同者人云亦云所可比拟了。

至于鲁迅生平思想发展,书中曾概括为下边一段话,即:

> 我认为早期的鲁迅,基本上是进化论者,是革命民主主义者;后期的鲁迅是马克思主义阶级论者,是共产主义者;而前期是从进化论者到马克思主义阶级论者、从革命民主主义者到共产主义者的转变期。这个转变,大约经历了十年时间。在这个转变期开始的最初几年,即五四时期,进化论在他的思想中,暂

时还居于主导地位,而马克思主义阶级论,在他的思想中还是一种思想因素,处于非主导的地位。在大约十年的量变过程中,两种思想消长起伏,到1927年,鲁迅的思想发生了质变,五四时期暂时处于主导地位的进化论思想让位于马克思主义阶级论思想。这时的鲁迅,就基本上是一位马克思主义者了。这就是我对鲁迅思想发展的基本观点。(中篇第一章《五四时期鲁迅思想的变迁》)

这个看法,我是基本同意的。鲁迅五四后的思想,在他20世纪30年代所写的《答国际文学社问》中,曾这样讲过:

待到十月革命后,我才知道这"新的"社会的创造者是无产阶级,但因为资本主义各国的反宣传,对于十月革命还有些冷淡,并且怀疑。现在苏联的存在和成功,使我确切的相信无阶级社会一定要出现,不但完全扫除了怀疑,而且增加许多勇气了。(《且介亭杂文·答国际文学社问》,《鲁迅全集》第6卷第18页,人民文学出版社1981年版)

鲁迅在五四后,曾经探寻救国的新的道路,对十月革命还有些冷淡和怀疑。当他第二部小说集《彷徨》问世的时候,在该书的扉页上,曾引屈原《离骚》的两段诗句,其第二段为:

吾令羲和弭节兮,望崦嵫而勿迫。
路漫漫其修远兮,吾将上下而求索!

这就说明了他当时还在继续探索救国的道路。另外,与此同时所写的散文诗《野草》中的《过客》,也反映了鲁迅当时排除一切现实中的非毁与阻挠,而毅然决然勇敢前进的精神。但同时也说明在他当时的思想中,进化论也仍然在起作用。直到1927年广州"四一五"反革命大屠杀后,鲁迅"目睹了同是青年,而分成两个阵营,或则投书告密,或则助官捕人的事实",才受到极大的震动,使他的"思路因此轰毁",这正是他抛掉进化论而成为一个马克思主义阶级论者最主要的原因。

另外,书中论到过去学术界对鲁迅思想的研究,大抵是"研究鲁迅前期思想及转变的论著,多而详;研究鲁迅后期思想的论著,少而略",这是完全符合学术界关于鲁迅研究情况的实际的。赵明同志为纠正这一偏向,所以在本书的下篇中对鲁迅成为马克思主义者以后的 20 世纪 30 年代,在他反对反革命文化"围剿"的斗争中,如何运用马克思主义的辩证唯物论和历史唯物论去观察、分析问题,去进行战斗,作了比较详细而具体的分析、论述。这不仅对鲁迅研究有着补偏救弊之功,同时对广大青年读者,也进行了鲁迅思想的教育与马克思主义科学方法的教育。这对阅读本书的读者是应该特别注意的!

总之,鲁迅平生的著作,正如一片汪洋大海,浩淼无涯,而本书对了解鲁迅思想以及阅读鲁迅著作,对于初学者是起着一定的导航作用的。因此,我愿把它介绍给一般青年读者和有志于专力从事研究鲁迅的学人。

1988 年 1 月 31 日

(注:《鲁迅思想发展论略》,赵明著,1988 年河南大学出版社版。)

鲁迅与周作人

鲁迅与周作人兄弟二人,在五四后的中国文坛上,一时灿若两颗巨星,当时有"二周"之称。但后来两人思想异趋,鲁迅接受了马克思主义,发展成为伟大的共产主义者。

周作人对鲁迅走向无产阶级革命道路是持反对态度的(《老人的胡闹》,见《瓜豆集》)。正由于两人思想上的对立,于是在政治上更是背道而驰。待到日寇进攻华北,周作人既无视中国共产党所领导的抗日力量,而对国民党的抗日,也认为是靠不着的,于是根据他的"历史的循环论"的观点(《伟大的捕风》,见《看云集》),认为现代中国上上下下的言行,都一行行地写在《二十四史》的账簿上面。从而得出结论,"已有的事,后必再有。已行的事,后必再行。此人生之所以虚空的虚空也欤?"因此他对于民族与国家的前途抱着悲观主义与失败主义的态度,于是终于堕落为汉奸,成为民族的罪人。

一、兄弟间感情的发展变化

鲁迅与周作人兄弟的感情,早年的关系是非常诚笃的,这从鲁迅的《别诸弟三首》可以证明。鲁迅早年丧父,后来又遭家难,祖父被囚杭州。鲁迅是老大,就担负起家务的责任。因此他对两个弟弟特别关怀,而在学习上尤其注意,《赠诸弟》诗中的"谋生无奈日奔驰,有弟偏教各别离。最是令人凄绝处,孤檠长夜雨来时"以及"我有一言应记取,文章得失不由天"等句,不仅写出别离后的怀念之情,而且将个人的亲身体会,勉励他们在文章上应该靠勤奋,不要依仗天分。

鲁迅1902年到东京留学后,经常把他在学习中所购到的新书报寄给他的弟弟们,对此,周作人曾有文学方面的记载。不久周作人也去东京留学。由于他与夫人羽太信子结婚,鲁迅因为家庭经济的困窘,于是于1909年返国,回到绍兴任职。不仅以其薪俸供给家用,并且资助在东京的周作人夫妇。

1911年,周作人回国,初在杭州任职,后又到北京大学任教。鲁迅于1912年,由友人许寿裳介绍到南京教育部工作,后总统府由南京迁往北京,鲁迅也随部到了北京。不久鲁迅回绍兴卖掉祖居的房子,到京买到八道湾的宅子,并将其母亲接出,与周作人全家住在一起。

1923年,由于鲁迅与周作人夫妇产生矛盾,遂又租房,由八道湾迁到砖塔胡同,并接其母亲和他同住。此后兄弟感情随之破裂,直到1936年鲁迅逝世,两人关系都未能恢复。

二、两人的思想倾向与文学观的异同

兄弟二人幼年曾读书于三味书屋。后来其祖父在杭州坐监牢时,周作人曾前往侍奉,可能受到其祖父的教诲。后来两人都曾到东京留学,在1908年,又都受业于章太炎,并一起从事文学活动。他们计划办的刊物《新生》因资金问题而流产,但他们准备的论文后来都在《河南》杂志上发表了。而他俩翻译的欧洲短篇小说,曾印成两册《域外小说集》。

这个时期,他们的思想,在政治上,都倾向于以孙中山为首的革命派所倡导的民主革命运动,而鲁迅还曾参加蔡元培、章太炎等所组织的革命团体"光复会"。在世界观上,两人都深受达尔文进化论的影响。另一方面,由于章太炎的批孔,两人也深受其影响,鲁迅在《摩罗诗力说》中,一面介绍了欧洲浪漫派及诗人的反抗战斗精神,同时还批判了孔子"思无邪"的儒家的文学观。而周作人发表的《论文章之意义及其使命,因及中国近时论文之失》一文中,一面介绍西方名家的文学论,同时对当时中国学者因袭儒家传统的文学思想写出的论著予以尖锐的抨击,从而为改革中国文学开辟了新的道路。

五四文学革命运动中,鲁迅以他的短篇小说《狂人日记》震动了文坛。接着又连续发表了《孔乙己》、《药》等小说,"显示了革命的实绩",并以其内容的新颖与格式的特别,深深感动了广大读者的心,鲁迅的小说是彻底地反对封建主义的。五四后周作人对新文学理论的建设发表了一些极受人们重视的论文,如《人的文学》、《平民文学》等。他从"人道主义"的文学思想出发,一方面提出今后要创作出使人们能够健康发展的作品,同时也批判了过去那些封建的野蛮的迷信的淫秽的非人的文学。当时鲁迅的文学观是主张"为人生",而在提倡"人道主义"文艺思想上和周作人基本上是一致的。当时他曾翻译俄国"人道主义"作家爱罗先珂的童话集,同时还写了近于笔记体的小说《鸭的喜剧》,叙述爱罗先珂来中国时,住在他们家中的生活思想情况。

使他们兄弟二人早期之所以倾向"人道主义"的原因是 20 世纪初他们在日本留学,当时日本文坛上的白桦派都深受俄罗斯 19 世纪大作家们的影响,尤其是托尔斯泰所宣扬的人道主义思想,一时间如武者小路实笃、有岛武郎等都是这种思想的信奉者。五四时期他们兄弟二人都曾介绍过他们的作品。刘半农曾送给鲁迅一副对联,即"魏晋文章,托(尔斯泰)尼(采)哲学"。可知他对托尔斯泰思想的崇信。直到 20 世纪 30 年代,鲁迅主编《奔流》,还曾介绍了许多研究托尔斯泰的文学论文。

20 世纪 20 年代初,中国文坛上出现了一些文艺团体,而影响最大,较早的为文学研究会,其次为创造社,稍后又有语丝社。周作人为文学研究会发起人之一,该会的成立宣言,还是由他起草的。商务印书馆发行的《小说月报》,改组后由沈雁冰主编,而沈雁冰即为文学研究会主要领导人之一。因而该刊以后即成为文学研究会作家们发表作品的主要阵地。鲁迅、周作人在该刊上经常发表论文,鲁迅还曾在上边发表小说。尤其值得注意的是他们当时提倡介绍弱小民族的文学,在《小说月报》十二卷十号上曾发行被损害民族文学专号,里边即有他兄弟两个的译文多篇。直到20世纪30年代,鲁迅还曾撰文驳斥林语堂对介绍这些文学的荒谬抨击,并说明当时他们所以要介绍这类文学的客观原因(《题未定草三》,见《且介亭杂文二集》)。

1923年后,他们兄弟因家庭矛盾而分居,但他们都是《语丝》的主要撰稿人。直到发起人孙伏园离开该社后,刊物由周作人负责编辑,但鲁迅仍然在该刊上发表了不少的杂文。特别是他的散文诗《野草》,一篇篇都是在该刊上发表的。

尤其值得注意的是,1925年,在北京教育界发生的女师大事件以及稍后的"三一八惨案",他们兄弟二人都是反对章士钊总长庇护的女师大校长杨荫榆同段祺瑞反动的军阀政府的,他们二人都以《语丝》作阵地,与拥护章士钊的以陈源为代表的"现代评论派"进行了不妥协的斗争。鲁迅当时的攻战文章大半收在他的杂文集《华盖集》与《华盖续集》中,而周作人的则收入到他的散文集《谈虎集》中。

两人思想的最大分歧,是发生在1927年北伐革命之后。鲁迅当时由广州到上海定居,这时他已接受了马列主义,思想上产生了一个飞跃,因而遭到周作人以及钱玄同、刘半农等人的非议。20世纪30年代周作人写的《老人的胡闹》,即对鲁迅思想的发展进行影射攻击。这时"语丝派"中的部分作者已与以胡适为首的"现代评论派"合流,他们对上海左联的成立均采取了敌视的态度。

鲁迅在1930年2月22日给章廷谦的信中说:

> 疑古和半农,还在北平逢人便即宣传,说我在上海发了疯,这和林语堂大概也有些关系。我在这里,已经收到几封学生给我的慰问信了。但其主要原因,则恐怕是有几个北京大学学生,想要求我去教书的缘故。
>
> 语丝派的人,先前确曾和黑暗战斗。但他们自己一有地位,

本身便又变成黑暗了。一声不响,专用小玩意,来抖抖的把守饭碗。……

贱胎们一定有贱脾气,不打是不满足的。今年我在《萌芽》上发表一篇《我和〈语丝〉的始终》,便是赠与他们还留情面的一棍。此外,大约有几个人还须特别打几棍,才好。(《鲁迅书信集》上卷第247页)

信中只提到钱玄同与刘半农,没有提周作人,这是他对乃弟的宽容的表现。但所谓"语丝社"周作人曾任该刊主编,实为该社的主要成员。所以虽未提其名,其实已把他包括了进去。后来周作人与胡适关系较密,原因即在思想上他们比较接近的缘故。

到了20世纪30年代,鲁迅参加了左联的领导工作,对国民党所发动的两种"围剿"进行了反击的斗争。鲁迅以其杂文为武器,揭露抨击讽刺,矛头不只对准蒋介石的反动法西斯政权,并且对其御用文人以及间接在客观上曾起到对读者麻醉作用的作者,无不给以扫荡。在文坛上如"民族主义文学"、"新月社"以及以林语堂为首的"论语派"无一能免。对于周作人、刘半农等在林语堂的旗帜下所写的作品,鲁迅在《小品文的危机》、《小品文的生机》等杂文中,曾进行了分析与批判。

在20世纪30年代,日寇占领了东北四省,接着又向华北进逼,当时国民党一方面对日寇采取不抵抗主义,一面对苏区集结重兵,进行军事"围剿"。中国共产党的革命力量不得不开始长征,进军陕北。

在这个时期,不少的人,对中国前途抱着悲观思想。周作人把中国当时的情况比之晚明,具有严重的民族失败主义的倾向。因而消极避世的态度更加突出。对南北朝时期由梁入周的颜之推的《家训》深表赞许,文中说他:

由梁入北齐,再入北周,其所作《观我生赋》云:"予一生而三化,备茶苦而蓼辛"注谓"已三为亡国之人"。但是不二年又入隋,此盖已在作赋之后欤?积其一身数十年患难的经验,成此二十篇书以为子孙后车,其要旨不外慎言检迹,正是当然。易言之,即"苟全性命于乱世"之意也。……近来有识者,"高唱学问易主,赶快投降",似乎也是这一类意思吧!不过颜君是古时人,说的没有那么直截,还要蕴藉一点,也就消极得多了,这却是很大的不同。

后边他又引该书中《教子篇》中齐朝有一士大夫尝谓吾曰一段话,这里就不引了(《颜氏家训》,见《夜读抄》)。周作人在文中对颜氏的赞许,即在其善于"苟全性命于乱世"。同时,由于颜氏"三为亡国之人",并因当时"有识者高唱学问易主,赶快投降"的话,可知他已感到自己将来也将会有像颜氏那样身为亡国之人的不幸遭遇,但只有苟全性命,没有别法可想。

同样一部《颜氏家训》,同样一个颜之推,我们试看鲁迅在《儒术》(见《且介亭杂文》)中的看法:

中华民国二十三年五月二十日及次日,上海无线电播音由冯明权先生讲给我们一部奇书:《抱经堂勉学家训》(据《大美晚报》)。这是从前未闻的书,但看见下署"颜之推",便可以悟出是颜之推《家训》中的《勉学篇》了。曰"抱经堂"者,当是因为曾被卢文弨印入《抱经堂丛书》中的缘故。所讲有这样的一段:"有学艺者,触地而安。自荒乱以来,诸见俘虏,虽百世小人,知读《论语》、《孝经》者,尚为人师;虽千载冠冕,不晓书记者,莫不耕田养马。以此观之,汝可不自勉耶?若能常保数百卷书,千载终不为小人也。……谚曰:'积财千万,不如薄伎在身。'伎之易学而可贵者,无过读书也。"

这说得很透彻:易习之伎,莫如读书,但知读《论语》、《孝经》,则虽被俘虏,犹能为人师,居一切别的俘虏之上。这种教训,是从当时的事实推断出来的。但施之金元之际而准,按之于明清之际而亦准。现在忽由播音,以训听众,莫非选讲者已大有感于方来,遂绸缪于未雨么?

从这里已可见,鲁迅思想与周作人二人相距是多么的远了。

鲁迅当时已接受了马克思主义,看到中国共产党所领导的人民群众的革命力量,所以他对中国前途的命运是乐观的。这从他的杂文《中国人失掉自信心了吗?》中可以充分地看出。他称赞历史上的"埋头苦干的人,拼命硬干的人,为民请命的人,舍身求法的人"。他称这些人是"中国的脊梁"。说到现实,他说:

> 这一类的人,就是现在,也何尝少呢!他们有确信,不自欺,他们在前仆后继的战斗。不过一面总是在被摧残,被抹煞,消灭于黑暗中,不能为大家所知道罢了。说中国人失掉了自信心,用以指一部分人则可,倘若加于全体,那简直是诬蔑。

最后又说:

> 要论中国人,必须不被搽在表面的自欺之人的脂粉所诓骗,却看看他的筋骨和脊梁。自信力的有无,状元宰相的文章是不足为据的,要自己去看地底下。(见《且介亭杂文》)

这和周作人对民族未来所持的悲观态度,相去何啻霄壤。

此外在对于"趋时与复古"上,两人的看法也是针锋相对的。周作人对于"趋时",采取的是否定和讽刺的态度。他在《老人的胡闹》中说:

> 老人的胡闹,并不一定是在守旧,实在却是维新。盖老不安分,重在投机趋时,不管所树是新旧左右,若只因其新兴有势力,而拥戴之,则等于是投机趋时,一样的可笑。(《论语》九十六期)

很显然这是对鲁迅的领导左联的影射。

而鲁迅早在1934年为反对林语堂的《时代与人》(《人间世》第八期)一文而写了《趋时与复古》。在文中由评论刘半农并涉及康有为、严复、章太炎等人。他说:

> 这并不是半农先生独个的苦境,旧例着实有。广东举人多得很,为什么康有为独独那样有名呢?因为他是公车上书的头儿,戊戌政变的主角,趋时。留英学生也不稀罕,严复姓名还没有消失,就在他先前认真地译过好几部鬼子书,趋时。清末治朴学的,不只太炎先生一个人,而他的声名远在孙诒让之上者,其

实是为了他提倡种族革命,趋时,而且还造反。后来"时"也"趋了"过来,他们就成了活的纯正的先贤。但是晦气也夹屁股跟到。康有为永定为复辟的祖师,袁皇帝要严复劝进,孙传芳大帅也来请太炎先生投壶了。原是拉车前进的好身手,腿肚大,臂膊也粗,这回还是请他拉,拉还拉,然而是拉车屁股向后,这里只好用古文"呜乎哀哉,尚飨了!"

这虽是对林语堂而发的,但也同样适用于周作人。

1936年10月19日鲁迅逝世于上海。之后,周作人发表了几篇有关鲁迅学习与生活的文章,如《关于鲁迅之一,之二》等。待到解放后,周作人为了生活,除译希腊文学外,写了好几部关于鲁迅的著作,如《鲁迅的故家》《鲁迅小说中的人物》《鲁迅的青少年时代》等,这对了解鲁迅,研究鲁迅还是大有帮助的。

在1937年芦沟桥事变后,不久北平沦陷,周作人留恋北平,不肯南下,终于陷入敌伪政权的泥潭中,越陷越深,而未能自拔,结果遭到灭顶之灾。

援鲁迅对康、严、章的评论,我们也可以说,五四后以写小品文著称的颇不乏人,但周作人独为人所推重,远远超过林语堂等人者,因为他参加了五四文学革命,并在新文学的建设上作出了一定的理论贡献,"趋时"。及"时"也"趋"了过来,到了20世纪30年代就成为一个宁静的学者、冲淡闲适的小品文大师,而与乃兄鲁迅齐名。于是当北平沦陷后,汪伪就要他来任华北教育督办了。如用古文,就是"呜乎哀哉,尚飨了!"

三、兄弟二人最后结局所以 大相悬殊的原因

鲁迅与周作人弟兄二人,出身相同,所受教育也大致相同。在文坛上,早年的成就以及在士林中的声誉大致也相同。但其结局,两人竟判若霄壤。究其原因,则两人的思想体系与生活环境实起了决定

性的作用。马列主义在20世纪二三十年代的中国是指导中国人民革命唯一的有效理论。当时的知识分子,从其对马克思主义的态度上,截然分为革命,不革命,或反革命三类人。但不革命,在20世纪30年代,即所谓"第三种人"。而"第三种人"实际是很不容易作的。对政治问题,不是偏左,就是偏右。随着形势的发展,偏左的则倾向革命,而偏右的则倾向反革命。

鲁迅、周作人在1927年后,截然的分道扬镳,一个接受了马列主义并参加了左联的领导工作。一个则反对马列主义并对信仰马列主义者著文予以讥刺。历史是无情的,鲁迅后来成为伟大的共产主义者,其功业与品格可与日月争光。但周作人后来竟成为民族罪人。这种天地之别,难道说是偶然的吗?不,决不是偶然的。试就两人在20世纪20年代后期的思想发展以及到20世纪30年代两人思想之趋于对立的情况,则其最后的结局必然是这样的。这里给后人的教训该是多么的深刻啊!

鲁迅与龚自珍

在中国近代思想史同文学史上,能够开一代新风并在他们的影响下使社会出现了一个新形势与新局面的,从嘉庆、道光到五四,可以举出三人。最早的为龚自珍,继起的为梁启超,稍后则为鲁迅。

过去,梁启超在思想上之受龚自珍的影响,大家是熟知的。因为梁启超在他所著的《清代学术概论》一书中,对他与龚自珍在学术思想上的渊源关系讲得很清楚。但鲁迅与龚自珍在思想上的关系,过去谈得还不多,本文拟就此问题略加探索,以就正于海内同道。

在 20 世纪 50 年代,沈尹默在纪念鲁迅的文章中,曾有过这样的诗句:"少时喜学定庵诗,我亦离居玩此奇。血荐轩辕苍不察,鸡鸣风雨已多时。"(《追怀鲁迅先生六绝句》)龚自珍的作品,在晚清曾经风靡一时,为广大青年读者所喜好。梁启超在《清代学术概论》中说:

> 光绪间所谓今文学者,大率人人皆经过崇拜龚氏之一时期,初读定庵文集,如受电然,稍进则厌其浅薄。然今文学派之开拓,实自龚氏。(二十二)

另外,叶德辉在《龚定庵年谱外纪序》中也说:

> 曩者,光绪中叶,海内风尚公羊之学,后生晚进。莫不乎先生文一编。其始发端于湖湘,浸淫至于西蜀东粤,挟其非常可怪之论,推波扬澜,极于新旧党争,而清社遂屋。

鲁迅生在晚清,根据上面梁启超、叶德辉二人的论述,则沈尹默称鲁迅"少时喜学定庵诗"当非无稽之言。清代学术,自龚自珍以公羊学议论时政,后世维新派承其流风,从事变法运动,提倡改革。鲁迅在南京读书时,即接受维新思想,那么他之接受龚氏影响自不待言。至于本文所探讨的,乃在鲁迅的学术思想、文学观、创作倾向上与龚氏相同之处以及他们之间的渊源关系。

先就学术思想来看,定庵自称他是深受先秦道家影响的,他有"庄骚两灵鬼,盘踞肝肠深"的诗句。并在《全集》的《语录》中载:

先生好读《老子》,撰《老子纲目》,曰:"凡老民之大训九:曰虚,曰柔,曰默,曰静,曰慈,曰啬("不为物先",即退也,知足,知止,即啬也。俭亦啬也)(按老氏方训有九,先生所举,乃反得其八,疑有夺文);凡大戒亦九,曰刚,曰盈,曰轻,曰躁,曰敢,曰锐,曰伪,曰争,曰壮。"凡老氏之归宿有五,曰求则得,曰有罪则免,曰生,曰取天下,曰莫与争。此纲目也。

定庵从老庄思想中,学得了朴素的辩证观点。他对中国历史发展的看法,即用辩证的观点,来总结几千年来的经验与教训。所以他能提出"无八百年不夷之天下"以及"一祖之法无不弊,千夫之议无不靡"的正确论断,所以他坚决地主张变法。他对政治经济方面的主张,在他活着的时候,因遭到当政的顽固派的非议,未能见诸实行,但到同光时,康梁师弟提倡的维新变法运动,实定庵之论有以启之。

至于鲁迅,他平生也是深受庄生影响的。他自己曾说:"就是在思想上,也何尝不中些庄周、韩非的毒。时而很随便,时而很峻急。孔孟之书我读的最早最熟,而似乎和我不相干。"(《写在〈坟〉后面》)对于老子,鲁迅在《汉文学史纲》第二篇专论老庄。他论老子,引《汉书·艺文志》中的评语,谓能"秉要执本,清虚以自守,卑弱以自持",但也指出老子思想有自相矛盾的地方,说:"然老子之言,亦不纯一,戒多言而时有愤辞,尚无为而仍欲治天下。其无为者,以欲'无不为'也。"20世纪30年代,他给日人长尾景和书条幅时,用《老子》中"天地不仁,以万物为刍狗"以及"天长地久"等章句(《见鲁迅诗稿》)。尽管鲁迅早期接受"进化论"后,曾批判过道家的向往古昔的复古主义倾向。20世纪20年代后期接受了马克思主义,20世纪30年代曾批判过庄周的相对主义与无是非观(《故事新编·起死》)以及老子空作大言、无补实用,而把他送出关去(《出关》)。但在其早期杂文中的辩证观点之受老庄影响是无庸置疑的。

其次是对魏晋作家嵇(康)阮(籍)的评价。鲁迅在《魏晋风度及文章与药及酒之关系》中,曾引庄子中吴公子季札"中国之君子,明于礼义而陋于知人心"的话来为嵇阮二人辩诬,而他们二人恰恰都是老庄的信徒。

其次,在对宋以后学术思想程朱与陆王两派的态度上,鲁迅与定庵亦极相近,可以说他们都是反对程朱而倾向陆王的思想家。

定庵之反程朱是渊源有自的。乾嘉时期的皖派大师戴震是抨击程朱派理学最力的,他的论著《原善》、《孟子字义疏证》中,曾有这样的话:

> 圣人之道,使天下无不达之情,求遂其欲而天下治。后儒不知情至于纤微无憾之为理,而其所谓理者,同于酷吏之所谓法。酷吏以法杀人,后儒以理杀人,浸浸乎舍法而论理,死矣,更无可救矣!(《戴东原文集》卷九《与某书》)

定庵外祖父段玉裁为戴震之高足,其熟悉东原批判程朱派理学之论,自不待言。他评程朱理学,在《语录》中曾有这样的话:"千古论晦翁者,当以陈同甫对孝宗之言为定评,定谳,此外不足较也。经学错,也无妨,不错,也无妨。"(见《全集》第八辑)至陈同甫对孝宗的话,见其《上孝宗皇帝第一书》,其评程朱派理学道:

> 辛卯,壬辰之间,始退而穷天地造化之初,考古今沿革之变,以推及皇帝五霸之道,而得汉魏晋唐长短之由,天人之际,可察而知也。始悟今日之儒士,自以为得正心诚意之学者,皆风痹不知痛养之人也。举一世安于君父之仇,而方低头拱手以谈性命,不知何者谓之性命乎?

从这里可以看到,定庵对程朱派理学是怎样的鄙弃了。

至于陆王一派,从定庵的文章中,可以看到他受到他们的影响是

极深的。定庵在《文体箴》中说:

> 呜乎!余欲慕古人之独创兮,予命弗丁其时。予欲因今人之所因兮,予荍然而耻之!耻之奈何?穷其大原,抱不甘以为质,再已成之耘耘。虽天地之久定位,亦心审而后许其然,苟心察而弗许,吾安能领彼久定之云?

我们试以王阳明的话来同他比较。阳明讲:"夫学贵得之于心,求之于心而非也,虽其言之出于孔子,不敢以为是也。"定庵的话,比着阳明,有着进一步的发展,即如前面所引的,"虽天地之久定位,亦心审而后许其然。苟心察而弗许,吾安能领彼久定之云?"这不同阳明一样对一切是非的判定都必须经过自我的思考吗?所以定庵思想的解放、敢于创新、敢于否定一切不合理的旧事物,应该说在一定程度上是受到王学影响的结果。

至于鲁迅,他曾受业于章太炎,太炎在晚清,一度曾大力批孔(见《诸子学略说》),鲁迅深受其影响,在《摩罗诗力说》中,对孔子的文学观曾经进行过批判。到五四文学革命运动中,又曾以小说《狂人日记》震动了当时的文化界,"吃人的礼教"一词即源于这篇小说。至于对宋以来程朱派理学,鲁迅在五四时期所写的杂文《我之节烈观》以及20世纪20年代所写的小说《祝福》、《肥皂》等都是为揭露抨击这派思想而发的。

至于对陆王学派,鲁迅在倾向上似乎与对程朱派不大相同,他在《中国小说史略》中批判小说《野叟曝言》时,有这样的话:"盖江阴自有杨明时(卒赠太子太傅谥文定),而影响颇及于其乡之士风。自有夏宗澜师杨明时,而影响颇及于夏氏之家学。大率于当时当道明公同意,崇程朱而斥陆王。以打僧骂道为唯一盛业。故若文白(引者注:作品中主人公)者之言行际遇,固非作者一人之理想人物矣。"至于对反映程朱理学家们心理的这部小说,鲁迅认为"不仅不足以称文艺",并尖锐地指出这部作品是"道学先生的悖慢淫毒心理的结晶"(《寻开心》)。根据这样的分析评论,则其对程朱陆王两派的态度,不是已昭然若揭了吗?

定庵曾从刘逢禄受《公羊春秋》,发扬西汉经师的通经致用之学。于宋儒则尊奉张横渠,对其名作《西铭》谓"昔年悔不读,自今始愿读三千遍"(《语录》),同时,在定庵诗中,畅发其"民胞物与"的思想道:"黔首本骨肉,天地本比邻。一发不可牵,牵之动全身。圣人胣与言?夫岂夸大陈,四海变秋气,一室难为春。宗周若蠢蠢,鳌纬烧为尘。所以慷慨士,不得不悲辛。看花忆黄河,对月思西秦。贵官勿三思,以我为杞人。"(《自春徂秋,偶有所触,拉杂书之,漫不诠次得十五首》)定庵从"黔首本骨肉,天地本比邻"的观点出发,深切认识到"一发不可牵,牵之动全身,四海变秋气,一室难为春"的至理。当他看到清王朝当时政治的腐败,人民在统治者残酷的剥削压迫下日不聊生的情况,他预感到社会上潜伏着大乱的危机,所以他大声疾呼,须要变法,来改革一切不合理的现实制度。

鲁迅所处的时代,早年还在清廷尚未颠覆的时候,但他同定庵一样,是非常关怀国家民族的命运的。当他1903年在日本留学时,就写出了"灵台无计逃神矢,风雨如磐闇故园。寄意寒星荃不察,我以我血荐轩辕"的诗篇。为了改造祖国的黑暗现实,为了挽救民族的危亡,发誓要献出自己的热血,这是何等的思想!这种进取的精神,不是同定庵完全相同吗?鲁迅当时深受康梁维新变法思想的影响,他耽读严译的《天演论》同梁启超主编的《时务报》,他之学医,就是因为他看到日本之所以强是与向西方学习医学有一定的关系,但当他在仙台医专学习期间,因为在课堂上看到电影中祖国同胞围观日本人杀死为俄国人作侦探的中国人的时候,他感到触目惊心,他认为"凡是愚弱的国民,即使体格如何健全,如何茁壮,也只能做毫无意义的示众的材料和看客,病死多少是不必以为是不幸的,第一要著,是改变他们的精神",于是他决然弃医从文,计划搞文学运动了。

鲁迅的文学观与定庵有极其相同之处,定庵在文学上,不赞同桐城派,同时对八股文也深加非议。主张创新,主张一切问题通过个人思考来加以判定。如果经过个人思考不是这样,即令是像天地的地位久已确定,但我也可不予承认。而这正是他所以能开一代新风的主要原因。鲁迅早期在文学观上,深受西方摩罗派诗人的影响,主张反抗现实中一切不合理的事物,他赞扬拜伦的"不克厥敌,战则不止"的战斗精神同雪莱的"求索而无止期,永进而不退转"为追求理想、永远前进的精神。鲁迅的一生是战斗的一生,是前进的一生,而定庵也正是为了敢于揭露抨击官僚的无耻、政治的黑暗,而受到顽固派的排挤倾轧,不得不去职,终于潦倒以死。

在诗文的创作上,鲁迅受定庵的影响也是显而易见的。先就诗歌而论,定庵的诗,在内容上经常从宏观上看到社会的黑暗,并对国家前途,感到担忧,同时也抒发了个人的憧憬与希望,而对自己的被摈斥深感愤慨,诗中批评时政的,如《咏史》:

  金粉东南十五州,万重恩怨属名流。牢盆狎客操全算,团扇才人踞上游。避席畏闻文字狱,著书都为稻粱谋。田横五百人安在?难道归来尽列侯。

这是借咏史来批评时政。中间两联,第一联抨击当时在位者都是些什么人物,第二联揭露当时士大夫的庸俗麻木的情况,同时也反映出前代的文字狱对知识分子所造成的恐怖心态。至于对当时国运的忧虑,在前边所引的"自春徂夏,偶有所触……"一诗中,倾吐得可谓淋漓尽致。如"四海变秋色,一室难为春。所以慷慨士,不得不悲辛"以及"贵官勿三思,以我为杞人"等,可以证明。诗中反映民生疾苦的,如《己亥杂诗》中的这一诗篇:"不论盐铁不筹河,独倚东南涕泪多。国赋三升民一斗,屠牛那不胜栽禾?"

由此可见,定庵对人民的疾苦是怎样的关注了。另外是他对康雍乾以来对知识分子所实施的高压政策,造成了人人怵惕畏惧的恐怖气氛,因而形成了沉闷滞息的现状而感到痛心。他希望有朝一日能打破这种不正常的局面,在《己亥杂诗》中,写道:

  九州生气恃风雷,万马齐喑究可哀。
  我劝天公重抖擞,不拘一格降人材。

后之论者,认为定庵在这篇诗中暗喻希望时代能来一个天翻地覆的巨变,而"风雷"一词,正象征人民爆发的起义运动。定庵早年有篇散文,题为《尊隐》,含义非常隐晦,全篇用象征的手法,论述京师与山林二者在时代发展中所起的盛衰兴替的变化。篇末写道:"山中之民有大音声起,天地为之钟鼓,神人为之波涛矣!"预示出革命的兴起。定庵在晚年对这篇带有预言性的散文认为是得意之作,而慨叹于自己的期望未能得以实现。

鲁迅在诗歌创作上与定庵相似之处如下:

定庵自称是"庄骚两灵鬼,盘距肝肠深",而鲁迅同样受庄骚的影响极深,他自称他平生深受《庄子》影响,郭沫若曾把他的作品与《庄子》进行了比较(《鲁迅与庄子》)。至于受《离骚》影响,从他的旧体诗中表现得更加明显。尤其是他的忧时伤事之作,即如:"洞庭木落楚天高,眉黛猩红浣战袍。泽畔有人吟不得,秋波渺渺失《离骚》。"(《无题》)"昔闻湘水碧如染,今闻湘水胭脂痕。湘灵妆成照湘水,皎如皓月窥彤云。高丘寂寞竦中夜,芳荃零落无余春。鼓完瑶瑟人不闻,太平成象盈秋门。"(《湘灵歌》)20世纪30年代人民革命力量在中国共产党的领导下蓬勃发展,这时蒋介石发动了大规模的军事"围剿",以上诗篇却反映了当时的情况,至于国民党统治区,虽然在法西斯政权的高压下,但革命风暴正在酝酿爆发。

万家墨面没蒿莱,敢有歌吟动地哀?
心事浩茫连广宇,于无声处听惊雷。(《无题》)

读以上的诗篇,可知鲁迅作品的思想与表现手法以及创作方法都在某种程度上受到定庵的影响,尤其在用象征的手法上,在他散文诗《野草》中有着进一步的发展。

定庵的散文,大半是对时事的评论与对社会恶劣风气的抨击。总之他对旧时代所采取的纯粹是一种批判的态度而寄希望于新世界的诞生。他的批判领域是相当广阔的。在政治上,他反对"一夫为刚,万夫为柔"的从清初以来朝廷所实行的残酷的封建专制主义。在经济上,他揭露了土地兼并以及官吏对人民的残酷剥削所造成的广大人民生活贫困、人心思乱的局面。在选举制度上,他批评用八股取士造成一批不学无术、对朝章国政茫然无知之士。这些人一旦入仕从政,则一切都委之于吏胥,形成吏胥政治,陷人民于水深火热之中。

龚自珍不仅以其洞察隐微的慧眼分析了解了当时黑暗的现实,而且敢于以犀利的笔锋来加以揭露与批判。他知道自己的文章是会招祸的,所以用"不欲明言,而姑猖狂以言之"的隐晦语言来表达之。但是仍然遭到在位者的诋訾与攻击,终于不安于位,而辞官归里。

鲁迅一生写了几百万字的杂文,他从辛亥革命前夕开始,即对中国封建的传统思想以及社会风气的颓败进行揭发与批判。即如《文化偏至论》、《摩罗诗力说》以及《破恶声论》等,用他当时从西方学得的"进化论"和科学与民主思想为武器,来对传统的儒道思想、封建迷信思想发动攻击。五四时代,他一面用短篇小说的形式塑造了具有深刻思想性、足以发人深思的典型人物形象,如狂人、夏瑜、阿Q,还有一些新旧知识分子如孔乙己、四铭、吕纬甫、魏连殳等,而杂文集《热风》、《华盖集》中所批判的范围,则更加广泛。到了 20 世纪 20 年代末,鲁迅成为马克思主义者,他用这一最锋利的武器对中国社会,真如庖丁之解牛,一刀刀无不深中肯綮。特别 20 世纪 30 年代在领导左联进行反"围剿"斗争中所写的杂文,正像他对他的老师章太炎担任《民报》主笔时所写的对敌斗争的文章的评语,即"所向披靡,令人神旺"(《关于太炎先生二、三事》)。

鲁迅和龚自珍,两人相去几近百年,但他们对中华民族以及广大人民的命运的关切,要求改革,要求进步,对于实现这一目的的各种有形与无形的障碍与敌人均不惜竭尽全力予以排击,则完全如出一辙。

19 世纪 40 年代,作为近代思想界的启蒙大师,批判旧世界、呼唤新时代诞生的先驱者龚自珍,实给中国后来的各项革新开辟了一条崭新的道路。中经戊戌变法时期的康梁师弟,实上承龚自珍之风而兴起,并向西方学习,从而形成为一种思想革新与政治改良运动。到了五四时期的鲁迅,进一步接受了西方的马克思列宁主义,成为一个伟大的共产主义者。正如毛泽东同志所给予他的评价,称他为"中国五四后文化新军的最伟大最英勇的旗手"。又说:"鲁迅的方向就是中国新文化的方向。"可以说丝毫不是过誉之论。但如果从历史上来追溯的话,不能不认为嘉庆、道光时期的龚自珍为此启蒙运动的创始者。而鲁迅之受龚自珍思想的启发影响,则是丝毫不容置疑的。故本文对二人在思想上与文学上相近之处进行了比较,错误之处,希海内同道予以指正。

1987 年 9 月 27 日于不舍斋
(原载《河南大学学报》1988 年第 2 期)